期货投资者教育系列丛书

# 甲醇期货

中国期货业协会　编

中国财经出版传媒集团
中国财政经济出版社

**图书在版编目（CIP）数据**

甲醇期货／中国期货业协会编. --北京：中国财政经济出版社，2022.6 （2023.11 重印）
（期货投资者教育系列丛书）
ISBN 978-7-5223-1295-8

Ⅰ.①甲… Ⅱ.①中… Ⅲ.①甲醇-期货交易-基本知识 Ⅳ.①F830.9

中国版本图书馆 CIP 数据核字（2022）第 052096 号

责任编辑：郭爱春　　责任校对：胡永立
封面设计：王　颖　　责任印制：党　辉

**甲醇期货**
**JIACHUN QIHUO**
中国财政经济出版社 出版
**URL**：http：//www.cfeph.cn
E-mail：cfeph@cfeph.cn

社址：北京市海淀区阜成路甲 28 号　邮政编码：100142
营销中心电话：010-88191522
天猫网店：中国财政经济出版社旗舰店
网址：https：//zgczjjcbs.tmall.com
北京财经印刷厂印刷　各地新华书店经销
成品尺寸：170mm×230mm　16 开　19 印张　290 000 字
2022 年 6 月第 1 版　2023 年 11 月北京第 2 次印刷
定价：49.00 元
ISBN 978-7-5223-1295-8
（图书出现印装问题，本社负责调换，电话：010-88190548）
本社质量投诉电话：010-88190744

# 《期货投资者教育系列丛书》编委会

**编委会主任**：洪　磊

**编委会委员**：王明伟　张晓轩　陈东升　吴亚军

王　颖　冉　丽　孙明福

**主　　编**：洪　磊

**执行编委**：董文旭　刘方媛

**编撰人员**：王化栋　田震昊　杨首樟　詹建平

# 前　言

我国期货市场经过30多年发展，经历了从无到有、从小到大、从乱到治，走出了一条独具特色的道路，取得了令人瞩目的成就。30多年来，期货市场的规则体系不断完善，品种创新有序推进，风险管理工具进一步丰富，对外开放进程明显加快。期货市场的规模稳步扩大，市场投资者结构逐步优化，资产管理和风险管理等创新业务探索取得初步成效。期货市场整体运行质量和效率不断提高，价格发现和风险管理的基础功能得到发挥，在优化资源配置，促进产业升级，助力脱贫攻坚和维护国家经济金融安全等方面发挥着越来越重要的作用。

随着我国期货市场规模的不断发展壮大，新的市场参与者特别是个人投资者呈持续上升趋势。投资者是期货市场的重要主体，期货市场的发展离不开投资者的积极参与。中小投资者是我国现阶段资本市场的主要参与群体，但处于信息弱势地位，抗风险能力和自我保护能力较弱，合法权益容易受到侵害。维护中小投资者合法权益是证券期货监管工作的重中之重，关系广大人民群众的切身利益，是资本市场持续健康发展的基础。因此，当前我国期货市场正处于快速发展时期，做好投资者教育工作意义深远。

2013年，《国务院办公厅关于进一步加强资本市场中小投资者合法权益保护工作的意见》（以下简称《意见》）发布，指出要强化中小投资者教育，加大普及证券期货知识力度。将投资者教育逐步纳入国民教育体系，有条件的地区可以先行试点。充分发挥媒体的舆论引导和宣传教育功能。证券期货经营机构应当承担各项产品和服务的投资者教育义务，保障费用支出和人员配备，将投资者教育纳入各业务环节。提高投资者风险防范意识。自律组织应当强化投资者教育功能，健全会员投资者教育服务自律规则。中小投资者应当树立理性投资意识，依法行使权利和履行义务，养成良好投资习惯，不听信传言，不盲目跟风，提高风险防范意识和自我保护能力。2019 年 3 月，证监会、教育部联合印发了《关于加强证券期货知识普及教育的合作备忘录》(以下简称《合作备忘录》)，旨在学校教育中大力普及证券期货知识，对于推动全社会树立理性投资意识，提升国民投资理财素质，维护社会和谐稳定。

随着《意见》的深入贯彻和落实，我国中小投资者保护工作取得了积极成效，围绕投资者教育工作，期货市场的监管部门、自律组织与中介机构都深入进行了大量形式多样、内容丰富、卓有成效的工作。由中国期货业协会组织编写的本套《期货投资者教育系列丛书》，就是协会按照中国证监会的统一部署，贯彻落实期货投资者教育工作的重要措施之一，也是协会积极响应《关于加强证券期货知识普及教育的合作备忘录》要求，推动期货知识进校园、进课堂、纳入国民教育体系的切入点。本丛书是为期货投资者编写的一套普及性读物，以广大普通投资者为服务对象，兼顾了专业机构的需求，采取简单明了的问答体例，在语言上力争做到深入浅出、通俗易懂、可读性强。衷心地希望本丛书的出版能够为期货投资者了解期货市场、树立风险意识、理性参与期货交易提供有益的帮助。

在此，我们对所有在本丛书编写和出版过程中付出辛勤劳动的朋友表示衷心感谢。由于编写时间紧迫，书中错误和疏漏在所难免，恳请读者批评指正。

**中国期货业协会**

2022 年 6 月

# 目　录

**第一章　了解甲醇　/ 1**

一、甲醇是什么？ / 1
二、甲醇和乙醇有什么区别？ / 2
三、甲醇的产业链状况如何？ / 3
四、甲醇的生产工艺是怎样的？ / 4
五、煤炭是如何变成甲醇的？ / 4
六、天然气是如何变成甲醇的？ / 10
七、焦炉煤气是怎样变成甲醇的？ / 15
八、甲醇的主要下游产品有哪些？ / 16
九、甲醇包装、储存及运输是怎样的？ / 18
自测题 / 18

**第二章　甲醇的供需和消费　/ 22**

一、国际甲醇供应现状如何？ / 22
二、国际甲醇贸易流向是怎样的？ / 24
三、国内甲醇供应现状如何？ / 25
四、国内甲醇市场各区域产能分布情况如何？ / 30
五、我国甲醇的产能如何？ / 32
六、我国甲醇生产企业的生存状况如何？ / 39
七、未来全球甲醇供应情况如何？ / 42
八、国内甲醇需求现状如何？ / 44

九、我国甲醇消费结构是怎样的？ / 45
十、如何进行甲醇主要下游成本利润分析？ / 59
自测题 / 60

**第三章 认识甲醇期货** / 64

一、甲醇期货是什么？ / 64
二、甲醇期货市场有哪些应该熟知的基本制度？ / 66
三、甲醇期货交易的保证金是如何规定的？ / 68
四、甲醇期货交易的限仓方面有什么规定？ / 71
五、甲醇期货交割等级是如何规定的？ / 72
六、甲醇期货上市有什么重要意义？ / 73
七、甲醇期货具体如何交易？ / 73
八、郑州商品交易所甲醇交割库有哪些？ / 76
九、期现价差的变化揭示了什么？ / 87
自测题 / 87

**第四章 认识甲醇期权** / 91

一、期权是什么？ / 91
二、甲醇期权规则有哪些？ / 94
三、甲醇期权价格的主要影响因素有哪些？ / 95
四、什么是期权希腊字母？ / 96
五、期权定价基础是什么？ / 100
六、期权策略有哪些？ / 102
七、期权套期保值的方式和策略有哪些？ / 107
自测题 / 110

**第五章 甲醇价格的主要影响因素** / 113

一、甲醇价格历史走势情况如何？ / 113
二、影响甲醇价格变化的主要因素有哪些？ / 118

三、宏观经济对甲醇价格有何影响？ / 119
四、国家政策对甲醇价格有何影响？ / 120
五、国际能源价格如何影响甲醇价格？ / 123
六、国内外新增产能及甲醇装置的开工状况如何影响甲醇价格？ / 127
七、分析甲醇下游需求时应关注哪些因素？ / 128
八、甲醇运输成本是如何影响甲醇价格的？ / 129
九、甲醇进出口对行情有哪些影响？ / 132
十、国外甲醇产销对国内甲醇价格有什么影响？ / 135
十一、天气因素是如何影响甲醇价格的？ / 136
十二、甲醇价格有何季节性规律？ / 138
自测题 / 138

**第六章　甲醇上游企业如何利用甲醇期货** / 142

一、甲醇期货对生产企业管理经营风险有什么帮助？ / 142
二、甲醇生产企业是如何参与套期保值降低库存风险的？ / 144
三、甲醇生产企业如何利用期货市场拓展销售渠道、提前销售锁定预期利润？ / 150
四、甲醇生产企业如何利用期货市场规避产品销售价格下跌风险？ / 152
五、甲醇生产企业如何利用期现套利建立“虚拟库存”？ / 154
六、甲醇生产企业如何进行期货展期操作？ / 156
七、甲醇生产企业如何规避套期保值中的增值税？ / 156
自测题 / 161

**第七章　甲醇中间贸易商如何利用期货市场** / 164

一、甲醇期货对中间贸易商管理经营风险有什么帮助？ / 164
二、贸易商如何利用期货市场管理库存风险？ / 165
三、基差是什么？基差对甲醇套期保值效果有何影响？ / 171

四、甲醇贸易商如何利用期货市场稳定采购成本？ / 175
五、签订进口合同后，甲醇贸易商如何规避甲醇价格下跌的风险？ / 176
六、甲醇期转现如何操作？ / 177
七、甲醇的融资套现是如何进行的？ / 180
八、甲醇现货贸易商如何利用甲醇期货进行溢价抛售？ / 180
自测题 / 181

**第八章 甲醇下游企业如何参与期货市场** / 185

一、甲醇期货对下游企业管理经营风险有什么帮助？ / 185
二、甲醇加工企业如何利用甲醇期货市场规避原料价格上涨风险？ / 188
三、甲醇加工企业如何利用期货工具锁定产品价格下跌的风险？ / 191
四、甲醇加工企业如何利用期货工具解决仓储空间不足的矛盾？ / 192
五、甲醇加工企业建立库存时点的选择？ / 194
六、甲醇期货价格如何作为现货采购的定价参考基准？ / 195
七、甲醇加工企业如何审慎决定是否运用期货市场进行采购管理？ / 198
八、哪些甲醇加工企业原材料采购需要运用期货市场规避价格波动风险？ / 201
自测题 / 202

**第九章 甲醇期货的实物交割** / 205

一、交割过程中有哪些规定？ / 205
二、卖方入库需要注意哪些问题？ / 206
三、买方出库需要注意什么？ / 206
四、买方交割可以选择仓库吗？ / 207

五、仓单生成和注销需要注意什么问题？ / 208
六、甲醇企业如何利用和管理仓单？ / 208
七、交割违约如何处理？ / 209
八、甲醇交割的相关费用有哪些？ / 210
九、甲醇期货交割流程是怎样的？ / 211
十、怎样注册仓单及入库？ / 214
十一、怎样注销仓单及提货？ / 217
十二、期转现是怎样操作的？ / 218
十三、有价证券（仓单）充抵保证金业务如何操作？ / 221
十四、仓单折抵业务如何操作？ / 224
十五、仓单银行质押授信业务如何操作？ / 225
自测题 / 232

**第十章 甲醇期货的投资策略** / 235

一、什么是甲醇的期货投机？甲醇期货投机的作用有哪些？ / 235
二、甲醇期货投机交易的主要参与者有哪些？ / 238
三、如何进行甲醇的期货投机？投机策略有哪些？ / 239
四、什么是套利交易？ / 243
五、为什么要进行甲醇期货的套利交易？套利交易何以吸引众多投资者？ / 245
六、甲醇期货的套利交易与套期保值、投机交易的区别在哪里？ / 247
七、甲醇期货套利交易的类型有哪些？ / 248
八、如何利用合约之间的不合理差价盈利？ / 249
九、甲醇的跨期套利有哪几种类型？ / 252
十、什么是期货合约之间的反向跨期套利？ / 256
十一、商品期货间的跨品种套利是如何进行的？ / 257
十二、如何在期货市场与现货市场之间盈利？ / 261
十三、套利交易有哪些需要注意的地方？ / 262
自测题 / 262

**第十一章　甲醇期货交易的风险管理** / 266

一、甲醇期货交易的主要风险有哪些？ / 266
二、个人投资者如何进行风险管理？ / 268
三、机构投资者如何进行风险管理？ / 270
四、长假休市期间是否具有某种风险？ / 272
五、涨跌停板限制可能带来的风险？ / 273
六、如何通过资金管理降低期货投资风险？ / 273
七、如何通过制定应对策略降低交易风险？ / 276
自测题 / 281

**后记** / 284

# 第一章

# 了解甲醇

**本章要点**

本章主要介绍了甲醇的主要用途、产业链状况、生产工艺、上下游产品，使投资者进入甲醇期货市场前对甲醇有一个感性的认识，也为投资、分析、展望甲醇期货行情打下一定的基础。

## 一、甲醇是什么？

甲醇，又名木精、木醇，英文名为 Methanol 或 Methyl Alcohol，化学分子式为 $CH_3-OH$，为无色、略带醇香气味的挥发性液体，沸点 64.5℃—64.7℃，能溶于水，在汽油中有较大的溶解度，有毒、易燃，其蒸汽与空气能形成爆炸混合物（见图 1－1）。甲醇是由合成气生产的重要化学品之一，既是重要的化工原料，也是一种燃料。

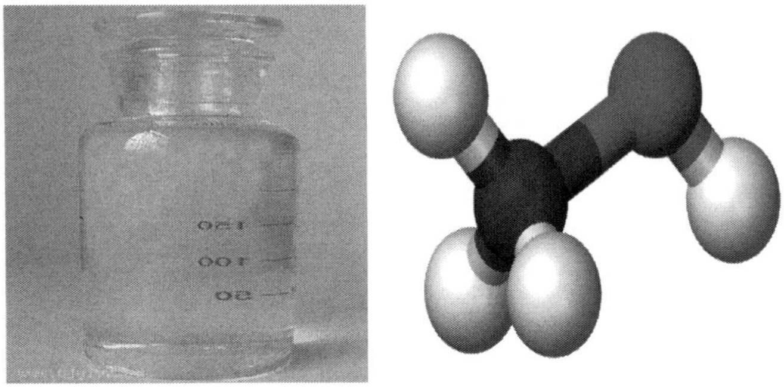

**图1-1 甲醇**

甲醇有工业甲醇、燃料甲醇和变性甲醇之分，目前以工业甲醇为主。凡是以煤、焦、天然气、轻油、重油等为原料合成的，其质量指标符合国标GB338-2004要求的，都是工业甲醇。随着可再生资源的开发利用，利用农作物秸秆、速生林木及林木废弃物、城市有机垃圾等也可以气化合成甲醇。粗甲醇经脱水精制、作为燃料使用的无水甲醇，称之为燃料甲醇。燃料甲醇未加变性剂，成本往往要比工业甲醇低，因为对它只有可燃烧和无水的要求。变性甲醇是加入了甲醇变性剂的燃料甲醇或工业甲醇。因为甲醇和汽油、柴油不互溶，尤其在低温潮湿环境中发生分层（相分离）现象而造成发动机不能正常工作，因此燃料甲醇（或工业甲醇）变性后才能加入汽油、柴油使用。变性燃料甲醇是在工业用甲醇中加入一定比例的车用甲醇汽油添加剂后，专门用于调配车用甲醇汽油的甲醇。

## 二、甲醇和乙醇有什么区别?

乙醇即酒精，乙醇是化学名词，酒精是俗称。

从分子式上看，甲醇分子式为$CH_3-OH$，乙醇分子式为$C_2H_5-OH$，乙醇比甲醇多一个$CH_2$，属同系物。

从用途上看，甲醇是基础的有机化工原料和优质燃料，主要应用于精细化工、塑料、新型清洁燃料等领域；乙醇也有相当广泛的用途，除用作燃料、制造饮料和香精外，也是一种重要的有机化工原料，如用乙醇制造乙酸、乙醚等。乙醇也是一种有机溶剂，用于溶解树脂，制造涂料。医疗上常用75%（体积分数）的酒精做消毒剂。

从安全角度看，甲醇有毒，乙醇对人体一般无害。不管是工业酒精还是食用酒精，其主要成分都是乙醇。只是工业酒精中大约含有4%的甲醇，被不法分子当作食用酒精制作假酒，而被人饮用后，就会产生甲醇中毒。

## 三、甲醇的产业链状况如何？

上游：甲醇的原材料主要有煤、天然气、焦炉气。我国拥有丰富的煤炭资源，因此生产甲醇的主原料为煤炭。我国甲醇产量占全球一半以上。而在国外，95%以上的甲醇是以天然气为原料进行生产的，中东、中南美地区天然气资源丰富，价格低廉，是世界甲醇的主要产地。

下游：甲醇是一种基础化工产品，其下游主要有乙烯、丙烯、甲醛、甲基叔丁基醚（MTBE）、醋酸和二甲醚（DME）等传统初级衍生化工产品，以及甲醇汽油等燃料产品。甲醇行业的产业链见图1-2。

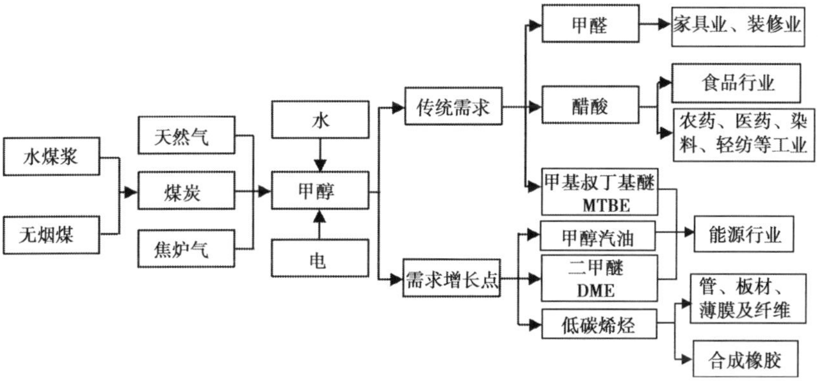


**图1-2　甲醇的产业链**

## 四、甲醇的生产工艺是怎样的?

目前，工业上几乎全部采用一氧化碳加压催化加氢法生产甲醇，典型流程包括造气、合成气净化、甲醇合成和粗甲醇精馏等工序。

根据原料的不同，甲醇有三种生产工艺：煤制甲醇生产工艺、天然气制甲醇生产工艺和焦炉气制甲醇生产工艺。自1923年开始工业化生产以来，甲醇合成的原料路线经历了很大变化。20世纪50年代以前多以煤和焦炭为原料；50年代以后，以天然气为原料的甲醇生产流程被广泛应用。目前，欧美、中东地区国家主要采用天然气为原料生产甲醇，该工艺具备投资低、无污染的优点，且无须过多考虑副产物销路。由于我国一次能源结构具有"富煤贫油少气"特征，缺少廉价的天然气资源，同时随着石油资源紧缺、油价持续上涨，在大力发展煤炭洁净利用技术的背景下，当前并且今后较长一段时间内煤炭仍是我国甲醇生产最重要的原料。此外，我国还有部分企业采用焦炉气为原料生产甲醇。

## 五、煤炭是如何变成甲醇的?

煤炭在甲醇生产中既是作为原料（用于气化），也是作为燃料。传统的甲醇生产设备的气化用煤以无烟块煤为主，采取的工艺是固定床工艺，该工业流程简单但是由于无烟煤价格偏高，导致成本偏高。目前随着甲醇生产工艺和生产设备的升级，动力煤（烟煤）可以通过水煤浆法或航天炉法制备甲醇，甲醇的生产成本也越来越低。目前，在我国烟煤与动力煤工艺制备甲醇都占有较高比重。

根据煤合成甲醇的工艺流程可知，煤与空气燃烧后加入水蒸气使之分解，反应生成氢气和一氧化碳、二氧化碳等，生成半水煤气。半水煤气经过脱硫、变换、脱碳净化后脱除大部分的硫化氢和二氧化碳，氢气和一氧化碳经铜锌系催化剂催化，高温反应生成含水粗甲醇，在经过精馏工序得到无水甲醇。

煤经气化制取合成气，再由合成气在铜基催化剂条件下合成甲醇的典型流程见图 1－3。

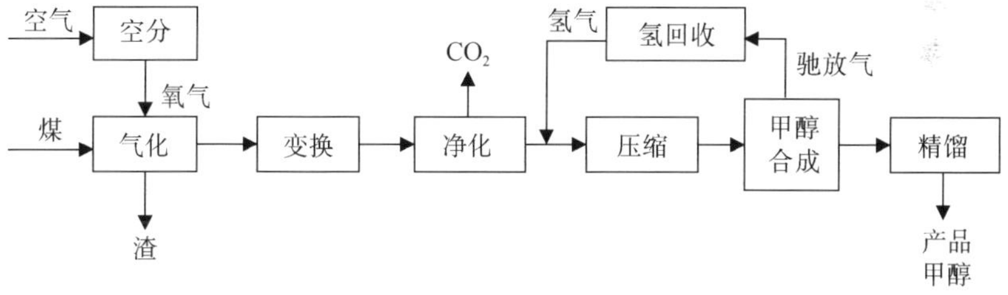


**图 1－3　煤制甲醇工艺图**

上述生产工序中，气化和合成是两个决定性的工艺。气化合成工艺主要有 ICI 低压甲醇合成工艺、Lurgi 低压甲醇合成工艺、TEC 的新型反应器以及正趋向成熟的液相法甲醇合成工艺，而空分、变换、净化、压缩、氢回收、精馏均为常见工艺，与相关行业（如冶金、合成氨工业）的工艺基本一致。

煤制甲醇的耗煤情况与生产设备有关，也与使用的煤种有关，一般情况下，每吨甲醇耗煤 1.5—1.8 吨。

**延伸阅读**

**我国煤炭及无烟煤的基本情况**

煤炭是我国储量最多、分布最广的不可再生战略资源。根据全国第三次煤炭资源预测与评价，我国煤炭资源总量约 5.57 万亿吨，居世界第一。截至 2010 年底，全国煤炭保有查明资源储量 13412 亿吨。其中，动力煤查明资源储量8794.11亿吨，占全国煤炭查明资源储量的65.57%；无烟煤查明储量1550.43亿吨，占全国煤炭查明资源储量的11.56%。据悉，我国矿产查明资源储量中仅有约20%是可采储量，据此测算，我国煤炭查明资源储量中约有2682亿吨是可采储量，其中动力煤的可采储量为1759亿吨。无烟煤储量分布相对集中，主要在山西晋城、阳泉，河南永城、焦作地区，宁夏汝箕沟矿区，贵州矿区6个区域，山西省和贵州省共占我国无烟煤总储量的67%。此外，河南省、宁夏回族自治区、北京市的无烟煤储量也较丰富。虽然贵州省占我国无烟煤预测储量的24%，但由于位置偏远、开采条件及煤质等原因，至今产量很小。山西省无烟煤预测资源量为2020亿吨，其中晋城矿区占到1000亿吨，是我国最大的无烟煤生产矿区之一。

2020年我国煤炭产量39亿吨，同比增长1.4%。到“十四五”末期，国内煤炭年产量将控制在41亿吨，煤炭年消费量将控制在42亿吨左右。我国无烟煤生产区主要集中在山西省。产量达到10亿吨以上的有山西省、内蒙古自治区。2020年全国无烟煤产量5.70亿吨，同比增长3.00%。

据国际能源机构统计，2020年全球煤炭产量约为74.38亿吨，同比缩减6.5%。除中国外，俄罗斯、印度尼西亚、澳大利亚、蒙古国、印度、美国等国煤炭产量下滑。2020年我国的煤炭产量全球占比高达51%，已经超过了“所有外国”。2020年，全国共进口煤炭3.04亿吨，同比增长1.5%。

由于无烟煤具有广泛的适用性，在电力、冶金、化工、建材及民用领域都有普遍应用。根据中国煤炭运销协会无烟煤专业委员会统计，在近几年的无烟煤消费中，电力行业占36%以上，化工行业和水泥行业各占20%，钢铁行业占到7%。

**延伸阅读**

## 我国煤化工产业状况

煤化工是指所有以煤炭为原料的化学工业。按不同工艺路线可以分为煤焦化、煤气化和煤液化；按产品路线可以分为煤制油、煤制烯烃、煤制醇醚、煤焦化—焦炭—煤炭、煤气化—合成氨等。

目前在业内引起关注的煤化工，主要是指煤制油、煤制烯烃和煤制醇醚类的新型现代煤化工；像煤焦化、氯碱和合成氨制尿素等都属于传统煤化工（见图1-4）。

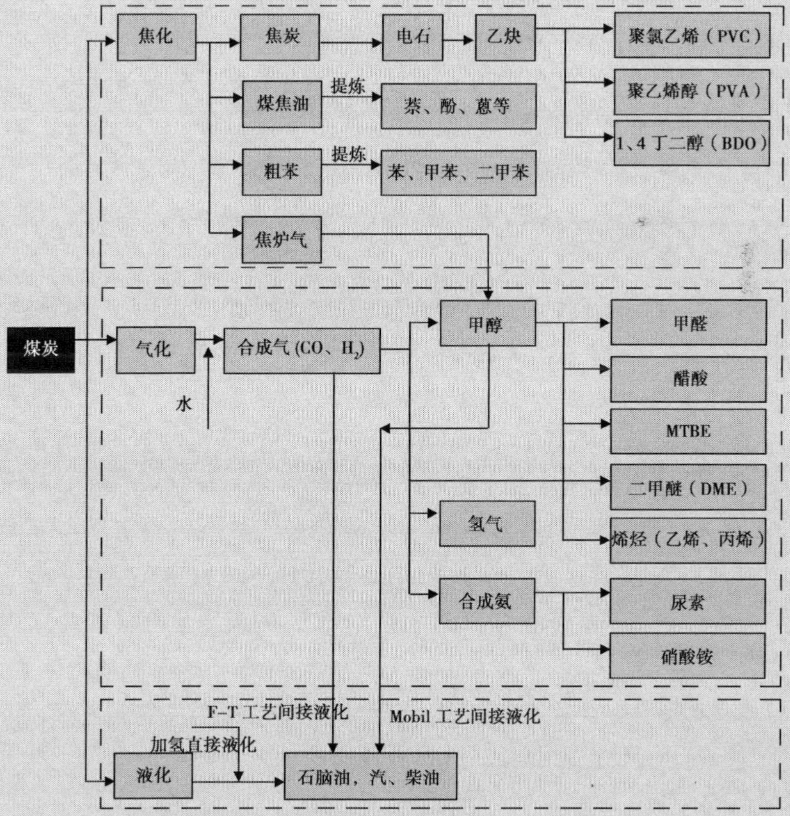


**图1-4　煤化工主要工艺路线及产品**

我国煤化工经过几十年的发展，在化学工业中占有很重要的位置。煤化工的产量占化学工业（不包括石油和石化）大约50%。合成氨、甲醇两大基础化工产品，主要以煤为原料。

生产1吨甲醇所消耗的原料煤与所采用的气化工艺、煤质及企业的生产、技术管理水平都有很大的关系。以年产20万—30万吨甲醇装置为例：(1) 固定层间歇气化工艺，使用优质无烟块煤，生产1吨甲醇约需煤1.8吨；(2) GE或多喷嘴水煤浆氧化工艺，使用优质烟煤（义马煤），生产1吨甲醇约需煤1.4—1.5吨；(3) SHELL粉煤气化工艺，使用优质烟煤（义马煤），生产1吨甲醇约需煤1.25—1.45吨。一般而言，生产一吨甲醇需要大约1.5吨标准煤。

“十三五”期间（2016—2020年），国家有关政策明确煤炭深加工定位为国家能源战略技术储备和产能储备示范工程，指出“十三五”继续处于升级示范阶段，不但细化了产业政策，而且提出未来发展目标。2016年5月，国家发布的《现代煤化工“十三五”发展指南》提出了规模、技术和节能减排三方面目标：到2020年，将形成煤制油产能1200万吨/年、煤制天然气产能200亿立方米/年、煤制烯烃产能1600万吨/年、煤制芳烃产能100万吨/年、煤制乙二醇产能600万—800万吨/年；突破10项重大关键共性技术，完成5—8项重大技术成果的产业化，项目设备国产化率不低于85%；在2015年基础上，到2020年实现单位工业增加值水耗降低10%、能效提高5%、碳排放降低5%。同年5月国务院颁布的“关于石化产业调结构促转型增效益的指导意见”和同年9月工业和信息化部颁布的《石化和化学工业发展规划（2016—2020年）》均指出，在中西部符合资源、环境条件的地区，结合大型煤炭基地开发，按照环境准入条件要求，有序发展现代煤化工产业；继续开展煤制烯烃升级示范，积极促进煤制芳烃技术产业化。同年12月，国家能源局发布《煤炭工业发展“十三五”规划》，内容包括推进煤炭深加工产业示范，提出以国家能源战略技术储备和产能储备为重点，在水资源有保障、生态环境可承受的地区，开展5种模式和技术装备的升级示范，加强先进技术攻关和产业化。同年12月，国家发改委及能源局发布《能源发展“十三五”规划》提出，煤炭深加工的定位是国家能源战略技术储备和产能储备示范工程，要合理控制发展节奏，强化技术创新和市场风险评估，严格落实环保准入条件，有序发展，稳妥推进煤制燃料、煤制烯烃等升级示范；“十三五”期间，煤制油、煤制天然气生产能力分别达到年产1300万吨和170亿$Nm^3$左右规模。2017年2月，国家能源局发布“关于印发《煤炭深加工产业示范“十三五”规划》的通知”，指出主要任务是要重点开展5种模式和技术装备的升级示范。同年3月，国家发改委与工业和信息化部发布《现代煤化工产业创新发展布局方案》，明确指出煤化工产业整体仍处于升级示范阶段，重点任务包括：重点开展煤制烯烃、煤制油升级示范，有序开展煤制天然气、煤制乙二醇产业化示范，稳步开展煤制芳烃工程化示范。

“十三五”期间，陆续建成投运了一批现代煤化工工业化升级示范项目。其中，有些项目强化了最严格的环保设施配套，实现了烟气的超低排放和煤化工废水（有的项目包含了配套或周边煤矿的矿井水资源化利用）的近零排放；有的项目在煤化工生产过程智能化控制方面取得了良好的进展。特别值得提及的是，世界上单厂生产规模最大的煤间接液化工业化示范项目和煤制甲醇转制烯烃（SMTO）工业化示范项目。

总体而言，“十三五”期间的现代煤化工升级示范项目的推进速度是比较慢的，产业化进程未能跟上规划要求的节奏，究其原因主要包括以下三个方面：

(1) 油、煤、气、化工产品的比价关系发生了大幅度变化，煤价大幅上涨，油价低位波动，相关化工产品价格总体下滑，使得现代煤化工项目“两头受挤”，“煤价低”优势已基本不复存在。与2016年初相比，2021年秦皇岛国内动力煤价上涨了141%，同期的原油价格只上涨了122%、液化天然气（LNG）价格上涨了9.8%、甲醇价格上涨了50.12%。高煤价、低油价、低气价以及化工产品价格走低，使现代煤化工“转化煤”的经济性受到严重挑战。现代煤化工产业既是原料价格的接受者，也是煤化工产品价格的接受者，处于两头受挤的艰难状态。

（2）示范项目承担的关键技术产业化示范任务较重，每个示范项目一般至少都要承担2—3项具有开拓性的创新任务，需要慎重对待。《煤炭深加工产业示范“十三五”规划》和《现代煤化工产业创新发展布局方案》均对每个示范项目提出了具体的示范任务要求，《现代煤化工建设项目环境准入条件（试行）》还要求有环保方面的示范任务。这都在客观上对这一阶段的示范项目带来了严峻的技术性挑战。

（3）某些外部原因对此也产生了不同程度的影响：一是当前化工行业清洁生产、治污降霾、危化品企业搬迁等方面的压力很大，现代煤化工项目的用煤、用水、用能、环境容量指标的获取难度越来越大，有的省份甚至要求“不新增煤炭消费量”，尽管不直接针对现代煤化工示范项目，但仍需要事先腾出相应的控制指标；二是煤炭行业深化改革导致煤化工项目的配套煤矿不能如期开工或者煤炭资源配置不能及时到位；三是虽然天然气管输政策在逐步改革深化，但市场化和第三方参与等具体措施仍有待落实；四是大型石化项目和轻烃化工（以乙烷、丙烷、C4为原料的化工）项目发展提速，也对现代煤化工的市场空间判断有所影响。

## 六、天然气是如何变成甲醇的？

天然气是国际甲醇生产的主要原料，天然气制甲醇装置具有规模大、成本低、产品质量好的优点。以天然气为原料是国际上甲醇生产的主要原料路线，尤其是具有丰富廉价天然气资源的国家和地区，如中东、智利、特立尼达、多巴哥、新西兰和墨西哥等，已成为世界甲醇工业的核心。2020年我国以天然气为原料的甲醇装置占国内产能的10.64%。

以天然气为原料制甲醇的生产工艺主要由预转化、转化、压缩、合成和精馏等单元组成（见图1－5）。天然气制甲醇与煤制甲醇工艺上的主要区别在合成气的生产部分。煤气化生产的合成气中CO的含量为30%，不能满足甲醇合成对氢碳比 $(H_2-CO_2)/(CO+CO_2)$ 等于2.05的要求，因此需要进行变换，将CO转化为 $CO_2$，变换后的合成气还要通过净化除去硫和 $CO_2$，才能达到甲醇合成的要求。

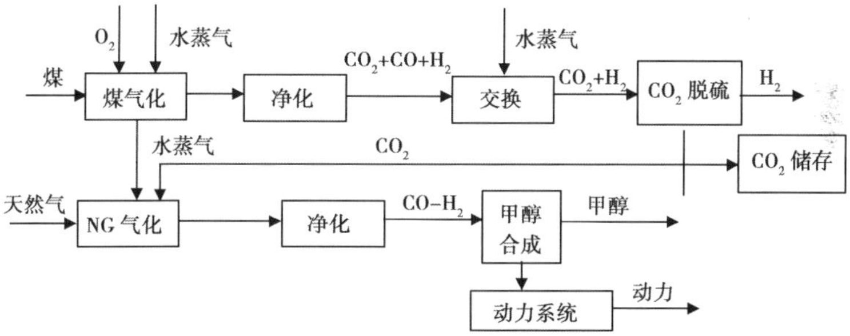


**图1－5　天然气制甲醇工艺图**

天然气制合成气的工艺流程较之煤制合成气要简单得多，天然气经预转化脱硫后，只需调整合适的水碳比，转化后的合成气即达到甲醇合成的要求。因此天然气制甲醇工艺技术可靠、流程短、设备少、操作简单，适合于建设大型或超大型甲醇装置。如以年产50万吨甲醇装置计算，煤制甲醇的装置投资约16亿元，天然气甲醇的装置投资约12.5亿元，前者是后者的1.28倍。

我国虽然有相对丰富的天然气储量，但是为了能源安全保障，现有政策未能明确支持大力发展天然气化工。例如，2012年制定的《天然气利用政策》与2017年印发的《加快推进天然气利用的意见》，都是针对天然气如何在城镇燃气、工业燃料、燃气发电、交通运输等领域进行高效科学利用。

**延伸阅读**

## 我国天然气资源及分布

我国沉积岩分布面积广，陆相盆地多，形成优越的多种天然气储藏的地质条件。根据1993年全国天然气远景资源量的预测，我国天然气总资源量达38万亿立方米，陆上天然气主要分布在中部和西部地区，分别占陆上资源量的43.2%和39.0%。

根据我国第二轮油气资源评价，全国天然气资源量380400亿立方米，其中陆上62个沉积盆地的天然气资源量299000亿立方米，海域7个沉积盆地的天然气资源量81400亿立方米。全国最终可采天然气储量140000亿立方米。

**延伸阅读**

### 我国天然气的利用政策如何？

为了鼓励、引导和规范天然气下游利用领域，国家发改委、国家能源局于2012年10月14日专门制定了《天然气利用政策》，并于2017年印发《加快推进天然气利用的意见》。

为加快推进天然气利用，提高天然气在我国一次能源消费结构中的比重，稳步推进能源消费革命和农村生活方式革命，有效治理大气污染，积极应对气候变化，现形成以下意见。

一、总体要求

（一）指导思想

全面贯彻党的十八大和十八届三中、四中、五中、六中全会精神，深入落实习近平总书记系列重要讲话精神，牢固树立创新、协调、绿色、开放、共享的发展理念，遵循“四个革命、一个合作”能源发展战略思想，发挥市场在资源配置中的决定性作用，以燃料清洁替代和新兴市场开拓为主要抓手，加快推进天然气在城镇燃气、工业燃料、燃气发电、交通运输等领域的大规模高效科学利用，产业上中下游协调发展，天然气在一次能源消费中的占比显著提升。

（二）基本原则

规划引领、政策驱动。充分发挥规划引领作用，明确天然气利用目标、部署及保障措施。切实落实大气污染防治行动计划，限制使用高污染燃料。推进北方地区清洁取暖，加快提高清洁供暖比重。充分发挥环保、产业、金融、财政、价格政策对扩大天然气利用的驱动作用。

改革创新、市场运作。深入推进天然气体制改革，着力破解影响天然气产业健康发展的体制机制障碍，发挥市场在天然气资源配置中的决定性作用。有序放开竞争性环节，鼓励各类资本进入天然气基础设施建设和利用领域，加快推进天然气价格市场化。

全面推进、突出重点。将北方地区冬季清洁取暖、工业和民用“煤改气”、天然气调峰发电、天然气分布式、天然气车船作为重点。因地制宜、以点带面，积极推进试点示范，积累经验后逐步推广。

产业协调、健康发展。重视天然气产业链上中下游协调，构建从气田开发、国际贸易、接收站接转、管道输配、储气调峰、现期货交易到终端利用各环节协调发展产业链，以市场化手段为主，做好供需平衡和调峰应急。各环节均要努力降低成本，确保终端用户获得实惠，增强天然气竞争力。

（三）总体目标

逐步将天然气培育成为我国现代清洁能源体系的主体能源之一，到2020年，天然气在一次能源消费结构中的占比力争达到10%左右，地下储气库形成有效工作气量148亿立方米。到2030年，力争将天然气在一次能源消费中的占比提高到15%左右，地下储气库形成有效工作气量350亿立方米以上。

二、重点任务

（一）实施城镇燃气工程

推进北方地区冬季清洁取暖。按照企业为主、政府推动、居民可承受的方针，宜气则气、宜电则电，尽可能利用清洁能源，加快提高清洁供暖比重。以京津冀及周边大气污染传输通道内的重点城市（2+26）为抓手，力争5年内有条件地区基本实现天然气、电力、余热、浅层地能等取暖替代散烧煤。在落实气源的情况下，积极鼓励燃气空调、分户式采暖和天然气分布式能源发展。

快速提高城镇居民燃气供应水平。结合新型城镇化建设，完善城镇燃气公共服务体系，支持城市建成区、新区、新建住宅小区及公共服务机构配套建设燃气设施，加强城中村、城乡接合部、棚户区燃气设施改造及以气代煤。加快燃气老旧管网改造。支持南方有条件地区因地制宜开展天然气分户式采暖试点。

打通天然气利用“最后一公里”。开展天然气下乡试点，鼓励多种主体参与，宜管则管、宜罐则罐，采用管道气、压缩天然气（CNG）、液化天然气（LNG）、液化石油气（LPG）储配站等多种形式，提高偏远及农村地区天然气通达能力。结合新农村建设，引导农村居民因地制宜使用天然气，在有条件的地方大力发展生物天然气（沼气）。

（二）实施天然气发电工程

大力发展天然气分布式能源。在大中城市具有冷热电需求的能源负荷中心、产业和物流园区、旅游服务区、商业中心、交通枢纽、医院、学校等推广天然气分布式能源示范项目，探索“互联网+”、能源智能微网等新模式，实现多能协同供应和能源综合梯级利用。在管网未覆盖区域开展以LNG为气源的分布式能源应用试点。

鼓励发展天然气调峰电站。鼓励在用电负荷中心新建以及利用现有燃煤电厂已有土地、已有厂房、输电线路等设施建设天然气调峰电站，提升负荷中心电力安全保障水平。鼓励风电、光伏等发电端配套建设燃气调峰电站，开展可再生能源与天然气相结合的多能互补项目示范，提升电源输出稳定性，降低弃风弃光率。

有序发展天然气热电联产。在京津冀及周边、长三角、珠三角、东北等大气污染防治重点地区具有稳定热、电负荷的大型开发区、工业聚集区、产业园区等适度发展热电联产燃气电站。

（三）实施工业燃料升级工程

工业企业要按照各级大气污染防治行动计划中规定的淘汰标准与时限，在“高污染燃料禁燃区”重点开展20蒸吨及以下燃煤燃油工业锅炉、窑炉的天然气替代，新建、改扩建的工业锅炉、窑炉严格控制使用煤炭、重油、石油焦、人工煤气作为燃料。

鼓励玻璃、陶瓷、建材、机电、轻纺等重点工业领域天然气替代和利用。在工业热负荷相对集中的开发区、工业聚集区、产业园区等，鼓励新建和改建天然气集中供热设施。支持用户对管道气、CNG、LNG气源做市场化选择，相关设施的规划、建设和运营应符合法律法规和技术规范要求。

（四）实施交通燃料升级工程

加快天然气车船发展。提高天然气在公共交通、货运物流、船舶燃料中的比重。天然气汽车重点发展公交出租、长途重卡，以及环卫、场区、港区、景点等作业和摆渡车辆等。在京津冀等大气污染防治重点地区加快推广重型天然气（LNG）汽车代替重型柴油车。船舶领域重点发展内河、沿海以天然气为燃料的运输和作业船舶，并配备相应的后处理系统。

加快加气（注）站建设。在高速公路、国道省道沿线、矿区、物流集中区、旅游区、公路客运中心等，鼓励发展CNG加气站、LNG加气站、CNG/LNG两用站、油气合建站、油气电合建站等。充分利用现有公交站场内或周边符合规划的用地建设加气站，支持具备场地等条件的加油站增加加气功能。鼓励有条件的交通运输企业建设企业自备加气站。推进船用LNG加注站建设，加快完善船用LNG加注站（码头）布局规划。加气（注）站的设置应符合相关法律法规和工程、技术规范标准。

## 七、焦炉煤气是怎样变成甲醇的？

焦化企业在炼焦过程中要产生大量的焦炉煤气，据测算，每生产1吨焦炭可产生400立方米焦炉煤气。焦炉煤气是一种富氢气体，含有55%—69%的$H_2$、23%—27%的$CH_4$、5%—8%的CO，是非常理想的化工原料。

目前，世界上只有我国拥有焦炉煤气制取甲醇的技术。随着近年来我国甲醇企业新增装置快速发展，焦炉气制甲醇装置逐渐增多，主要集中在山东省、西北和华北地区，焦炉气制甲醇产能在 1126.5 万吨，占比 12.28%。

焦炉煤气制取甲醇的关键技术是将焦炉煤气中的甲烷及少量多碳烃转化为一氧化碳和氢。基本工艺是焦炉煤气首先经低压压缩，然后进行有机硫加$H_2$转化为无机硫，精脱硫后加压催化部分氧化，使焦炉气中的烃类进行转化，使之成为 $CO+H_2$，加压合成粗甲醇，经过精馏产出精甲醇（见图 1-6）。

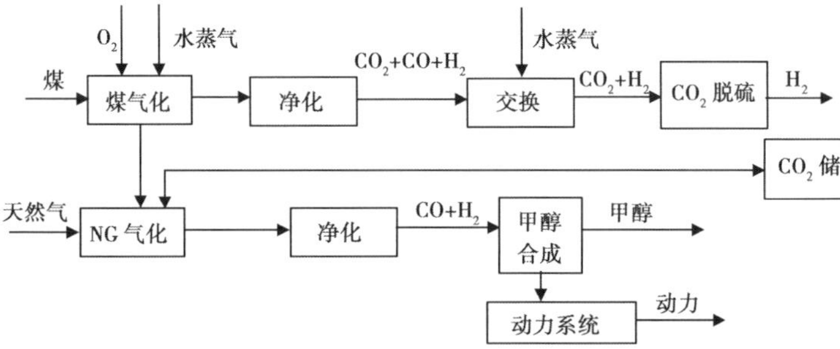


**图 1-6 焦炉煤气制甲醇生产工艺**

## 八、甲醇的主要下游产品有哪些?

甲醇的用途主要可以分成两大类，一是做燃料，二是做化工原料。

甲醇是优良清洁燃料，它的热值高，为 4650kcal/kg（1111 kJ/kg），同时甲醇完全燃烧仅产生水与二氧化碳，不产生其他有害气体，属于清洁燃料。同时，甲醇可以加入汽油掺烧或代替汽油作为动力燃料。甲醇与汽油混合通常称为“汽油掺烧甲醇”，并以甲醇的含量作为燃料标记，如掺入15%、30%、50%、85%甲醇的汽油分别为 M15、M30、M50、M85，纯甲醇燃料和添加剂则为 M100。目前市场上以掺入 15%者为最多，称 M15 甲醇汽油。甲醇汽油抗爆性能好，研究法辛烷值（RON）随甲醇掺入量的增加而增高，马达法辛烷值（MON）则不受影响。燃烧排出物的毒性比普通含铅汽油小，排气中一氧化碳含量也较少，燃烧清洁性能良好。但一般的甲醇汽油对汽油发动机的腐蚀性和对橡胶材料的溶胀率都较大，且易于分层，低温运转性能和冷起动性能不及纯汽油，可用作车用汽油的替代品。目前，甲醇汽油在多个国家广泛研究，并有一定的产业化应用。

甲醇最重要的用途是用作化工原料，下游工艺与产品应用极其广泛，可以用来生产乙烯、丙烯、甲醛、二甲醚、醋酸、甲基叔丁基醚（MTBE）、二甲基甲酰胺（DMF）、甲胺、氯甲烷、对二甲苯、对苯二甲酸二甲酯、甲基丙烯酸甲酯、合成橡胶等一系列有机化工产品。此外，甲醇也是生产敌百虫、甲基对硫磷、多菌灵等农药的原料。可以说，甲醇是“非石油工艺”中最基础也是最重要的化工原料。由于我国是一个“缺油，少气，多煤”的国家，通过煤制甲醇，再通过甲醇制其他重要的化工产品（煤化工），对我国能源化工安全与发展具有重要的战略意义。

甲醇制烯烃（Methanol To Olefin，MTO）是将甲醇催化转化为乙烯、丙烯的工艺，也是甲醇下游占比最大的工艺，目前占到甲醇总需求的50%以上。三烯三苯（三烯指的是乙烯、丙烯、丁二烯，三苯指的是苯、甲苯、二甲苯）是最重要也是最基本的化工原料，甲醇制烯烃技术是煤制烯烃工艺路线的枢纽技术，实现了由煤炭或天然气经甲醇生产基本有机化工原料。在我国煤制烯烃路线是对传统的以石油为原料制取烯烃的路线的重要补充，也是实现煤化工向石油化工延伸发展的有效途径。

甲醛是甲醇重要的下游产品之一，也是重要的基本有机化工原料之一，主要用于生产酚醛树脂、粘合剂及其他有机化学品。目前，我国是世界上最大的复合板生产国。

二甲醚（DME）除了在日用化工、制药、农药、染料、涂料等方面具有广泛的用途外，它还具有燃料性能，解决了能源和污染的矛盾这一难题。

醋酸是甲醇另一重要的下游产品，它是一种重要有机化工原料，主要用于生产醋酸乙烯单体、醋酐、对苯二甲酸（PTA）、聚乙烯醇、醋酸酯类、醋酸纤维素等，在化工、轻纺、医药、染料等行业具有广泛用途。

甲基叔丁基醚（MTBE）是甲醇下游产品中增长最快的一个品种，它是一种重要的高辛烷值汽油添加剂。尽管最近一项研究表明，MTBE极易对土壤、地下水造成污染，且能致癌，但在新化学品未出现之前，它还是较为理想的汽油添加剂。

二甲基甲酰胺（DMF）作为重要的化工原料以及性能优良的溶剂，在聚氨酯行业中作为洗涤固化剂；在医药行业中作为合成药物中间体，广泛用于制取强力霉素、可的松、磺胺类药品的生产；在腈纶行业中作为溶剂，主要用于腈纶的干法纺丝生产；在农药行业中用于合成高效低毒农药杀虫剂；在染料行业中作为染料溶剂；在电子行业中作为镀锡零部件的淬火及电路板的清洗等。

## 九、甲醇包装、储存及运输是怎样的？

工业甲醇应用干燥、清洁的铁制槽车、船、铁桶等包装，并定期清洗和干燥。工业甲醇应贮存在干燥、通风、低温的危险品仓库中，避免日光照射并隔绝热源、二氧化碳、水蒸气和火种。贮存温度应不超过30℃，贮存期限6个月。

工业甲醇的远距离运输，常采用装有甲醇槽车的火车，一般短途运输通常用装有卧式甲醇贮槽的汽车。槽车、船、铁桶在装运甲醇过程中应在螺丝口加胶皮垫密封，防止甲醇漏损，严防明火。运输工具应有接地设施。工业甲醇产品包装容器上应涂有牢固的标志，其内容包括：生产厂名称、产品名称、本标准编号以及符合 GB 190 规定的“易燃液体”和“有毒品”标志等。

## 自测题

### 一、不定项选择题

1. 甲醇可以用在生活的（　　）方面。

A. 甲醇汽油　　　　B. 板材

C. 化工　　D. 医药

2. 甲醇的生产原料主要有（　　）种。

A. 石油　　B. 煤炭

C. 天然气　　D. 焦炉气

3. 聚烯烃（聚乙烯与聚丙烯）是甲醇最重要的下游产品，它的主要用途有（　　）种。

A. 地膜　　B. 编织袋

C. 医护用品　　D. 注塑料

4. 甲醇产能最大的地区是（　　）。

A. 西北　　B. 华南

C. 华北　　D. 东北

5. 甲醇用量下游占比最高的行业是（　　）。

A. 甲醇制烯烃　　B. 甲醛

C. 二甲醚　　D. 醋酸

6. 醋酸的主要用途有（　　）种。

A. 化工　　B. 医药

C. 染料　　D. 轻纺

7. 甲醛的两大主要下游有（　　）。

A. 房地产　　B. 农药

C. 涂料　　D. 木材加工

8. 除了甲醇制烯烃外，下列（　　）还是甲醇的主要下游产品。

A. 甲醇汽油　　B. 二甲醚

C. 乙醇　　D. 甲醇制烯烃

9. 甲醇燃料的使用主要有（　　）。

A. 直接代替汽油（如 M100）

B. 按照一定比例掺杂在汽油中（如 M5、M15 等）

C. 通过化学转化成二甲醚

D. 通过电化学转化成燃料电池

## 二、判断题

1. 甲醇是无色、略带醇香气味的易燃、无毒、挥发性液体。 （ ）

2. 我国与世界其他地区一样，以天然气作为甲醇主要生产工艺。 （ ）

3. 甲醇是一种重要的有机化工原料，应用广泛，可以用来生产甲醛、二甲醚、醋酸、甲基叔丁基醚（MTBE）、DMF、合成橡胶等一系列有机化工产品。 （ ）

4. 甲醇不但是重要的化工原料，而且是优良的能源和车用燃料，可以加入汽油掺烧或代替汽油作为动力燃料。 （ ）

5. 甲醇也是生产敌百虫、甲基对硫磷、多菌灵等农药的原料。 （ ）

6. 甲醛是甲醇最重要的下游产品之一，也是最重要的基本有机化工原料之一，主要用于生产酚醛树脂、粘合剂及其他有机化学品。目前，我国是世界上最大的复合板生产国。 （ ）

7. 二甲醚（DME）除了在日用化工、制药、农药、染料、涂料等方面具有广泛的用途外，它还具有燃料性能，解决了能源和污染的矛盾这一难题。 （ ）

8. 醋酸是甲醇另一重要的下游产品，它是一种重要有机化工原料，主要用于生产醋酸乙烯单体、醋酐、对苯二甲酸（PTA）、聚乙烯醇、醋酸酯类、醋酸纤维素等，在化工、轻纺、医药、染料等行业具有广泛用途。 （ ）

9. 由甲醇制烯烃即以甲醇为原料生产乙烯、丙烯等低碳烯烃的生产工艺技术（简称 MTP/MTO）可有效缓解我国石脑油的不足和低碳烯烃对国际市场的依赖程度。 （ ）

10. 我国甲醇的主要产地是东北地区。 （ ）

11. 我国甲醇最大的下游需求是甲醇制烯烃。 （ ）

## 参考答案

### 一、不定项选择题

1. ABCD　　2. BCD　　3. ABCD　　4. A　　5. A
6. ABCD　　7. AD　　8. ABD　　9. ABCD

### 二、判断题

1. ×　　2. ×　　3. √　　4. √　　5. √
6. √　　7. √　　8. √　　9. √　　10. ×
11. √

# 第二章

# 甲醇的供需和消费

**本章要点**

本章主要介绍了甲醇的生产、贸易、消费状况，使投资者对甲醇行业基本面有一个感性的认识，也为投资、分析、展望甲醇期货行情打下一定的基础。

## 一、国际甲醇供应现状如何？

2020年全球甲醇新增产能继续释放，然而受新冠肺炎疫情影响，整体增速放缓，国际仅有伊朗一套年产165万吨甲醇装置于4月份投产，美国及特立尼达和多巴哥新装置投产时间推迟。截至2020年11月初，全球甲醇总产能近15700万吨，除中国产能占比达58.48%外，中东、美洲及东南亚地区主要甲醇集中地，产能分别为2345万吨、1950.25万吨以及726.7万吨。

其中，伊朗地区占中东甲醇产能比达 52.7%，该国总产能合计 1236 万吨（见表 2－1）。

**表 2－1　　　　全球甲醇产能分布及占比**

| 国家和地区 | 产能（万吨/年） | 占比（%） |
|---|---|---|
| 中国 | 9176 | 56.48 |
| 中东 | 2345 | 14.95 |
| 美洲 | 1950.25 | 12.43 |
| 东南亚 | 726.7 | 4.63 |
| 欧洲 | 870.5 | 5.55 |
| 非洲 | 622 | 3.96 |
| 合计 | 15690.45 | 100 |

数据来源：金联创

2020 年受疫情影响，国际甲醇供需矛盾加剧，部分国际装置因成本问题（天然气及单耗）停车或降负生产。截至 2020 年 11 月初，国际甲醇年平均开工率降至 69.90%，较 2019 年同期跌 2.5 个百分点，年内最高开工为 5 月初的 78%，最低点为 1 月初的 54.40%。

2020 年国际甲醇开工呈“W”形走势（见图 2－1），两次低点分别为 1 月中及 8 月中，其中 1 月中受中东天气寒冷影响，伊朗主要装置及马来西亚装置均有停车，8 月中旬国际开工再次降至 63.37%，究其原因是价格低位导致的部分装置停车所致，包括特巴、智利、委内瑞拉以及美国（因飓风短停）主要装置。而年内最高点则为 5 月份的 78%，伊朗新建装置投产、一季度检修装置重启等。此外，2020 年 8 月以后，随着沙特阿拉伯、阿曼苏丹国、马来西亚、特立尼达和多巴哥等装置的轮流检修，国际非伊甲醇装置开工降幅较大，国际供应量多以伊朗货为主，并造成了伊朗/非伊价差的持续走扩，以及中国甲醇在疫情之后一直到 2020 年 8 月价格底部震荡。

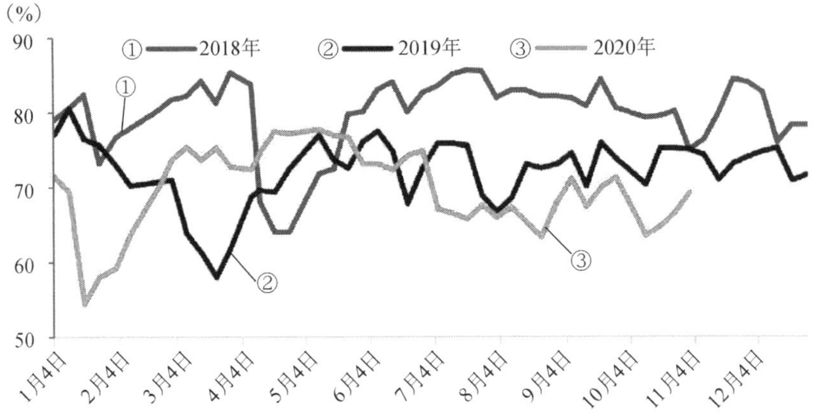


**图 2－1 2018—2020 年国际甲醇开工率**

数据来源：金联创

## 二、国际甲醇贸易流向是怎样的？

2020 年国际甲醇贸易流向整体变动不大，仍以传统的供应地中东、南美以及东欧出口至传统消费地东北亚、北美、西欧以及东南亚市场为主，主要线路为中东—亚洲、中东—欧洲、东南亚—东北亚、南美—北美/欧洲等，2020 年受疫情影响，各地流入中国市场量有所增加，其他地区刚需为主。不过年内有一点流向变化，因制裁政治问题影响，伊朗—中国的甲醇量增量明显，而伊朗—印度量相应减少，沙特阿拉伯、阿曼苏丹国及卡塔尔等非伊货对印度出口量增加。

从国际运费来看，2020 年国际运费整体变动不大，多维持 2019 年高位水平，其中主要的线路中东－东北亚地区在 50—60 美元/吨附近，伊朗、沙特阿拉伯、阿曼苏丹国等地货物运费均在此区间。南北美至中国地区运费在 50—55 美元/吨附近，上述两地船型多以 4 万吨船型为主，且下半年伊朗—中国地区船只有所增加，然而投入使用则多集中在第四季度。而东南亚至东北亚地区运费维持在 25—30 美元/吨左右，船只多以 1 万—2 万吨船型为主。

## 三、国内甲醇供应现状如何？

我国甲醇供应主要来源于两部分，自产与进口，截至 2020 年，我国甲醇进口依存度约为 17%。

对于国内生产而言，2020 年我国甲醇国产供给维持增量，主要在于开工率的不断提升以及产能基数的增加，2020 年 1—12 月我国累计生产精甲醇在 6385 万吨左右。从 2016—2020 年产量对比来看，2017 年较 2018 年增加 215 万吨产量，增幅相对不大，从 2018 年开始产量明显增加，2018 年较 2017 年增加 697 万吨，增幅 15.39%，2019 年相比 2018 年产量增加 632 万吨，增幅 12.09%，而 2020 年与 2019 年相比增加 527 万吨，增幅在 9.00% 附近，2019 年有所收窄，据悉 2020 年受疫情影响，价格走低下企业利润受挫，加上春检、环保以及冬季限气等多重因素均对甲醇供应有一定影响。具体情况见图 2－2。

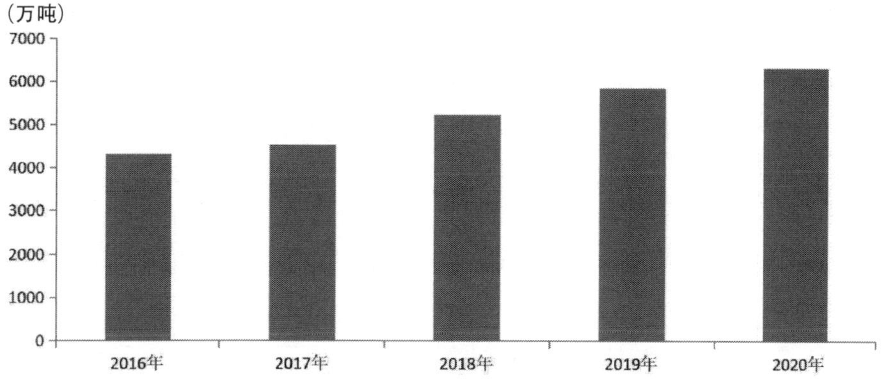


**图 2－2　中国甲醇年产量**

数据来源：金联创

据悉，2020年多数地区产量呈现增量，仅有山东地区小幅下滑，山东地区2019年总产量为544.7万吨左右，而2020年受开工下滑影响，产量跌3.95万吨至540.74万吨，跌幅相对不大，而其他地区产量均有不同程度增加，其中华东地区、西北地区及西南地区增量较为明显，华东地区产量增加137.03万吨至627.28万吨左右，西北地区产量增加250.78万吨至3707.31万吨，西南地区增加78.27万吨至348.80万吨；另外，华南地区增加26.01万吨至149.96万吨，华中地区增加6.25万吨至300.91万吨，东北地区增加12.19万吨至101.83万吨。

2020年开工较2019年继续上行，从时间顺序来看，春节后新冠肺炎疫情导致部分企业库存累积，停车/降负企业明显增加，2月份开工呈现下滑，后受国内疫情缓解提振，装置陆续重启，开工逐步回升，进入二季度后，年内在甲醇价格偏低情形下利润欠佳，部分春检装置重启时间推迟，另有部分企业被迫停车/降负，故2020年5—6月份开工下滑明显，7月上旬开工跌至年内最低点，到8月份停车装置才陆续恢复，开工提升至7成以上，进入11月份后，局部环保限产，加之部分企业限气，开工再度下滑，不过下滑幅度相对不大。此外，年内开工率的提升与甲醇产业结构优化升级也有一定关系，据悉部分长期停车装置失效剔除，另有部分新建甲醇装置投产，都影响了甲醇开工。

2020年，国内甲醇行业开工整体维持在6成水平以上，整体开工较2019年有所提升，截至11月12日，2020年甲醇行业年均开工在70%左右，较2019年走高2个百分点。由图2-3可以看出，2020年甲醇企业开工波动幅度相对较大，其中最低点集中在7月初，最高点集中在10月份。

2020年，从一季度来看，1月份部分西南气头装置陆续重启，开工由70%提升至75%，整体供应充裕，不过春节后新冠肺炎疫情暴发，区域间货物往来受限，上游库存逐步增加，加之价格呈现震荡下滑走势，利润严重受损，部分企业停车/降负，至2月中旬下滑至64%，而3月份随着国内疫情缓解，车辆恢复运输下装置陆续重启，企业开工再度恢复至7成以上水平。2020年春检受疫情影响推迟，从4月底附近才开始展开，相比往年推迟近一个月，据悉二季度市场基本面持续走弱，价格多次跌破新低，甲醇成

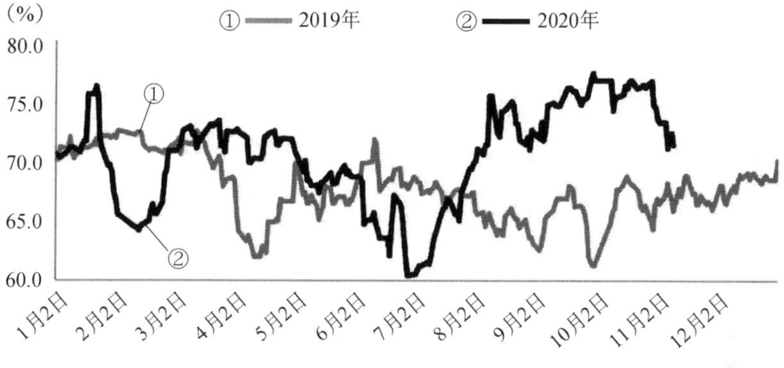


**图 2－3　中国甲醇开工率**

数据来源：金联创

本端逻辑渐显，市场调整仍多依赖阶段供应缩量来展开，上游甲醇工厂检修增多，且部分装置检修时间有所延长，开工下滑趋势一直延续至 7 月初，该时段开工围绕 6 成左右，为年内最低点。7 月中上旬由于内地开工不高，加之宏观资金、原油上涨带动期货偏强，内地及港口价格均有反弹；自 7 月中旬开始，前期检修装置陆续恢复，至 8 月中旬开户已恢复至 75%，提升相对较快；而 9 月上旬 CTO 配套甲醇故障频现，开工再度出现回落，不过该时段开工下滑幅度相对有限，9 月中旬开工再度恢复至 75%。从 9 月中旬至 10 月底，开工相对平稳，内地整体负荷偏高。进入 11 月份供暖季，部分天然气制甲醇企业限气停车，且冬季环保政策陆续出台，山西省及河北省等地均出现限产，加之部分装置故障临停，整体开工呈现跌势。不过 2020 年天然气制甲醇方面，原料供应尚可，冬季限气影响较往年明显减少，故整体减产力度不及 2019 年，截至 11 月 12 日，国内甲醇开工围绕 71.26%，相比 2019 年同期高 4.29%。

2020 年，我国甲醇月均产量增加至 532 万吨，2 月和 6—7 月份这两个时段数值整体处于年内低点。就整体走势来看，1 月份开工恢复下整体产量尚可，在 534 万吨左右；然受新冠肺炎疫情影响，2 月份整体产量下滑至 493 万吨；后随着国内疫情缓解，3 月份产量提升至 530 万吨；4 月份产量则相对稳定，较 3 月份相差不大，在 528 万吨左右；而 5—7 月份产量随着开工呈现逐步下滑态势；8 月份前后，部分前期检修项目复工较为集中，甲醇产量提升至545万吨，9—10月份甲醇装置多运行平稳，产量在560万—588万吨；11—12月份则因华北环保限产及西南限气影响产量有所收缩。综合来看，2020年一季度我国甲醇月均产量约在519万吨，二季度在507万吨，三季度在527万吨，四季度在575万吨，下半年整体产量高于上半年，这与下半年价格回升及新增产能投产等都有一定关联性。

对于进口而言，自2018年以来我国甲醇进口量突破前期700万—800万吨持续增加，2020年我国甲醇进口量继续破历史新高，全年一共进口甲醇1300.6万吨，较2019年增加220余万吨，增幅19.3%，较2018年增加超550万吨，增幅76%（见图2－4）。

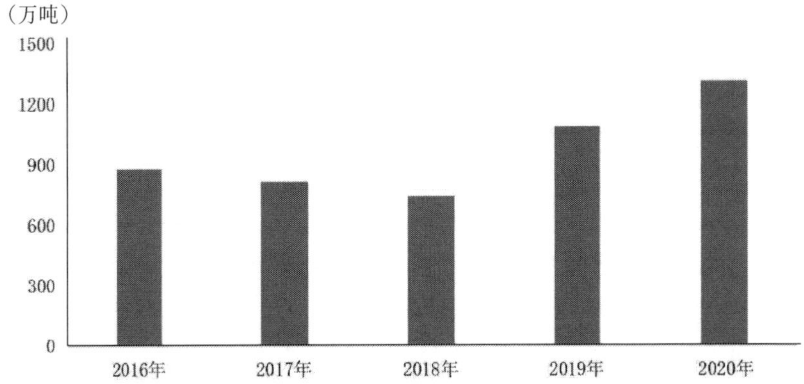


**图2－4 中国甲醇年进口量**

数据来源：金联创

2020年甲醇进口大幅增加的诱导原因主要包括：第一，2020年受新冠肺炎疫情影响，国际甲醇供需矛盾加剧尤为明显，国际甲醇需求多以甲醛及MTBE传统需求为主，年内缩量较为明显，而供应方面因有伊朗装置投产，整体产量尚可，进而导致供需矛盾增加，而我国市场则因稳定的需求量以及较好的疫情控制，使得更多国际货物流入我国市场。同时，伊朗、委内瑞拉货物仍被美国制裁，两地维持对华高出口量，其中伊朗当月进口量由之前的40万—45万吨/月大幅增加至70万吨/月。第二，2020年我国甲醇内外盘呈现大幅顺挂行情，即进口甲醇报关进入我国后，更具有成本优势，而内外盘的顺挂空间使得国际甲醇持续流入我国市场，亦导致了2020年我国甲醇进口量的继续增加。因此，国际供需矛盾加剧以及内外盘持续顺挂是2020年我国甲醇进口量持续增加的主要原因，而在年内总量增加的同时，因部分阶段国际开工不同导致的各月进口量不一情况亦较为明显。

据海关统计数据显示（见表2－2）：从货物来源看，中东、新西兰、美洲以及东南亚仍为我国传统的进口来源地，且中东地区仍为进口甲醇来源地首位，包括伊朗、沙特阿拉伯、阿曼苏丹国等国，且伊朗地区货量连续7年蝉联我国甲醇进口来源国第一位。此外，因伊朗货被制裁影响，部分来自阿拉伯联合酋长国等地的甲醇货物亦为伊朗货源，故2020年实际进口伊朗货仍较充裕，而南美及东南亚货源2020年因整体开工不高及货物流向改变影响有所减少。从进口来源国排名来看，2020年全年进口阿拉伯联合酋长国货物276.83万吨，进口伊朗货247.45万吨，进口阿曼苏丹国货物214.07万吨，进口南美货物有所减少，进口特巴货物96.56万吨，进口委内瑞拉货物58.55万吨。

**表2－2　　2019—2020年中国甲醇进口按产销国对比**

| 2019年 | | | 2020年 | | |
|---|---|---|---|---|---|
| 产销国 | 进口量（万吨） | 进口比例（%） | 产销国 | 进口量（万吨） | 进口比例（%） |
| 伊朗 | 305.58 | 28.03 | 阿拉伯联合酋长国 | 276.83 | 21.28 |
| 新西兰 | 171.53 | 15.74 | 伊朗 | 247.45 | 19.02 |
| 特立尼达和多巴哥 | 117.85 | 10.81 | 阿曼苏丹国 | 214.07 | 16.46 |
| 阿曼苏丹国 | 113.09 | 10.38 | 沙特阿拉伯 | 154.53 | 11.88 |
| 沙特阿拉伯 | 109.79 | 10.07 | 新西兰 | 153.94 | 11.83 |
| 阿拉伯联合酋长国 | 92.82 | 8.52 | 特立尼达和多巴哥 | 96.26 | 7.40 |
| 马来西亚 | 55.73 | 5.11 | 委内瑞拉 | 58.55 | 4.50 |
| 委内瑞拉 | 38.86 | 3.57 | 马来西亚 | 35.07 | 2.70 |
| 文莱 | 31.68 | 2.91 | 智利 | 25.55 | 1.96 |
| 智利 | 22.94 | 2.10 | 文莱 | 22.71 | 1.75 |
| 其他 | 29.72 | 2.73 | 其他 | 15.94 | 1.23 |
| 合计 | 1089.59 | 100 | 合计 | 1300.9 | 100 |

## 四、国内甲醇市场各区域产能分布情况如何?

根据不完全统计数据显示，截至2020年底，我国甲醇有效产能合计在9533万吨，2020年我国甲醇产能增速在3.23%，较2019年放缓0.28%；产量方面在6385万吨，年增速较过去两年有所减缓，大约在9%左右（见表2-3）。

表2-3 2016—2020年中国甲醇产能产量统计表

| 年份 | 产能（万吨） | 产能增长率（%） | 产量（万吨） | 产量增长率（%） |
|---|---|---|---|---|
| 2016 | 7638.5 | 9.50 | 4313.6 | 9.00 |
| 2017 | 8038.5 | 5.24 | 4528.8 | 4.99 |
| 2018 | 8587.5 | 6.83 | 5225.6 | 15.39 |
| 2019 | 8889 | 3.51 | 5857.3 | 12.09 |
| 2020 | 9176 | 3.23 | 6385 | 9.01 |

目前，我国甲醇生产企业仍主要分布在具有资源优势的西北地区，2020年中国甲醇新增883万吨，其中77%新增量集中在主产区西北一带，合计产能681万吨，且该部分量中属于烯烃配套甲醇项目占比76%，包含企业：宝丰二期、延长中煤二期、神华榆林三家。除此之外，山东省、华东地区、华中地区三地也陆续有新建项目投产，山东省涉及恒新高科、烟台万华两套；华东地区有浙江石化、晋煤中能两套，其中浙江石化是即恒力石化炼化一体化项目投产之后又一重大项目，浙江石化拥有4000万吨/年炼化一体化项目及140万吨/年乙烯项目，与甲醇相关的有40万吨/年甲醇、15万吨/年MTBE，以上项目均于2020年投产运营。

通过2020年各区域产能对比发现，西北地区、华北地区、山东省仍为我国主要的甲醇生产地区，西北产能达4859万吨，占全国产能比例为52.95%（见图2-5），较2019年增长1.34%，年内已有项目扩产、烯烃配套甲醇装置释放仍为新增产能增长的主要关键，甲醇产能集中化、大型化发展特点在此也进一步体现。此外，烯烃配套甲醇产能在西北产区达2580万吨，占该地总产能达53%，故烯烃配套甲醇装置运行稳定程度也将直接影响CTO/MTO企业原料甲醇外采/外销情况；如2020年8月中下至9月份，因延能化、宁煤、宝丰部分配套甲醇项目运行不佳，导致原料端缺口放大，相关企业阶段性原料外采激增对区内行情形成较强拉动。当然，延长中美二期新项目投产之前的原料外采对行情也存在一定支撑。此外，2020年西北甲醇大厂与内地大贸易商签订“长协”模式销售，市场产销节奏也得到了更好调节。

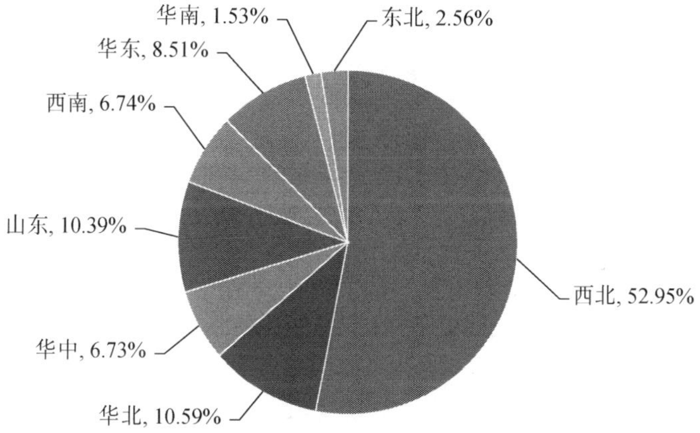


**图2-5　中国产能分部（2020年）**

数据来源：金联创

山东省产能在953万吨，占比10.39%，较2019年相比变化不大，2020年该地有恒信高科年产15万吨焦炉气制、烟台万华年产67万吨煤制两套项目投产，且后者年产20万吨小装置列为失效。华北地区甲醇产能在972万吨，占比10.59%，较2019年走低0.66%，2020年该地无新建项目投产，多为落后产能的淘汰项目，区域内环保监管、焦化升级部分时端对开工仍有影响。另外，华东地区产能增至781万吨，较2019年增幅5.4%；华中地区产能在618万吨，占比6.73%，较2019年略有下滑，退城入园政策、部分固定床工艺老装置退出市场较多；西南地区产能在618.5万吨，东北地区产能在234.5万吨。

从各省份情况来看，内蒙古自治区、陕西省、山东省、宁夏回族自治区、山西省、新疆维吾尔自治区、河南省等地区甲醇产能所占比重较大。2020 年内蒙古自治区甲醇产能仍居于首位为 1765 万吨，占全国甲醇总产能的 19.23%；位居第二的是陕西省，该地区甲醇产能为 1476 万吨，占比 16.09%；山东省甲醇产能为 953 万吨，占比 10.39%，位居第三；宁夏回族自治区为 861 万吨，较 2019 年排名提前一位，位居第四；而山西省为 567 万吨，排名则后移一位；接下来分别是新疆维吾尔自治区为 515 万吨、河南省为 474 万吨、安徽省为 431 万吨、青海省为 292 万吨、四川省为 265.5 万吨、河北省为 235 万吨、上海市为 160 万吨等。

**表 2-4　　2020 年中国甲醇产能分布表**　　单位：万吨

| 地区 | 工艺路线 | | | | 合计 |
|---|---|---|---|---|---|
| | 煤炭 | 天然气 | 焦炉气 | 矿热炉尾气 | |
| 西北 | 4025 | 495 | 314 | 25 | 4834 |
| 华北 | 476 | | 496 | | 972 |
| 华中 | 608 | | 10 | | 618 |
| 山东 | 793 | | 160 | | 953 |
| 西南 | 253 | 331.5 | 34 | | 618.5 |
| 华东 | 741 | | 40 | | 781 |
| 华南 | | 140 | | | 140 |
| 东北 | 152 | 10 | 72.5 | | 234.5 |
| 合计 | 7048 | 976.5 | 1126.5 | 25 | 9151 |

## 五、我国甲醇的产能如何？

据不完全统计数据显示（见表 2-5），2020 年我国煤制甲醇产能为 7048 万吨，占全年总产能的 76.81%，所占比例较 2019 年相比增加 1.6 个百分点；我国天然气制甲醇产能 976.5 万吨，占比 10.64%，较 2019 年降 0.68%；焦炉气制甲醇产能为 1126.5 万吨，占比 12.28%，较 2019 年相比缩减 1.2%。此外，2020 年新增矿热炉尾气制甲醇项目，该工艺现产能为 25 万吨，占总产能的 0.27%。

**表 2-5　　2019—2020 年中国甲醇生产原料分类情况**

| 原料 | 2020 年产能（万吨） | 2020 年占比（%） | 2019 年产能（万吨） | 2019 年占比（%） |
| --- | --- | --- | --- | --- |
| 煤炭 | 7048 | 76.81 | 8889 | 75.21 |
| 天然气 | 976.5 | 10.64 | 6685 | 11.32 |
| 焦炉气 | 1126.5 | 12.28 | 1006.5 | 13.47 |
| 矿热炉尾气 | 25 | 0.27 | 1197.5 | 0 |
| 合计 | 9176 | 100 | 8889 | 100 |

从原料分布情况来看，我国甲醇仍然以煤制甲醇居多，且主要分布在西北地区、山东省、华东地区、华中地区等，西北地区煤制甲醇产能约 4025 万吨，较 2019 年增加了 276 万吨，占本地总产能的 82.8%；山东省煤制甲醇产能约 793 万吨，占本地总产能的 83.2%，该比例较 2019 年增加了 3.3 个百分点；华东地区煤制甲醇产能为 741 万吨，占本地产能的 94.9%；华中地区煤制甲醇产能为 608 万吨，占本地产能的 98.4%。2020 年受甲醇价格大跌、煤炭价格上移影响，国内煤头企业整体运营状况欠佳，亏损/微利表现时有发生，部分时间西北产区企业亏损达 200 元/吨以上，多数企业现金流及成本压力倍增。

我国天然气制甲醇企业主要集中在西北、西南两地，西北地区天然气制甲醇产能在 495 万吨，较 2019 年水平缩减 20 万吨；西南地区天然气制甲醇产能为 331.5 万吨，较 2019 年持平；除此以外，华南地区天然气制甲醇产能在 140 万吨；东北地区该工艺路线制甲醇产能萎缩至 10 万吨。2017—2018 年气头利润表现尚可，2019 年以来该类甲醇企业利润收窄明显，2020 年部分时段亏损持续；不过，受年中附近气价下调提振，三季度气头运营状况较煤头略有好转。

我国焦炉气制甲醇企业主要分布在华北地区、西北地区及山东省一带，华北地区涉及产能为 496 万吨，西北地区产能为 314 万吨，山东省产能为 160 万吨。但是近几年受环保监管持续严格限制，该工艺路线制甲醇项目长期停车/失效产能数量也在增多；并且秋冬季节性限产导致的区域内项目开工出现下滑也时有发生；不过，随工艺技术、环保设备逐步升级，华北一带焦化产业应对环保监察的抵抗能力也逐步提升，故 2020 年第四季度，山西省、华北地区因焦化限产导致的甲醇供应缩量并不明显，反而山西省晋城地区部分煤制项目因环保降负/停车略有增多，涉及企业有晋煤华昱、天溪、天源、天泽、兰花等企业，该点需后续持续性跟踪关注。

从生产企业产能规模分析来看（见表 2－6）：目前我国甲醇产能大于 100 万吨的企业约 24 家，主要包括宝丰、中天合创、神华、中煤、延长、蒲城、兖矿、延能化、华鲁、中安联合、大唐、上海焦化等企业；若根据集团总产能数值统计，产能大于 200 万吨的企业有 8 家，按产能从大到小依次分别为：神华集团、晋煤集团、延长集团、兖矿集团（含山东省、内蒙古自治区、新疆维吾尔自治区、陕西省装置）、宁夏宝丰能源、河南能源、中煤能源、新奥集团，较 2019 年新增宁夏宝丰集团 1 家。上述企业中不乏烯烃配套的甲醇产能，如神华、大唐、宝丰、延长等。

**表 2－6　2019—2020 年中国不同产能甲醇企业个数对比**

| 产能 | 2020 年企业数量（个） | 占全国（%） | 2019 年企业数量（个） | 占全国（%） |
|---|---|---|---|---|
| 大于 100 万吨 | 24 | 12.97 | 23 | 11.92 |
| 50 万—100 万吨 | 36 | 19.46 | 33 | 17.1 |
| 20 万—50 万吨 | 72 | 38.92 | 82 | 42.49 |
| 10 万—20 万吨 | 48 | 25.95 | 47 | 24.35 |
| 小于 10 万吨 | 5 | 2.7 | 8 | 4.15 |
| 合计 | 185 | 100 | 193 | 100 |

2020 年我国甲醇生产企业产能按规模较 2019 年有所调整，目前我国整个甲醇行业集团化、大型化发展趋势仍较明显，2020 年在新旧产能更替驱动下，我国甲醇企业个数由 2019 年 193 家缩减至 185 家；其中产能在 100 万吨以上的企业较 2019 年相比增加了 1 家，涉及产能较 2019 年相比增加了 465 万吨；50 万—100 万吨的企业个数较 2019 年增加了 3 家，涉及产能较

2019 年增加 84 万吨；20 万—50 万吨企业个数较 2019 年相比减少 10 家，20 万吨以下小型装置个数不断缩减，2020 年为 53 家，较 2019 年相比减少了 2 家。2019 年、2020 年中国甲醇企业产能对比情况见表 2－7。

**表 2－7 2019 年、2020 年中国甲醇企业产能对比情况**

| 2020 年产能（万吨） | 占全国（%） | 2019 年产能（万吨） | 占全国（%） |
|---|---|---|---|
| 4314 | 47.01 | 3849 | 43.3 |
| 2253 | 24.55 | 2169 | 24.4 |
| 2003.5 | 21.83 | 2257.5 | 25.4 |
| 578 | 6.3 | 564 | 6.34 |
| 27.5 | 0.3 | 49.5 | 0.56 |
| 9176 | 100 | 8889 | 100 |

2020 年我国甲醇产能在 20 万吨以上的有 132 家，占全国总企业数的 71%，此类企业的产能为 8570.5 万吨，占比 93%；产能在 50 万吨以上的企业约 60 家，此类企业的产能达 6567 万吨，占比 72%，较 2019 年增加 4 个百分点；10 万—20 万吨企业有 48 家，产能为 578 万吨，占比 6.3%，较 2019 年波动不大，具体情况见表 2－8。

**表 2－8 2020 年中国甲醇企业产能排名在 50 万吨以上装置的企业**

| 企业名称 | 产能（万吨） | 工艺路线 |
|---|---|---|
| 宁夏宝丰能源 | 400 | 煤炭/焦炉气 |
| 中天合创 | 360 | 煤炭 |
| 宁夏神华宁煤 | 352 | 煤炭 |
| 中煤陕西榆林 | 200 | 煤炭 |
| 神华包头煤制油 | 180 | 煤炭 |
| 陕西延长中煤 | 180 | 煤炭 |
| 陕西蒲城清洁能源 | 180 | 煤炭 |
| 神华新疆 | 180 | 煤炭 |
| 内蒙古兖矿 | 180 | 煤炭 |
| 陕西延安能化 | 180 | 天然气/煤炭 |
| 山东华鲁恒升 | 170 | 煤炭 |

续表

| 企业名称 | 产能（万吨） | 工艺路线 |
|---|---|---|
| 中安联合 | 170 | 煤炭 |
| 大唐能源化工公司 | 168 | 煤炭 |
| 上海焦化 | 160 | 煤炭 |
| 山东兖矿集团 | 149 | 煤炭/焦炉气 |
| 中海化学 | 140 | 天然气 |
| 安徽昊源化工 | 140 | 煤炭 |
| 内蒙古远兴能源 | 135 | 天然气 |
| 新疆广汇新能源 | 120 | 煤炭 |
| 新奥新能化工 | 120 | 煤炭 |
| 山西晋煤华昱 | 120 | 煤炭 |
| 兖矿榆林能化 | 120 | 煤炭 |
| 青海盐湖钾肥 | 110 | 乙炔/煤炭 |
| 内蒙古久泰能源 | 100 | 煤炭 |
| 山东明水化工 | 95 | 煤炭 |
| 新能凤凰（滕州） | 92 | 煤炭 |
| 河南心连心化工 | 90 | 煤炭 |
| 四川维尼纶厂 | 87 | 天然气 |
| 重庆卡贝乐 | 85 | 天然气 |
| 青海桂鲁 | 80 | 天然气 |
| 山东鲁西化工 | 80 | 煤炭 |
| 山东联盟化工 | 75 | 煤炭 |
| 陕西榆林凯越 | 70 | 煤炭 |
| 黑龙江宝泰隆 | 70 | 焦炉气/煤炭 |
| 烟台万华 | 67 | 煤炭 |
| 中煤蒙大新能源 | 60 | 煤炭 |
| 内蒙古东华能源 | 60 | 煤炭 |
| 陕西神木化工 | 60 | 煤炭 |
| 陕西长青能源 | 60 | 煤炭 |
| 陕西渭河煤化 | 60 | 煤炭 |

续表

| 企业名称 | 产能（万吨） | 工艺路线 |
|---|---|---|
| 陕西煤化能源 | 60 | 煤炭 |
| 青海中浩天然气化工 | 60 | 天然气 |
| 甘肃华亭中煦 | 60 | 煤炭 |
| 河南煤化鹤煤 | 60 | 煤炭 |
| 同煤广发化学 | 60 | 煤炭 |
| 国电中石化宁夏能源 | 60 | 煤炭 |
| 新疆天智辰业 | 52 | 煤炭 |
| 新疆新业 | 50 | 煤炭 |
| 河南中原大化 | 50 | 煤炭 |
| 河南永城龙宇 | 50 | 煤炭 |
| 天津碱厂 | 50 | 煤炭 |
| 山西丰喜 | 50 | 煤炭 |
| 四川达州钢铁 | 50 | 天然气 |
| 四川玖源化工 | 50 | 天然气 |
| 江苏索普 | 50 | 煤炭 |
| 南京惠生 | 50 | 煤炭 |
| 安徽临泉化工 | 50 | 煤炭 |
| 大连恒力石化 | 50 | 煤炭 |
| 湖北盈德 | 50 | 煤炭 |
| 云南先锋 | 50 | 煤炭 |

2020 年我国甲醇失效产能在 342 万吨，失效产能总量创下历年来最高水平，这也说明了在行业集中度、大型化提升的同时，仍伴随着落后产能的淘汰与出清。

2020 年甲醇生产企业大多面临着“生死抉择”，失效产能淘汰加快、新增产能优势性提升明显；而且大型化项目高开工/超负荷开工来平衡运营缺口的举措更为明显。与此同时，行业转型、市场演绎过程中，企业所面临的来自于环保安监、兼并重组、退城搬迁等仍在进行中。

从我国甲醇生产企业排名前十对比表来看（见表 2－9），2019—2020

年甲醇前十名企业排名变化较大，其中因宁夏宝丰二期年产220万吨大甲醇项目投产影响，2020年该企业产能排名顺利跃居首位；而中天合创、神华宁煤依次排名第二位和第三位。在这些企业中，除内蒙古荣信外，其余全部为烯烃配套的甲醇产能。如果单从甲醇装置企业考虑，跟随其后的还有华鲁恒升、中安联合、大唐能源、上海焦化、山东兖矿集团、中海化学、安徽昊源、内蒙古远兴能源、新疆广汇、新奥新能、山西晋煤华昱、兖矿榆林、青海盐湖、内蒙古久泰等企业。

**表2-9 2019—2020年中国甲醇产能排名对比（排名前十名的企业）** 单位：万吨

| 2020年甲醇产能排名前十的企业 | 产能 | 2019年甲醇产能排名前十的企业 | 产能 |
|---|---|---|---|
| 宁夏宝丰能源 | 400 | 中天合创 | 360 |
| 中天合创 | 360 | 宁夏神华宁煤 | 352 |
| 宁夏神华宁煤 | 352 | 中煤陕西榆林 | 200 |
| 中煤陕西榆林 | 200 | 陕西延长中煤 | 180 |
| 陕西延长中煤 | 180 | 神华包头煤制油 | 180 |
| 陕西延安能化 | 180 | 陕西延安能化 | 180 |
| 陕西蒲城清洁能源 | 180 | 陕西蒲城清洁能源 | 180 |
| 神华包头煤制油 | 180 | 宁夏宝丰能源 | 180 |
| 神华新疆 | 180 | 神华新疆 | 180 |
| 内蒙古荣信 | 180 | 内蒙古荣信 | 180 |
| 合计 | 2392 | 合计 | 2172 |

2019年前十名甲醇生产企业合计产能2172万吨，占总产能的24.43%；2020年前十名甲醇生产企业合计产能在2392万吨，占总产能的26.07%。若以集团总产能数值统计，2019年我国前十排名集团合计甲醇产能3730万吨，占全国总产能的41.96%；2020年我国前十集团合计甲醇产能3947万吨，占全国总产能的43.01%。

2016年以来我国存在不少长期停车装置，产能约300万吨；2017年长期停车的甲醇装置合计产能大约在394.5万吨；2018年长期停车的甲醇装置合计产能大约在325.5万吨；2019年长期停车的甲醇装置合计产能大约在283万吨；而2020年长期停车的甲醇项目产能继续增加，总量在330

万吨。

截至 2020 年 11 月初，我国已投产的新/扩能甲醇产能在 533 万吨，涉及兖矿榆林、浙石化、晋煤中能、宁夏宝丰、陕西精益、恒信高科、新疆天智辰业、内蒙古旭峰合源等项目（见表 2－10）；其中属于已有产能扩能甲醇项目 2020 年有 437 万吨，该数值里包含了烯烃配套甲醇产能 220 万吨。

**表 2－10　2020 年中国甲醇生产企业新增装置已投产统计**　单位：万吨

| 地区 | 企业名称 | 产能 | 投产时间 | 原料 |
|---|---|---|---|---|
| 西北 | 陕西兖矿榆林 | 80 | 2020 年 1 月 | 煤炭 |
| 华东 | 浙江石化 | 40 | 2020 年 3 月 | 煤炭 |
| 华东 | 晋煤中能 | 30 | 2020 年 5 月 | 煤炭 |
| 西北 | 宁夏宝丰 | 220 | 2020 年 5 月 | 煤炭 |
| 西北 | 陕西精益化工 | 26 | 2020 年 7 月 | 煤炭 |
| 山东 | 山东恒信高科 | 15 | 2020 年 7 月 | 焦炉气 |
| 西北 | 新疆天智辰业 | 30 | 2020 年 8 月 | 煤炭 |
| 西北 | 内蒙古乌兰察布旭峰合源化 | 15 | 2020 年 9 月 | 矿热炉尾气 |
| 华中 | 河南心连心 | 30 | 2020 年 9 月 | 煤炭 |
| 山东 | 烟台万华 | 67 | 2020 年 10 月 | 煤炭 |
| 西北 | 内蒙古和百泰 | 10 | 2020 年 12 月 | 煤炭 |
| 华北 | 山西中信二期 | 20 | 2020 年 12 月 | 煤炭 |
| 西北 | 延长中煤二期 | 120 | 2020 年 12 月 | 煤炭 |
| 西北 | 榆林神华 | 180 | 2020 年 12 月 | 煤炭 |
| 合计 | | 883 | | |

## 六、我国甲醇生产企业的生存状况如何？

2020 年受新冠肺炎疫情影响，国内甲醇价格创 2014 年以来的新低，而甲醇工厂多数时段处于亏损状态，企业面临较大的生存压力。下面针对不同生产工艺路线的生存态势进行一定的分析。

对于天然气制甲醇企业而言，国内天然气制甲醇企业虽整体占比较少，然仍有约976.5万吨，且主要分布在西南、西北气田集中区域，华南次之，东北、山东也有少量涉及。而天然气价格分为存量气及增量气，且多由国家统一制定，加之冬季保民用需求，天然气整体呈现供需紧平衡状态，国内气价多维持高位，进而导致天然气制甲醇企业生存空间相对一般。

根据图2－6可知，西南气头甲醇企业2016年多数时段处于亏损，而2017—2018年扭亏为盈，且2017年四季度至2018年内受制甲醇价格相对高位，气制甲醇企业盈利转好，2018年平均盈利715元/吨左右，同比增加43%。2019—2020年受制甲醇供需矛盾影响，多数时段再度亏损，特别是2020年受制新冠肺炎疫情影响，甲醇市场供需矛盾愈发突出，甲醇价格创2014年以来新低，春节至8月份气制企业连续处于亏损状态，严重时亏损达387元/吨，之后随着9月份甲醇价格反弹走高，气制甲醇企业开始由亏转盈。

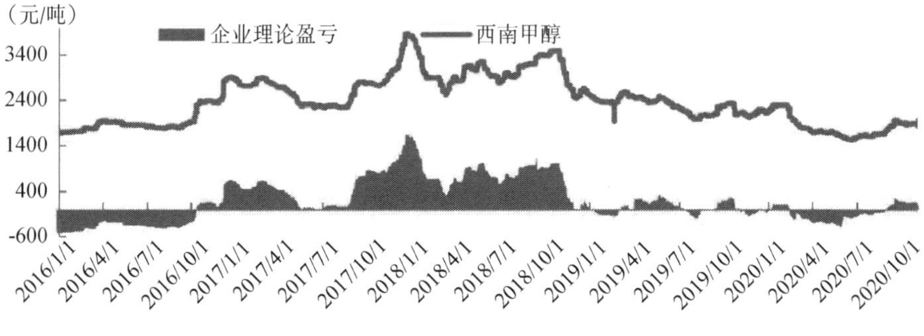


**图2－6 中国天然气制甲醇理论盈亏**

数据来源：金联创

2020年内西南气头甲醇企业盈利状况表现欠佳，年内多数时段处于成本线下方运行，自三季度9月份开始，气制甲醇企业逐渐扭亏为盈。其中1—10月份，企业日均亏损91元/吨，较2019年同期的日均盈利52元/吨，大幅减少143元/吨。2020年受新冠肺炎疫情影响，国内甲醇行业受打击严重，春节后下游及运输车队等复产迟缓，需求偏弱，甲醇价格持续走低；虽然随着冬季供暖季的结束，气价有了一定的回调，企业生产成本下降，但受制下游需求的萎靡，甲醇价格继续低于企业成本线，故 2—8 月份气制甲醇企业维持亏损状态。进入 9 月份，随着传统金九银十来临，加之市场多方利好消息面影响，甲醇价格连续反弹走高，气价相对平稳下，气制甲醇企业逐渐由亏转盈。11 月份随着全国进入冬季采暖季，气价也有了相应的提升，企业生产成本加大，但甲醇价格继续走高下，现企业仍处于微薄盈利。

此外，年内天然气供应较充裕，2020 年的采暖季，多数气头企业延迟停车，也与此阶段甲醇价格走势偏强有关。像西北青海中浩、内蒙古博源因限气已于 2020 年 10 月底附近停车，年后 3 月份之后恢复；东北大庆推迟停车；西南部分气头企业停车时间也有推迟，截至 2020 年 10 月底，西南甲醇开工在 67% 附近，较 2019 年同期的 52% 相比高 15% 。后续部分项目停车及盈利情况待继续关注。

对于煤制甲醇企业而言，得益于我国丰富的煤炭资源，国内甲醇生产企业主要以煤制甲醇企业为主。项目在国内各地均有涉及，其中西北地区居多，年内受新冠肺炎疫情影响，甲醇价格屡创 2014 年以来新低，煤头甲醇企业盈利情况也表现欠佳，多时段处于成本线下方运行。受此影响，国内部分企业保量生产，提高开工，从而增大产品产出，年内企业生存环境挑战较多。

根据图 2－7 中西北甲醇的测算可知，2016—2018 年我国煤制甲醇企业盈利情况表现较好，多数时段处于盈利状态，且盈利情况相对较好。2017 年四季度至 2018 年煤制甲醇企业盈利情况和前面的气制企业盈利表现一致，均处于高盈利状态，与此阶段内甲醇价格走高密不可分。

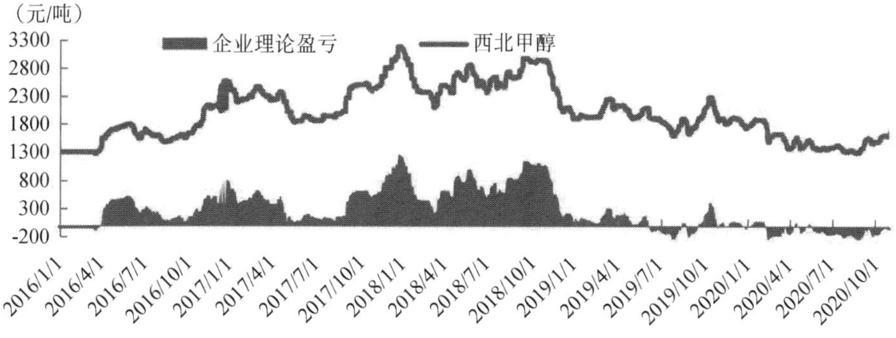


**图 2－7　中国煤制甲醇理论盈亏**

数据来源：金联创

进入 2019 年，受甲醇供需矛盾影响，甲醇价格中枢呈现下移，并且随着国内环保形势的严峻，煤炭价格居高不下，所以导致煤制甲醇利润大幅收缩，2019 年煤制甲醇企业日均盈利 54 元/吨，较 2018 年 695 元/吨大幅缩水至 641 元/吨。2020 年内形势愈发严峻，新冠肺炎疫情暴发后，春节后至 10 月份煤制甲醇企业均处于亏损状态，具体情况如下：

2020 年受新冠肺炎疫情影响，国内甲醇市场受冲击严重，市场需求相对萎缩，甲醇价格连续下滑，多次创下 2014 年来新低，也导致企业利润亏损严重，2020 年 1—10 月份西北煤制甲醇企业日均亏损在 104 元/吨左右，较 2019 年同期日均盈利 59 元/吨，日均亏损加大 163 元/吨，整体压力较大，也加剧了部分落后产能的淘汰。2020 年内蒙古自治区倒查 20 年煤炭领域违规违法事情，迫使部分煤矿停工，开工率走低的情况下，煤炭价格走高，导致企业成本加大，甲醇价格走低，2020 年亏损严重。前面也提及，9 月之后甲醇价格反弹走高，但受制煤矿整体开工低及后续用量增大影响，原料煤炭价格居高难下，煤制甲醇生产成本相对偏高，虽然甲醇价格略有反弹，但企业依旧多处于成本线下方运行。进入 11 月，甲醇价格继续反弹，现煤制甲醇企业由亏转盈，但盈利依旧表现微薄。

## 七、未来全球甲醇供应情况如何?

2020 年全球甲醇新增产能释放多集中在我国，而国际新增量仅有伊朗一套 165 万吨装置，其余装置多推迟至 2021 年投产，故 2021 年国际甲醇新增产能预期较前期有所增加，且仍多集中在伊朗、美国以及特巴等地，主要与其天然气成本优势有关。据统计，2021 年除我国市场外，国际市场计划新增甲醇产能 824.8 万吨，具体情况见表 2 - 11。

表 2-11　　2021 年国际甲醇生产企业新建统计　　单位：万吨

| 地区 | 公司 | 产能 | 投产时间 |
|---|---|---|---|
| 特巴 | Caribbean Gas Chemical | 100 | 2020 年 |
| 美国 | us methanol | 19.8 | 2021 年 |
| 美国 | 山东玉皇（YCI） | 170 | 2021 年 |
| 美国 | Fairway | 40 | 2021 年 |
| 伊朗 | Di Polymer Arian Methanol | 165 | 2021 年 |
| 伊朗 | Dena&Sabalan | 330 | 2021 年 |

在国际产能新增的同时，2021 年我国仍有约 1112 万吨甲醇装置投产计划（见表 2-12），其中 2020 年年底存在延长中煤二期（180 万吨/年）、九江心连心（60 万吨/年）、山东盛发（17 万吨/年）、中煤鄂尔多斯能化（100 万吨/年）四套新建项目计划投产，时间多集中在 2020 年 12 月份，具体落实情况有待跟踪。2021 年我国甲醇新增产能预计 775 万吨，部分大型项目投产时间多集中在上半年，涉及企业有神华集团、广西华谊、内蒙古黑猫等，具体投产时间需进一步跟踪；此外，新疆众泰煤焦化、安徽临涣焦化、河南延化等也有新项目计划投产，投产时间尚需进一步跟踪。考虑到装置投产时效性、疫情形势等问题，保守估计投产比例在 50% 左右。

表 2-12　　2021 年中国甲醇生产企业新/扩建装置统计　　单位：万吨

| 地区 | 企业名称 | 产能 | 原料 |
|---|---|---|---|
| 华中 | 九江心连心 | 60 | 煤炭 |
| 山东 | 山东盛发 | 17 | 焦炉气 |
| 西北 | 延长中煤二期 | 180 | 煤炭 |
| 西北 | 中煤鄂尔多斯能化 | 100 | 煤炭 |
| 西北 | 神华集团 | 180 | 煤炭 |
| 华北 | 山西至信宝能科技 | 20 | 焦炉气 |
| 西北 | 内蒙古黑猫 | 30 | 焦炉气 |
| 西南 | 上海华谊（广西） | 180 | 煤炭 |
| 西北 | 新疆众泰焦化 | 20 | 焦炉气 |
| 华中 | 河南延化 | 30 | 煤炭 |

续表

| 地区 | 企业名称 | 产能 | 原料 |
|---|---|---|---|
| 西北 | 内蒙古和百泰能源 | 10 | 焦炉气 |
| 华中 | 安徽临涣焦化一三期 | 50 | 焦炉气 |
| 西北 | 内蒙古旭峰合源 | 35 | 矿热炉尾气 |
| 西北 | 内蒙古久泰（托县） | 200 | 煤炭 |
| 合计 | | 1112 | |

## 八、国内甲醇需求现状如何？

近10年来，我国甲醇市场消费量维持增加趋势，伴随全球行业不断深度调整，国内甲醇产业供需格局也发生着一定改变。从历年发展节奏来看，2014年之前我国甲醇供需增速基本匹配，2015—2017年呈供需双减态势发展，C/MTO需求释放激增进一步加剧了产业供需趋紧程度；近3年间，随着国内新旧产能转换加快、大型项目产能利用率提升、进口体量大增及C/MTO增速放缓等因素影响，我国甲醇供需双增趋势越发明显。此外，2018—2020年行业供需差值呈现逐年增加，即甲醇产业供应相对宽松化格局体现更为明显。2020年我国甲醇表观需求量在7686万吨，较2019年增加756万吨，增幅为10.91%。

**表2-13　2016—2020中国甲醇表观消费量/消费增长率**

| 年份 | 供应量（万吨） | 出口量（万吨） | 表观消费量（万吨） | 消费增长率（%） |
|---|---|---|---|---|
| 2016 | 5194 | 3.4 | 5190 | 15.47 |
| 2017 | 5343 | 13 | 5330 | 2.69 |
| 2018 | 5969 | 32 | 5937 | 11.39 |
| 2019 | 6947 | 17 | 6930 | 16.73 |
| 2020 | 7695 | 8.9 | 7686 | 10.91 |

未来甲醇供需仍将保持一定增长，从供应来看，高进口驱动仍为关键因素；从需求来看，烯烃行业仍为主要消费下游，整体增速将有所放缓；传统下游维持行业调整节奏，甲醛、二甲醚关注新旧产能转换，醋酸、MTBE 仍有部分增量。此外，氯化物、有机硅、DMMN、BDO 等精细类下游新增释放也需密切关注。

## 九、我国甲醇消费结构是怎样的？

2020 年，我国甲醇下游消费结构与 2019 年基本一致，然而随着下游供需的调整，年内甲醇制烯烃、甲醇燃料、有机硅等需求占比均有所走高（见图 2－8）。

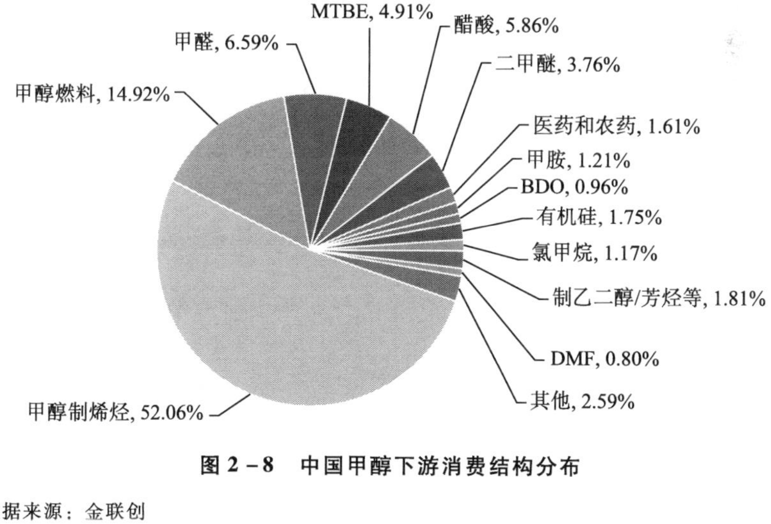


**图 2－8　中国甲醇下游消费结构分布**

数据来源：金联创

从下游消费结构分项来看，甲醇制烯烃仍为甲醇需求的主要驱动，占据下游消费首要位置，2020 年该下游消费占比在 52.06%，较 2019 年增加了 2.76 个百分点；虽然 2020 年仅吉林康乃尔年产 30 万吨的一套 MTO 投产，然而在烯烃利润大幅修复驱动下，企业整体开工积极性较好，故对原料甲醇消化形成较好驱动。位居第二的是甲醇燃料（包含甲醇汽油、甲醇汽车、船用及锅炉燃料等综合燃料需求），消耗甲醇占比 14.92%，较 2019 年略微增加。位于第三、第四、第五位的分别是甲醛、二甲醚、醋酸，以上行业甲醇需求占比分别在 6.59%、3.76%、5.86%，受行业产能过剩弊端影响，上述部分行业年内需求占比数值均出现缩减。

从传统下游产品来看，我国甲醛行业全年开工维持在 20%—25% 水平运行，近几年环保持续加压，在“退城入园”政策驱动下，部分地区小型项目逐步淘汰，故此类下游年内消化甲醇占比萎缩至 6.59%，较 2019 年减少 1.7 个百分点；与此同时，甲醛产业“中大型”发展趋势也逐步有所体现。二甲醚产能过剩依旧，产品夹缝生存现状持续，年内该类下游需求甲醇缩量至 280 万吨；醋酸年内消化甲醇量仍保持在 400 万吨，全年企业开工整体表现较好，在甲醇下游分支中属于比较稳健的一类。MTBE 产能维持增长，2020 年受油价较低影响，该行业亏损状态时有发生，行业开工也较 2019 年有所下滑，当然，近几年乙醇汽油推广对汽油需求形成抑制也同样牵制了 MTBE 开工；2020 年 MTBE 消耗甲醇量在 360 万吨附近，占比缩至 4.91%。DMF 在甲醇下游需求占比率在 0.80%，2020 年行业利润较好，受失效产能出清、装置检修频繁影响，该下游对甲醇需求量较 2019 年有所减少。

新型下游行业方面，近两年我国甲醇制烯烃行业发展速度整体略有趋缓，2020 年仅一套项目投产，2021 年该行业产能增速为 1.95%，创历年新低水平；不过，疫情暴发导致医用防护类原材料需求激增刺激，烯烃产业年内经营状况较为可观，故整体对原料甲醇需求增量也较为明显，2020 年我国甲醇制烯烃产品消耗甲醇攀升至 3800 万吨以上，需求占比突破半数，至 52.06%。此外，原料甲醇价格破历史新低也一定程度上给予了 MTO 成本端的优势。

近几年，随着国家相关政策面的不断推广，甲醇燃料级别的需求对甲醇驱动也不容忽视，需求占比一直保持在 15% 左右运行，预计甲醇年需求量将达 1000 万吨以上；除甲醇汽油、甲醇汽车、船用燃料外，以餐饮企业、学校及医院等单位所带动的锅炉燃料增量也需密切关注。此外，当前甲醇下游行业中 BDO、有机硅及 DMMN 等精细类产业发展较稳健，年内 BDO 需求占比在 0.96%，有机硅需求占比增至 1.75%，未来甲醇下游发展过程中，此类精细类、附加值较高的行业潜在的需求增量仍需格外关注。

### （一）煤制烯烃行业现状分析（见表 2－14）

**表 2－14　2020 年中国煤经甲醇制烯烃项目**　单位：万吨

| 企业名称 | 配套甲醇产能 | 烯烃产能 | 装置类型 |
|---|---|---|---|
| 宁夏神华宁煤 | 252 | 100 | MTP |
| 神华包头煤制油 | 180 | 60 | DMTO |
| 中原石化 | 0 | 20 | SMTO |
| 大唐多伦煤化工 | 168 | 46 | MTP |
| 宁波富德 | 0 | 60 | DMTO |
| 南京诚志 | 30 | 90 | MTO/OCP |
| 陕西延长中煤榆林能化 | 180 | 60 | DMTO |
| 中煤陕西榆林能化 | 200 | 60 | MTO |
| 宁夏宝丰 | 400 | 120 | MTO |
| 山东神达化工 | 0 | 36 | MTO |
| 陕西蒲城清洁能源 | 180 | 70 | DMTO |
| 沈阳化工 | 0 | 10 | MTP |
| 浙江兴兴 | 0 | 69 | MTO |
| 山东阳煤恒通 | 25 | 30 | MTO |
| 神华榆林 | 0 | 60 | DMTO |
| 山东大泽 | 0 | 20 | MTP |
| 中煤蒙大 | 0 | 60 | DMTO |
| 神华新疆 | 180 | 68 | SHMTO |
| 中天合创 | 180 | 137 | MTO |
| 青海盐湖 | 100 | 33 | DMTO |
| 常州富德 | 0 | 33 | DMTO |

续表

| 企业名称 | 配套甲醇产能 | 烯烃产能 | 装置类型 |
|---|---|---|---|
| 江苏斯尔邦 | 0 | 80 | DMTO |
| 陕西延安能化 | 180 | 60 | DMTO |
| 久泰能源 | 100 | 60 | UOP |
| 中安联合 | 170 | 70 | SMTO |
| 山东鲁西 | 95 | 30 | MTO |
| 吉林康乃尔 | 0 | 30 | MTO |
| 合计 | 2620 | 1572 | — |

2020年我国煤（经甲醇）制烯烃产能在1572万吨，相比2019年增幅仅1.95%，2020年投产项目仅有吉林康乃尔年产30万吨MTO于4月中旬投产，该项目却因产业链条布局引发的经济性问题于11月2日停车，后续具体开车时间待定。CTO/MTO行业在2014—2015年增幅较大，2014年增幅高达137%，2015—2016年基本保持33%的年增速；2017—2018年产业年增速明显放缓，2019年增速再度攀升至22%附近，2020年新增项目释放节奏再度转缓，低油价背景下，需密切关注油制烯烃、炼化一体化项目集中投产对该行业的冲击。

目前，我国甲醇制烯烃装置主要分布在西北、华东两地，西北地区甲醇制烯烃项目占比高达63.23%，该地除神华榆林、中煤蒙大、久泰三家属原料外购型项目外，2021年部分烯烃配套甲醇项目临停/降负现象集中，加之甲醇价格较低，部分时段原料外采经济性较CTO企业自产优势性更明显，因而8—9月份西北部分烯烃企业原料外采激增，这也对市场阶段性形成较好驱动。此外，2021年上半年在神华集团年产180万吨、中煤鄂尔多斯能源年产100万吨两套大甲醇项目投产预期下，西北地区MTO转向CTO趋势将更为凸显；与此同时，区域内甲醇外销增量也需警惕。华东地区甲醇制烯烃项目占比在25.57%，港口项目多为原料外购型MTO；在内外盘竞争持续加剧背景下，当前华东MTO企业原料采购仍采取“国产”加“进口”双向长约模式，如浙江部分MTO原料采购除进口以外，来自西北、西南及山东等地货物也有吸纳。山东地区甲醇制烯烃项目占比在7.38%（见图2-9）。

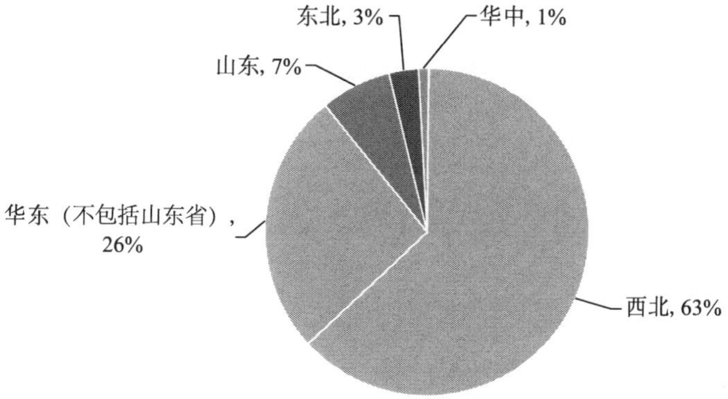


**图 2－9 中国甲醇制烯烃装置分布**

数据来源：金联创

2020 年我国 CTO/MTO 行业平均开工在 79.3%，较 2019 年同期相比增加 3 个百分点。2021 年因疫情导致产业供需矛盾深度激化影响下，甲醇绝对价格创历史新低，而聚烯烃等医用防护材料需求增量明显，产品价格得以上扬，因而 2021 年烯烃利润整体较为客观，这在一定程度上刺激了烯烃企业的开工积极性，如下半年部分时段该行业整体开工高达 89%。从港口某外采甲醇制聚烯烃企业综合利润来看，年内整体表现较好，部分时间段盈利高达 1500 元/吨之上；2021 年 PDH、油制盈利均好于 CTO \ MTO，而 MTO 理论盈利又好于 CTO。

近几年，烯烃行业在多工艺路线发展大趋势下，企业间竞争激烈程度持续加剧，生产技术不断升级、产业链条深度延伸、高附加值生产倾向等更为明显。此外，2021 年伴随“低油价、高煤价”能源转换驱动走强，来自油制路线的产品成本优势较煤制路线更为凸显，这点是与历年大不相同的。与此同时，油价偏低背景下，国内大型炼化一体化项目的投放节奏也在进一步加快，此类项目所附带的产业链条延伸范围更为广泛，从油—芳烃—聚酯等均有涉及。当然，未来几年我国仍不乏部分煤经甲醇制烯烃项目计划投产，随着行业竞争力度不断加剧，此类项目新增产能的释放节奏仍进一步放缓，后续需关注天津渤化、甘肃华亭煤业、青海大美等项目进展（见表 2－15）。

表 2－15　　国内部分煤经甲醇制烯烃项目列表　　单位：万吨

| 企业名称 | 产能 | 装置类型 | 地址 |
| --- | --- | --- | --- |
| 延长中煤二期 | 60 | MTO | 陕西榆林靖边 |
| 天津渤化 | 60 | MTO | 天津港 |
| 青海大美 | 60 | DMTO | 青海省西宁甘河工业园区 |
| 甘肃华亭煤业 | 20 | FMTP | 甘肃省平凉市 |
| 邈矣集团锦州港石化 | 90 | MTO | 辽宁省锦州市 |
| 宁夏宝丰 | 100 | MTO | 宁夏宁东能源化工基地 |

基于生态保护和高质量发展理念，当前煤化工企业一体化、规模化方向转型趋势也进一步走强；如 2021 年 9 月宁夏宝丰集团 50 万吨/年烯烃项目、50 万吨/年 C2—C5 综合利用制烯烃项目逐步落实；且该企业位于内蒙古鄂尔多斯 400 万吨/年煤制烯烃项目从项目风险评估公示到核准等也在有条不紊地进行中。此外，恒力（榆林）煤化一体化产业基地项目也于 2021 年 6 月签约，以上项目在产品结构优化、产业链拉长、附加值提升等方面均体现了较强的优势，未来几年随着以上煤化一体化项目的落地，国内 CTO/MTO 行业间的竞争程度将再度加剧。

## （二）甲醛行业现状分析

我国甲醛行业转型升级趋势仍在延续，在供给侧改革、环保安监及化工产业高质量发展等政策驱动下，国内甲醛行业进一步深度调整；如行业逐步由“分布零散、产能偏小、污染大”的特点向“合并大型化、环保”等高质量方向发展。据统计，2020 年我国甲醛产能约 3250 万吨，同比有所降低，年内产量也较 2019 年下滑明显；主要原因与疫情导致房地产复苏、下游终端品出口阶段性受阻有关。此外，2021 年随着原料甲醇价格中枢进一步下探，多数时间甲醛企业盈利状况表现尚可（见表 2－16）。

表 2－16　　中国甲醛产能/产量/开工统计

| 项目 | 2017 年 | 2018 年 | 2019 年 | 2020 年 |
| --- | --- | --- | --- | --- |
| 产能（万吨） | 3530 | 3420 | 3370 | 3250 |

续表

| 项目 | 2017 年 | 2018 年 | 2019 年 | 2020 年 |
| --- | --- | --- | --- | --- |
| 产量（万吨） | 1341 | 1026 | 1078.4 | 813 |
| 开工率（%） | 38 | 30 | 32 | 25 |

我国甲醛产能分布较为广泛，华北（河北、山东）、华南、华中等体量较大，其中河北一带形成以文安、石家庄为代表的生产基地，山东则主要以临沂为生产中心（见图 2－10）；两广、江浙地区则多以大型集团化的企业项目分布为主，如利而安化工集团、建滔化工集团、珠海长城化学、镇江李长荣、宁波万华等。近年来，随着产业间竞争力度不断加剧，北方一带甲醛企业转型速度进一步加快，企业“报团取暖”的联合生存模式更为凸显；如临沂地区的甲醛工厂进行整合，成立了联亿新能源公司，形成了财务统一、采购统一、销售统一，企业间联合有利于加强在行业内的竞争力，这也同样与省政策“退城入园、新旧产能转换”等发展思路相吻合。

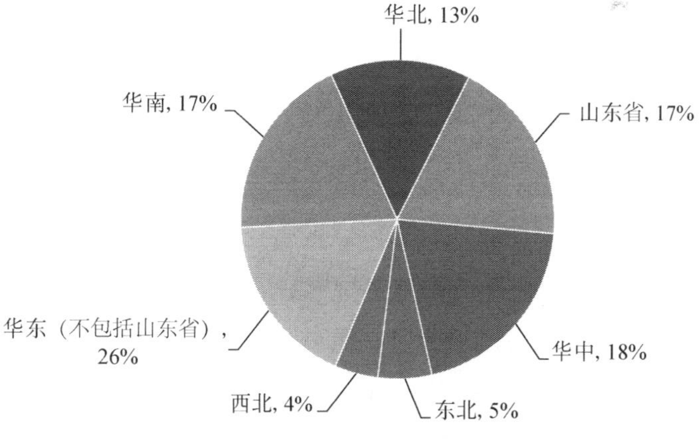


**图 2－10 中国甲醛产能分布**

数据来源：金联创

近年来，我国甲醛行业规范化、安全化的趋势发展愈发明显；伴随空气污染、能源消耗等环境污染问题已成为我国长远发展的关键热点，甲醛下游板材、家装行业也加速向绿色、可持续方向发展。如“无醛智造”胶合板的认可度提升明显，这也导致了传统的板材市场对原料甲醛的需求有所下滑。全球约66%的甲醛被用以生产脲醛树脂、酚醛树脂、三聚氰胺甲醛树脂、酚醛树脂等合成树脂，其余部分则生产BDO、MDI、季戊四醇和乌洛托品等。其中，在我国木材加工等用的脲醛胶粘剂仍是甲醛最大的下游消费市场，约占其消费总量的55%；另外，用于酚醛树脂生产占3%，不过基于该类产品在未来高性能涂料、油墨、橡胶轮胎助剂、油田助剂、高分子磁性材料、页岩气树脂、导弹材料、新型碳材料、高性能复合材料和军工等新领域中应用广泛，目前对于酚醛树脂的需求越来越多，且我国已成为全球最大的酚醛树脂消费市场。而用于BDO生产占11%，用于MDI、季戊四醇、乌洛托品的生产占比均为3%，其余部分则用于生产多聚甲醛、聚甲氧基二甲醚、其他多元醇和农药等。

### （三）醋酸行业现状分析

2020年我国醋酸进口量创四年来新高，总量达5.9万吨；出口则明显萎缩，究其原因主要归结于疫情，虽然国外价格持续低位，但是国内市场却能迅速恢复，内外差价导致出口状况难以打开，导致出口情况出现较大变化。特别是近几年，随着醋酸下游需求增量明显，且醋酸整体盈利较为稳健的情况下，该行业新增/扩产项目增加明显，如2019年大连恒力的35万吨/年装置，2020年陕西延长扩产15万吨/年装置（见表2－17）。

**表2－17　　中国醋酸产能/产量/开工统计表**

| 项目 | 2017年 | 2018年 | 2019年 | 2020年 |
|---|---|---|---|---|
| 产能（万吨） | 860 | 922 | 957 | 972 |
| 产量（万吨） | 697 | 757 | 779 | 791 |
| 开工率（%） | 81 | 82 | 81 | 81 |

目前，国内冰醋酸产能为972万吨/年，产能总量维持提升；然而有效产能为907万吨/年，整体较2020年有所减少，主要原因与年内新增项目释放有限、失效产能增量有关（见图2－11）。如2021年仅陕西延长扩能15万吨/年，河南义马年产25万吨/年装置却因2019年7月空分装置爆炸而列为失效，江苏索普20万吨/年、大庆油化20万吨/年产能均失效。

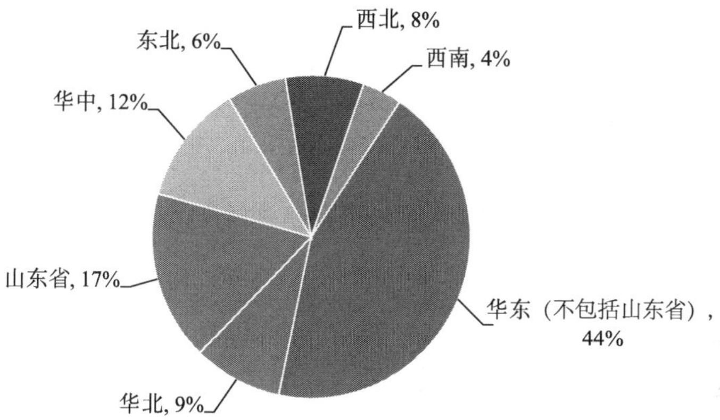


**图 2－11　中国醋酸产能分布**

数据来源：金联创

未来国内冰醋酸的新建项目非常多，但正在建设并有具体投产时间的项目，仅有广西华谊计划 2021 年年底投产 50 万吨/年装置，2022 年年中投产 70 万吨/年装置；山东泓达集团阜榆精细化学品新材料计划投产 134.5 万吨醋酸，下游精细化工产品于 2021 年 10 月投产。其他新增计划出于资金等原因考虑，均无法确定，如浙江石化与 BP 目前只是签署了谅解备忘录；华鲁恒升荆州项目目前尚未开建，预计未来 2—3 年建设。

2020 年国内冰醋酸表观消费量预估在 758.42 万吨，同比增长 5.93%。除 2021 年进口创四年新高、出口缩量外，内需激增也在很大程度上支撑了整个市场，主要助力点在 PTA，基于原油年内走跌，PTA 成本低，利润丰厚，导致 PTA 年内开工持续高位，对醋酸刚需量较大。此外，PTA、醋酸酯、双乙烯酮及氯乙酸等均有新增。因此，2020 年即使出口量减少，且有部分进口，国内增长的醋酸产品仍能被强劲内需消化。

### （四）二甲醚行业现状分析

我国二甲醚行业发展在经历了 2013 年“大跃进”式投产高峰后，近几年随着天然气普及、部分地区对混掺气严查等制约，二甲醚下游燃烧需求萎缩明显，尤其南方一带减量更为明显。在产业需求挤压、政策扶持受限及利润不佳集中交织背景下，2016 年国内二甲醚行业开启去产能之路，目前剩余产能利用率仍依旧偏低。自 2017 年至今，随着产业链条延伸驱动，二甲醚新旧产能更替也在逐步上演，如心连心两套 20 万吨/年、内蒙古盛德源 25 万吨/年、山西金达 5 万吨/年二甲醚装置近两年投产，而河北省承德市宽清县年产 10 万吨项目则于 2020 年被列为失效（见表 2 - 18）。截至 2020 年年底，国内二甲醚总产能 739.5 万吨，环比减少 1.33%，年内暂无新项目投放。另外，九江心连心 20 万吨/年的二甲醚装置，计划 2021 年初投产。

**表 2 - 18　　中国二甲醚产能/产量/开工统计**

| 项目 | 2017 年 | 2018 年 | 2019 年 | 2020 年 |
| --- | --- | --- | --- | --- |
| 产能（万吨） | 744.5 | 731.5 | 749.5 | 739.5 |
| 产量（万吨） | 280 | 284 | 269 | 198 |
| 开工率（%） | 37 | 39 | 36 | 27 |

2020 年国内二甲醚总产量在 198 万吨，同比减少 71 万吨，降幅达 26.4%。2020 年年初，新冠肺炎疫情暴发，工厂停工运力受阻，供需双双下降，二甲醚产量于 2020 年 2 月迅速回落（见图 2 - 12）。随着全球疫情蔓延，国际油价低于 40 美元/桶波动成常态化且甚至个别时间跌至负值，对国内大宗商品产生牵制。在低油价大背景下，二甲醚受液化气及甲醇夹击，生存环境不容乐观，2020 年全年产量在偏低水平运行。2019 年年底驻马店汇通永久性停车，山西兰花及义马新源 2020 年持续性停车，抵消山西金达和内蒙古盛德源新增产能。

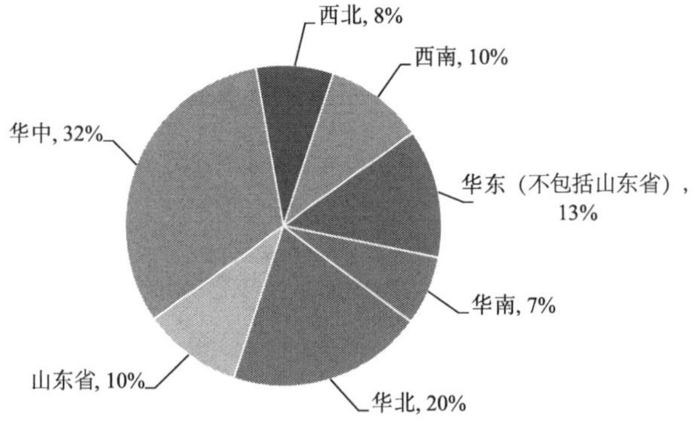


**图 2 - 12　中国二甲醚产能分布**

数据来源：金联创

华中地区、华北地区仍为我国二甲醚产能分布最为集中的两地，华中地区产能占比32%，华北地区占比20%，较2019年略降1个百分点；华东占比为13%，西南、山东各占比为10%。本年度华北地区产量依然高居榜首，整个2020年华北区域总产量在79.77万吨水平，环比减少30.33万吨，降幅达38%；西南产量降9.31万吨至30.85万吨，降幅达30.18%；西北地区产量降至15.22万吨，2020年受疫情暴发、油价较低等影响，二甲醚主力地区产量均出现不同程度萎缩。

年内该行业整体开工率低位震荡，年均围绕在23%附近。受疫情影响，2020年2月上旬二甲醚开工率跌至两成以下，虽然3月初回升至偏高水平，不过在液化气及甲醇的压制下，二甲醚厂家利润欠佳，且下游需求恢复缓慢，厂家多把检修任务提至上半年，4—6月二甲醚多维持在20%水平上下。由于即将进入“金九银十”，下游心态向好，且各地需求恢复至正常水平，在价格上涨刺激下，7—9月起二甲醚开工率逐步回升。不过双节期间安监升级，二甲醚厂家规避风险降负或停车，节后逐步回升。

2021年，九江心连心计划投产20万吨的二甲醚装置，山西华昱有投产计划但并未正式实施，漳州连润也计划恢复使用50万吨/年二甲醚装置。未来，二甲醚产能利用率较低，主要以淘汰旧产能为主。升级锅炉导致二甲醚成本继续增加，而在低油价下与液化气混掺利润收窄的情况，政府对混掺气的严格检查导致二甲醚需求下降，二甲醚作为液化气替代品来说，生存空间将逐年收窄。3—5年内，气站整合将陆续完成，混掺气将受到明显限制，虽然支持纯烧，不过配套炉灶、钢瓶仍是问题，二甲醚纯烧的普及困难重重。未来二甲醚需求将逐年下降，而二甲醚产业链发展极为缓慢，仅鹤壁宝马计划投建二甲醚制乙醇项目，产业前景堪忧。

### （五）MTBE行业现状分析

2015—2020年我国MTBE产能维持增加态势，近三年来整体增幅趋缓，2018—2020年产能年均增速仅为2.51%（见表2-19）。2020年我国MTBE产能小幅增加，截至2020年10月，国内MTBE行业总产能为2084万吨，同比增长1.07%。新增产能基本为大炼化配套项目，2021年新投产的产能有辽宁宝来12万吨/年装置，于8月份投产成功；中化泉州二期10万吨/年装置，于9月投产成功。

表2－19　　中国 MTBE 产能统计　　单位：万吨

| 项目 | 2017年 | 2018年 | 2019年 | 2020年 |
| --- | --- | --- | --- | --- |
| 产能 | 1936 | 1950 | 2062 | 2084 |

2010—2016年，我国MTBE表观消费量基本呈增加趋势，平均增速超过15.42%，自2017年开始，表观消费量增速放缓；2018—2020年，该行业表观消费量增速继续放缓。如2020年MTBE表观消费量为1159.98万吨左右，增长率仅为1.21%。

2021年MTBE表观消费量虽有增加，然而整体增幅缩减明显，究其原因主要有：第一，国内外疫情影响，一季度国内各地限制出行对汽油需求形成抑制，MTBE企业库存高企下被迫降负/停工；而海外疫情持续，又对成品油出口形成不利，国内主营及社会成品油库存相对偏高，汽油长期处于消耗库存的状态，MTBE下游用户采购积极性降低，故需求自然萎缩。第二，在油价大跌背景下，油品业者入市心态受重挫，中下游入市情绪欠佳，也在一定程度上压制了市场需求。除此之外，乙醇汽油推广、新能源汽车发展迅速等也在一定程度上抢占了汽油需求份额，进而导致MTBE在汽油中混掺体量的缩减。

### （六）DMF行业现状分析

近几年，我国DMF行业产能变化不大，其中2016—2019年总产能均保持在106万吨（见表2－20）。2020年5月初浙江江山18万吨/年项目因生产许可证到期而永久停产，产能基数降至88万吨/年；10月伴随华鲁恒升10万吨/年新装置投产，国内DMF总产能提升至98万吨，故2021年DMF总产能合计116万吨，而有效产能仅为98万吨。此外，2021年因现货量大幅缩减，下半年市场供不应求局面凸显，DMF价格一路上扬，且10月份不断刷新历史新高，企业利润整体处于相对高位水平。

表 2－20　　中国 DMF 产能产量统计　　单位：万吨

| 项目 | 2017 年 | 2018 年 | 2019 年 | 2020 年 |
|---|---|---|---|---|
| 产能 | 106 | 106 | 106 | 98 |
| 产量 | 62.05 | 64.65 | 61.96 | 53.78 |

2020 年国内 DMF 企业平均开工率在 55% 左右，处于偏低水平。其中 2—9 月开工率月均在 60% 以下，部分时段更是位于五成以下；如受疫情影响，2 月行业开工受限明显，而 6—8 月因项目检修集中及多数时间低负运行导致产量缩减明显；5 月浙江江山项目永久停产，因此 5 月之后月产量大幅减少，每月减少至 4 万吨以下；10 月随着华鲁恒升新装置投产，加之下游浆料需求好转，工厂装置负荷提升，月产量增加至 5 万吨以上，开工率达到了 65.55%。从产量来看，2020 年 DMF 产量在 53.78 万吨左右，较 2019 年减少 8.18 万吨，降幅 13.2%，失效产能出清、项目检修集中两因素对年内产量影响较为明显。

DMF 是一种用途极广的化工原料，也是一种优良的溶剂。上游原料是甲醇，下游主要应用于聚氨酯浆料、腈纶、医药、燃料、电子等行业；其中，聚氨酯浆料仍为 DMF 最大下游，占比为 68%；电子和医药占比分别为 8% 和 7%，位列第二位和第三位。其次为农药、涂料、胶黏剂等行业需求占比总合为 17%。

### （七）甲醇燃料

2020 年甲醇燃料维持小幅增量表现，全年消费甲醇占比为 14.9%，此类需求包含了甲醇汽油、甲醇汽车、船用及锅炉燃料等产品需求。

甲醇汽油方面，国内约有 16 个省市颁布了地方性甲醇燃料标准，目前甲醇燃料在交通领域应用进入快速发展阶段。2018 年工信部组织的部分地区甲醇汽车试点工作顺利通过验收，2019 年出台八部委推广应用文件，部分地区 M100 甲醇汽车投放量大幅增长，仅西安与贵阳两地 M100 甲醇汽车投放量总计超过 2 万辆，并且政府主导有计划继续增加甲醇汽车的投放量。除此以外，甲醇燃料热力燃烧领域应用发展逐步加大，这几年技术不断成熟。据中国石化联合会醇醚专委会资料显示，2018 年国家蓝天保卫战三年行动计划的发布，加速推动了甲醇燃料工业锅炉、采暖炉及窑炉应用市场规模增长，同时以各类商业灶用甲醇燃料的应用范围也扩大到了27个省市自治区，2019年甲醇燃料在热力燃烧应用领域的消耗量达到了500万吨。随着部分地区热力燃烧用清洁替代燃料的政策支持及其他补贴的落地，甲醇清洁燃料的市场消耗量有望持续保持较高增长。掺烧甲醇燃料方面，目前在全国26个省市均有不同规模的应用，如山西、陕西、云南、贵州、江苏、浙江等地，2014年以前年销量在150万吨左右；2014年以后由于国际油价回落以及国家消费税政策调整导致掺烧甲醇燃料市场严重萎缩，目前约有甲醇汽油19万吨。

甲醇汽车方面，2010年实现了第一代甲醇轿车的产业化。2012年工信部组织甲醇汽车产业化试点。2015年以后进入了甲醇汽车产品成熟期，工信部公告了9家甲醇汽车生产企业和32款甲醇汽车产品，形成了甲醇轿车、甲醇/柴油二元燃料重型商用车、微型车、城市客车等不同系列车型，2019年以工信部等八部委61号文件为标志，甲醇汽车技术完全成熟，进入了规模化推广应用的条件，目前以吉利为代表的甲醇汽车作为主要推广车型，全国推广使用甲醇汽车约为3万辆。甲醇汽车技术发展情况方面：甲醇柴油双燃料技术，天津大学已经研制成功甲醇柴油双燃料技术，并成功应用于重型载重车，经过工信部试点，经济和环保效益都非常的明显，使用费用能够降低30%。宇通客车、陕汽重卡、中国重卡都应用该项技术生产出整车，在部分地区和重点企业进行推广应用。甲醇重卡，使用M100甲醇燃料作为燃料的重卡，吉利集团已经下线甲醇重卡，目前已经上市销售，在陕西省、内蒙古自治区等地应用。在用车改装技术，是指高比例甲醇燃料的使用必须配套专用的设备，经过多年的研究形成了成套在用车改装技术和配套设备。

锅窑炉用甲醇燃料主要是指锅炉、窑炉用甲醇燃料，在河北、山西、山东、内蒙古、河南、安徽、陕西、湖北以及广东等地使用；灶用甲醇燃料主要是指饭店、宾馆等餐饮企业厨房灶具用甲醇燃料，用甲醇燃料及配套灶具技术成熟，在全国各地都有应用，目前开始发力向规模化、集约化、智能化方向发展。

总体而言，甲醇燃料相关企业除西藏自治区未收集到外，全国其他省份都有分布，企业总体呈现数量多、分布广、规模小，企业分布由于采购及服务半径及周期原因，呈现靠近上下游的特点，主要分布在河北、陕西、河南、山西、甘肃、内蒙古、云南、安徽等地。

## 十、如何进行甲醇主要下游成本利润分析？

与甲醇相类似，2020 年甲醇下游各产业链利润没有发生较大变化，整个甲醇产业链利润继续往下游转移，尤其以新型下游烯烃表现“抢眼”，传统下游 DMF、醋酸、甲醛等品种也相对较好，MTBE 年内受制需求弱势，多时段处于亏损主要甲醇下游产品价格走势见图 2－13。

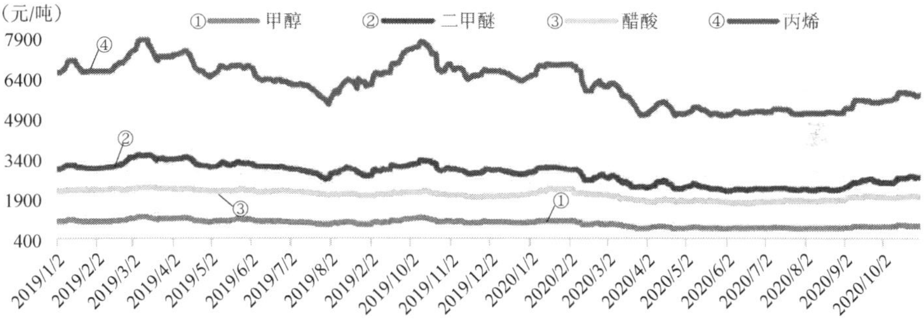


**图 2－13 中国主要甲醇下游产品价格走势**

数据来源：金联创

成本方面，因原料单耗不同，新型下游成本整体高于传统下游，且 2020 年受甲醇价格大幅下跌影响，传统及新型下游生产成本均较 2019 年出现明显走低，1—10 月份甲醛理论生产成本平均 838 元/吨，较 2019 年同期下滑 200 元/吨左右；二甲醚、醋酸理论生产成本分别为 2465 元/吨、1890 元/吨，较 2019 年同期下滑 660 元/吨、270 元/吨。新型下游丙烯年内 1—10 月份平均生产成本在 5568 元/吨，较 2019 年同期下滑 1199 元/吨（见图 2－14）。

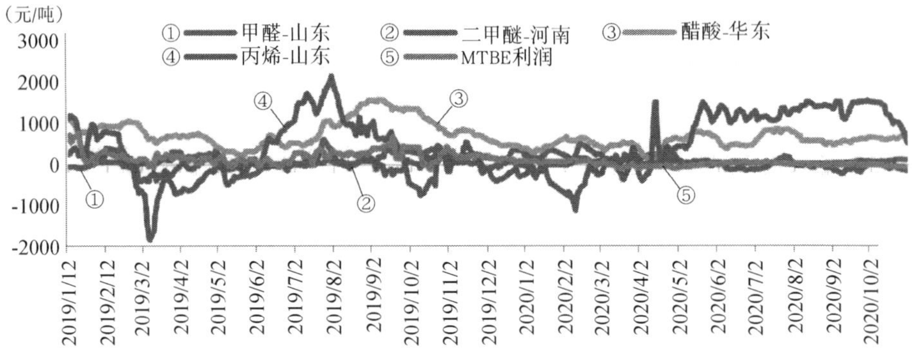


**图 2－14　中国主要甲醇下游产品利润走势**

数据来源：金联创

利润方面，由图 2－14 亦可知，新型下游烯烃利润明显好于传统下游，传统下游中醋酸利润表现最好，甲醇在某时段盈利尚可，二甲醚、MTBE 表现一般。虽然各产品成本均有不同程度下跌，受疫情影响不同，聚烯烃品种因防护需求导致增量较多，整体市场表现尚可，而在成本下跌、售价坚挺的支撑下，2020 年表现出较大的利润空间，1—10 月丙烯日均利润为 690 元/吨，较 2019 年同期增加 400 元/吨。传统下游中醋酸虽受出口限制导致价格出现一定下跌，然 PTA 等项目的投产及刚性需求支撑醋酸价格跌幅较小，故醋酸利润虽有回落，然而在各传统下游品种中仍表现较强，1—10 月日均利润 548 元/吨，较 2019 年同期减少 279 元/吨。MTBE 受原油大幅下跌及疫情影响的成品油需求减少而大幅下跌，且其售价跌幅大于成本跌幅，故年内出现利润亏损行情，1—10 月日均亏损 5 元/吨，较 2019 年同期大幅减少 191 元/吨。

## 自测题

### 一、不定项选择题

1. 我国甲醇生产主要分布在（　　）产区。

A. 石油　　B. 天然气
C. 煤　　D. 焦炉气

2. 全球第一大甲醇生产国是（　　）。
A. 沙特阿拉伯　　B. 伊朗
C. 中国　　D. 特立尼达岛

3. 我国甲醇产量最多的地区是（　　）。
A. 西北　　B. 东北
C. 西南　　D. 华中

4. 我国甲醇消费最大的下游产品是（　　）
A. 甲醛　　B. 聚烯烃
C. 醋酸　　D. DMF

5. 世界甲醇消费的最大地区是（　　）。
A. 亚太　　B. 北美
C. 澳洲　　D. 西欧

6. 从原材料构成看，我国甲醇主要以（　　）为主。
A. 天然气制　　B. 煤制
C. 沼气制　　D. 焦炉气制

7.（　　）是世界甲醇第一大消费国。
A. 俄罗斯　　B. 日本
C. 中国　　D. 美国

8. 甲醇消费领域包括（　　）。
A. 醋酸　　B. 甲醛
C. 二甲醚　　D. 甲醇制烯烃

9. 我国甲醇主要进口来源国有（　　）。
A. 伊朗　　B. 俄罗斯
C. 沙特阿拉伯　　D. 阿曼苏丹国

10. 当前甲醇国内贸易总体上呈现（　　）流动的态势。
A. 由北向南　　B. 由南向北
C. 由西向东　　D. 由东向西

## 二、判断题

1. 中国是世界上最大的甲醇生产国与需求国。（ ）

2. 西北地区是我国甲醇生产企业最为集中的地区。（ ）

3. 从甲醇生产工艺来看，2020 年中国甲醇总产能中煤制甲醇产能占比一半以上。（ ）

4. 从国家来看，世界甲醇生产主要分布在天然气产区，包括沙特阿拉伯、伊朗等中东国家，特立尼达岛、委内瑞拉、智利等加勒比和南美国家，印度尼西亚、马来西亚等东南亚国家，俄罗斯及中国。（ ）

5. 2020 年我国的甲醇进口依存度为 17% 左右。（ ）

6. 2020 年甲醇下游行业盈利能力较好的是甲醇制烯烃与醋酸。（ ）

7. 甲醇燃料目前主要集中在山西、上海、新疆、陕西等地进行研发推广。（ ）

8. 由于新冠肺炎疫情的影响，2020 年全球甲醇新增产能释放多集中于中国，而国际新增量仅有伊朗一套 165 万吨装置，其余装置多推迟至 2021 年投产。（ ）

9. 我国甲醇产地与消费地相距较远，交通运输问题也是中国甲醇发展的主要瓶颈之一。（ ）

10. 从甲醇消费的产品来看，烯烃、甲醛、二甲醚、醋酸等是甲醇的主要下游产品。（ ）

# 参考答案

## 一、不定项选择题

| | | | | |
|---|---|---|---|---|
| 1. B | 2. C | 3. A | 4. B | 5. A |
| 6. B | 7. C | 8. ABCD | 9. ACD | 10. C |

## 二、判断题

1. √　2. √　3. √　4. √　5. √
6. √　7. √　8. √　9. √　10. √

# 第三章

# 认识甲醇期货

**本章要点**

本章主要介绍了甲醇期货合约、甲醇期货交易方面的规定、甲醇期货的交割、交割库分布等，使投资者掌握一些甲醇期货的入门知识，为进入期货市场做好热身准备。

## 一、甲醇期货是什么？

所谓期货，一般是指期货合约，就是由期货交易所统一制定的、规定在将来某一特定的时间和地点交割一定数量标的物的标准化合约。简单地说，期货是标准化合约，在一张合约中，除价格以外，其他因素如交易品种、交易单位、报价单位、最小变动价位、涨跌停板幅度、合约月份、交易时间等都是由商品交易所事先规定的。甲醇期货是指以甲醇为标的物的期货合约。

甲醇期货标的物，即基准交割品，符合《中华人民共和国国家标准工业用甲醇》（GB338－2004）规定的优等品甲醇，其中“乙醇的质量分数”指标不作要求。

甲醇的现行国标为《中华人民共和国国家标准工业用甲醇》（GB 338－2004）。该标准适用于以煤、焦油、天然气、轻油、重油等为原料合成的工业甲醇，主要用于化学工业、医药工业、农药行业，也可作为燃料使用。该标准规定了工业用甲醇的要求、试验方法、检验规则及标志、包装、运输、贮存和安全等。该标准将甲醇分为优等品、一等品和合格品，质量指标包括色度、密度、沸程、高锰酸钾试验、水混溶性试验等 11 项。

郑州商品交易所甲醇期货合约见表 3－1。

**表 3－1　　郑州商品交易所甲醇期货合约**

| | |
|---|---|
| 交易品种 | 甲醇 |
| 交易单位 | 10 吨/手 |
| 报价单位 | 元（人民币）/吨 |
| 最小变动价位 | 1 元/吨 |
| 每日价格最大波动限制 | 不超过上一交易日结算价 ±4% 及《郑州商品交易所期货交易风险控制管理办法》相关规定 |
| 最低交易保证金 | 合约价值的 5% |
| 合约交割月份 | 1—12 月 |
| 交易时间 | 每周一至周五（北京时间法定节假日除外）<br>上午 9：00—11：30 下午 1：30—3：00 |
| 最后交易日 | 合约交割月份的第 10 个交易日 |
| 最后交割日 | 合约交割月份的第 13 个交易日 |
| 交割品级 | 见《郑州商品交易所期货交割细则》 |
| 交割地点 | 交易所指定交割地点 |
| 交割方式 | 实物交割 |
| 交易代码 | MA |
| 上市交易所 | 郑州商品交易所 |

## 二、甲醇期货市场有哪些应该熟知的基本制度？

### （一）保证金制度

在期货交易中，任何交易者必须按照其所买卖期货合约价值的一定比例（通常为5%—10%）缴纳资金，作为其履行期货合约的财力担保，然后才能参与期货合约的买卖，并视价格变动情况确定是否追加资金。这种制度就是保证金制度，所交的资金就是保证金。保证金制度既体现了期货交易特有的“杠杆效应”，同时也成为交易所控制期货交易风险的一种重要手段。

### （二）每日结算制度

期货交易的结算是由交易所统一组织进行的。期货交易所实行每日无负债结算制度，又称“逐日盯市”，具体是指每日交易结束后，交易所按当日结算价结算所有合约的盈亏、交易保证金及手续费、税金等费用，对应收应付的款项同时划转，相应增加或减少会员的结算准备金。期货交易的结算实行分级结算，即交易所对其会员进行结算，期货经纪公司对其客户进行结算。

### （三）涨跌停板制度

涨跌停板制度又称每日价格最大波动限制，即指期货合约在一个交易日中的交易价格波动不得高于或低于规定的涨跌幅度，超过该涨跌幅度的报价将被视为无效，不能成交。由于期货市场的价格波动巨大，且极端情况下触及涨跌停板的情况时有发生，特别是连续同向或反向涨跌停板的情况也偶有发生，因此，期货交易所对各种情况都作出了明确的规定，包括各种情况下的涨跌停板幅度和保证金收取标准等。

### （四）持仓限额制度

持仓限额制度是指期货交易所为了防范操纵市场价格的行为和防止期货市场风险过度集中于少数投资者，对会员及客户的持仓数量进行限制的制度。超过限额，交易所可按规定强行平仓或提高保证金比例。

### （五）大户报告制度

大户报告制度是指当会员或客户对某品种合约持有的投机头寸达到交易所对其规定的头寸持仓限量80%以上（含本数）时，会员或客户应向交易所报告其资金情况、头寸情况等，客户须通过经纪会员报告。大户报告制度是与持仓限额制度紧密相关的又一个防范大户操纵市场价格和控制市场风险的制度。

### （六）强行平仓制度

强行平仓制度是指当会员或客户的交易保证金不足且未在规定时间内补足，或者当会员或客户的持仓量超出规定的限额时，或者当会员或客户违规时，交易所为了防止风险进一步扩大，实行强行平仓的制度。简而言之，强行平仓制度是交易所对违规者的有关持仓实行平仓的一种强制措施。

### （七）强制减仓制度

强制减仓制度的目的是化解市场风险和防止会员违约。一般情况下，市场风险的大小与某一品种或者合约的持仓规模有关。因此，降低持仓规模通常能够有效地降低市场风险。强制减仓制度就是期货交易所将当日以涨跌停板申报的未成交平仓报单，以当日的涨跌停板报价与该合约净持仓盈利的客户（包括非期货公司会员）按持仓比例自动撮合成交的一种制度设计。

### （八）套期保值审批制度

我国的商品期货交易所规定，申请参与套期保值交易的机构客户须填写套期保值申请（审批），并向期货交易所提交相关证明材料。交易所则需按主体资格是否符合，套期保值品种、交易部位、买卖数量、套期保值时间与其生产经营规模、历史经营状况、资金等情况是否相当进行审核，确定其套期保值额度。正常情况下，套期保值交易的持仓量不受交易所规定的持仓限量的限制。

### （九）实物交割制度

实物交割制度是指交易所制定的当期货合约到期时交易双方将期货合约所载商品的所有权按规定进行转移，了结未平仓合约的制度。

### （十）风险准备金制度

风险准备金制度是指期货交易所从收取的期货交易手续费中提取一定比例的资金，作为确保交易所担保履约的备付金的制度。该制度对风险准备金的来源、收取标准和用途都作出了明确的规定。该制度为防范风险传播提供了保证，起到了类似于防火墙的重要作用。

### （十一）风险警示制度

如果期货交易所认为有必要，可以分别或者同时采取要求会员或者客户报告情况、谈话提醒、发布风险提示函等措施，以警示和化解风险。风险警示制度对行使上述权利的条件和方法作出了规定。

### （十二）信息披露制度

为遵循公开、公平、公正的原则，期货交易所应及时公布上市期货品种合约的有关信息和其他应公布的信息，并保证信息的真实和准确。信息披露制度对此作出了明确的规定。

## 三、甲醇期货交易的保证金是如何规定的？

### （一）一般情况下保证金的收取

我国的期货市场起步较晚，且市场信用体系有待完善。因此，我国交易所的风险管理制度，包括保证金制度，相对于西方国家来说较为严格。目前，郑州商品交易所各期货品种的保证金制度分为四个方面：一般月份保证金标准、临近交割期梯度增加保证金、根据合约持仓量变化调整保证金、连续同方向涨跌停板时调整保证金等。根据多年来的运行经验，目前的保证金管理体系完全能够抵御来自市场的各种风险。

通常，期货经纪公司在交易所收取保证金的基础上向客户加收一定比例的保证金。如甲醇期货一般月份合约的保证金是8%，其中5%是交易所收取的部分，3%是期货经纪公司收取的部分。

### （二）临近交割月份保证金收取标准（见表3－2）

表3－2　　甲醇期货合约临近交割期时交易保证金收取标准

| 交易时间段 | 交易保证金标准（%） |
|---|---|
| 自挂牌至交割月前一个月第15个日历日期间的交易日 | 5 |
| 交割月前一个月第16个日历日至交割月前一个月最后一个日历日期间的交易日 | 10 |
| 交割月份 | 20 |

资料来源：郑州商品交易所

### （三）持仓量变化时交易保证金的收取标准

相对于其他期货品种，甲醇期货保证金不随着持仓量的变化而变化。

### （四）出现涨跌停行情时保证金的收取标准

甲醇合约在某一交易日（该交易日称为D1交易日，以下几个交易日分别称为D2、D3、D4、D5交易日）出现单边市的，D2交易日该期货合约的涨跌停板幅度为在D1交易日涨跌停板幅度的基础上增加3个百分点；D1交易日结算时和D2交易日该期货合约交易保证金标准为在D2交易日涨跌停板幅度的基础上增加2个百分点。若该合约调整后的交易保证金标准低于D1交易日执行的交易保证金标准，则按D1交易日该合约执行的交易保证金标准收取。

D2交易日该期货合约未出现同方向单边市的，当日结算时交易保证金标准恢复到正常水平；D3 交易日涨跌停板幅度恢复到正常水平。D2 交易日出现同方向单边市的，D3 交易日该期货合约的涨跌停板幅度为在 D2 交易日涨跌停板幅度的基础上增加 3 个百分点；D2 交易日结算时和 D3 交易日该期货合约交易保证金标准为在 D3 交易日涨跌停板幅度的基础上增加 2 个百分点。若该合约调整后的交易保证金标准低于 D2 交易日执行的交易保证金标准，则按 D2 交易日该合约执行的交易保证金标准收取。

D3 交易日该期货合约未出现同方向单边市的，当日结算时交易保证金标准恢复到正常水平；D4 交易日涨跌停板幅度恢复到正常水平。D3 交易日该期货合约仍出现同方向单边市的（即连续三个交易日出现同方向单边市），交易所可根据市场情况决定并公告，对该合约实施下列三种措施中的任意一种（见表 3 – 3）：

**表 3 – 3　　　甲醇期货合约连续停板时保证金收取标准**

| 交易状况 | 涨跌停板幅度（%） | 交易时保证金标准（%） | 结算时保证金标准（%） |
| --- | --- | --- | --- |
| 第一个停板 | 4 | 5 | 5 |
| 第二个停板 | 7 | 7 | 7 |
| 第二个停板 | 10 | 9 | 9 |

资料来源：郑州商品交易所

措施一：D4 交易日继续交易，交易所可以采取调整交易保证金标准、调整涨跌停板幅度、暂停开仓、暂停平仓、限制出金、限期平仓及其他风险控制措施。

措施二：D4 交易日暂停交易一天，交易所在 D5 交易日可以采取调整交易保证金标准、调整涨跌停板幅度、暂停开仓、暂停平仓、限制出金、限期平仓及其他风险控制措施。

措施三：D4 交易日暂停交易一天，交易所在 D4 交易日强制减仓。强制减仓后，从下一交易日（含该日）开始，该期货合约交易保证金标准和涨跌停板幅度按照 D3 交易日的标准执行，直至该期货合约不再出现同方向单边市。

正常情况下，期货公司会在交易所保证金标准上加收 2%—3%，以控制风险。

## 四、甲醇期货交易的限仓方面有什么规定？

限仓是指交易所规定会员或者客户按单边计算的、可以持有某一期货合约投机持仓的最大数量。各品种期货合约对期货公司会员不限仓。

甲醇期货合约自合约挂牌至交割月前一个月第15个日历日期间的交易日，当合约的单边持仓量大于或等于一定规模时，非期货公司会员和客户按单边持仓量的10%确定限仓数额；当合约的单边持仓量小于一定规模时，非期货公司会员和客户按绝对量方式确定限仓数额。非期货公司会员和客户甲醇期货的限仓制度见表3-4。

**表3-4　　甲醇期货的限仓制度**

| 品种 | 非期货公司会员及客户最大单边持仓（手） | | | |
|---|---|---|---|---|
| | 合约挂牌至交割月前一个月第15个日历日期间的交易日 | | 交割月前一个月第16个日历日至交割月前一个月最后一个日历日期间的交易日 | 交割月份 |
| | 期货合约单边持仓量 | | | （自然人客户限仓为0） |
| 甲醇 | 单边持仓量＜30万 | 30000 | 3000 | 1000 |
| | 单边持仓量≥30万 | 单边持仓量×10% | | |

交割月前一个月的最后一个交易日收盘前，会员及客户应当将其期货合约持仓调整为最小交割单位的整倍数；自进入交割月起，会员及客户的持仓应当是最小交割单位的整倍数。

同一客户在不同期货公司会员处开有多个交易编码，各交易编码上所有持仓的合计数，不得超出一个客户的限仓数额。

非期货公司会员或者客户的持仓数量不得超过交易所规定的持仓限额。

非期货公司会员或者客户超过持仓限额的，交易所按照《郑州商品交易所期货交易风险控制管理办法》第七章强行平仓制度有关规定进行处理，并可以采取要求提交书面说明、书面警示、约见谈话、限制开仓等措施。

## 五、甲醇期货交割等级是如何规定的?

交割等级：基准交割品，符合《中华人民共和国国家标准工业用甲醇》(GB 338－2004) 规定的优等品甲醇。乙醇的质量分数指标不作要求（见表3－5）。

表3－5 工业用甲醇技术要求

| 项目 | 指标 | | |
|---|---|---|---|
| | 优等品 | 一等品 | 合格品 |
| 色度/Hazen 单位（铂－钴色号） ≤ | 5 | | 10 |
| 密度（ρ20）/（g/cm$^3$） | 0.791—0.792 | 0.791—0.793 | |
| 沸程（0℃，101.3kPa，在64.0℃—65.5℃范围内，包括64.6℃±0.1℃）/℃ ≤ | 0.8 | 1.0 | 1.5 |
| 高锰酸钾试验/min ≥ | 50 | 30 | 20 |
| 水混溶性试验 | 通过实验（1+3） | 通过实验（1+9） | — |
| 水的质量分数/% ≤ | 0.10 | 0.15 | — |
| 酸的质量分数（以HCOOH计）/% ≤ | 0.0015 | 0.0030 | 0.0050 |
| 或碱的质量分数（以$NH_3$计）/% ≤ | 0.0002 | 0.0008 | 0.0015 |
| 羰基化合物的质量分数（以HCHO计）/% ≤ | 0.002 | 0.005 | 0.010 |
| 蒸发残渣的质量分数/% ≤ | 0.001 | 0.003 | 0.005 |
| 硫酸洗涤试验/Hazen 单位（铂－钴色号）≤ | 50 | | — |
| 乙醇的质量分数/% ≤ | 供需双方协商 | | — |

## 六、甲醇期货上市有什么重要意义?

甲醇是最基本的有机化工原料，自身产业链长，涉及化工、建材、能源、医药、农药等众多行业，在国民经济中具有重要地位。我国已成为世界最大的甲醇生产国和消费国，年进口量约占总需求量的16%，现货购销高度市场化，全国开设有数家综合批发市场，现货基础非常好。近年来，甲醇价格波动剧烈，相关生产、贸易、消费企业面临着较大经营风险。

甲醇期货的上市，对促进相关行业及企业的健康发展、服务国民经济具有重要意义。

一是有利于完善我国能源化工期货品种体系，拓展期货市场服务国民经济的广度和深度。

二是广大甲醇生产、加工和贸易企业通过甲醇期货平台，开展套期保值交易，能够有效地规避现货价格不利变动的风险，锁定成本及利润，实现企业乃至行业的稳健发展。

三是依托我国甲醇的生产和消费实力，通过甲醇期货市场，扩大我国对全球甲醇定价的影响力和话语权。

## 七、甲醇期货具体如何交易?

由于期货交易必须集中在交易所内进行，而在场内操作交易的只能是交易所的会员，包括期货公司会员和自营公司会员。因此，期货经纪公司是介于普通投资者和交易所之间的桥梁。期货公司将客户的交易指令下达到交易所，交易通过集中竞价，根据价格优先、时间优先的撮合成交原则完成交易。

作为一名普通投资者，在经过对比、判断后，选择一家期货公司。投资者必须通过与期货公司签署期货经纪合同，开立交易账户，交纳一定数量的保证金后才能开始期货交易，通常来讲，从事期货交易包括开户、交纳保证金、下单结算、交割等环节，具体见图 3－1。

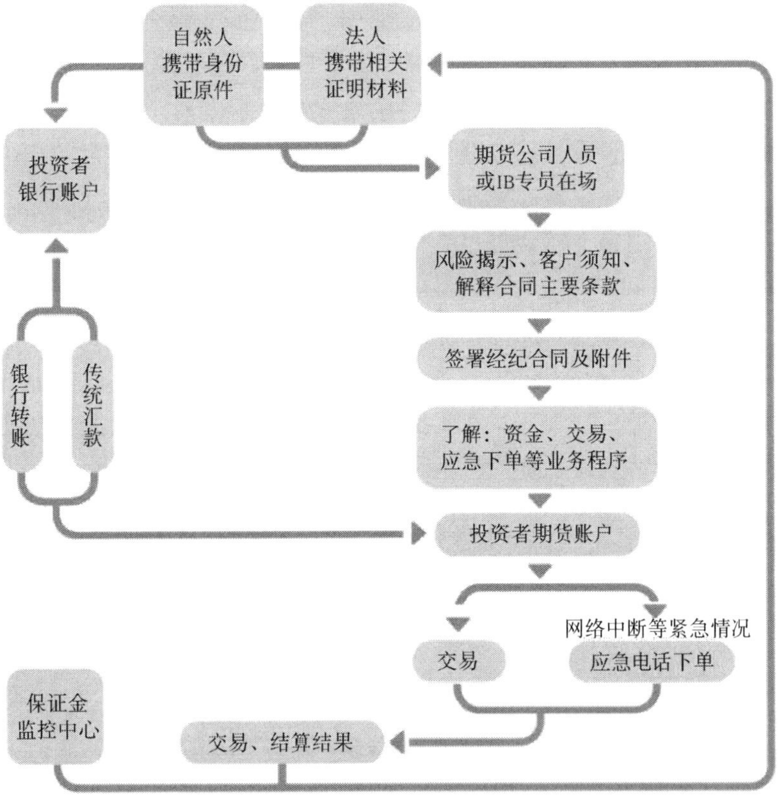


**图 3－1　期货交易程序**

**小贴士**

## 期货交易相关术语

开仓、持仓和平仓：期货交易中的买卖行为，只要是新建头寸都叫开仓。交易者手中持有的头寸，称为持仓。平仓是指交易者了结持仓的交易行为，了结的方式是针对持仓方向作相反的对冲买卖。

爆仓：是指投资者账户权益为负数，表明投资者不仅亏光了全部保证金还倒欠了期货经纪公司债务。由于期货交易实行逐日清算制度和强制平仓制度，一般情况下爆仓是不会发生的。但在出现极端行情的情况下，如连续发生同方向涨跌停板的情况，如果投资者的持仓较重，且持仓方向与价格变动方向相反，该投资者的账户就有可能爆仓。

多头和空头：期货交易实行双向交易机制，既有买方又有卖方。在期货交易中，买方称为多头，卖方称为空头。虽然股票市场交易中也将买方称为多头，卖方称为空头。但股票交易中的卖方必须是持有股票的人，没有股票的人是不能卖的。

结算价格：是指某一期货合约当日成交价格按成交量的加权平均价。当日无成交的，以上一交易日的结算价作为当日结算价。结算价是对当日未平仓合约进行盈亏结算的依据，也是计算下一交易日涨跌幅度和涨跌停板限额的依据。

成交量：是指某一期货合约在当日交易期间所有成交合约的单边数量。

持仓量：是指期货交易者所持有的未平仓合约的单边数量。

总持仓量：是市场上所有投资者在该期货合约上总的“未平仓合约”数量。在交易所发布的行情信息中，专门有“总持仓”一栏。

总持仓量的变化反映投资者对该合约的交易兴趣，是投资者参与该合约交易的一个重要指标。如果总持仓量在持续增长，表明交易双方都在开仓，投资者对该合约的兴趣在增长，场外资金在不断涌入该合约交易中；反之，当总持仓量不断减少，表明交易双方都在平仓出局，交易者对该合约的兴趣在退潮。还有一种情况是，当交易量增长时，总持仓量却变化不大，这表明市场以换手交易为主。

换手交易：换手交易有“多头换手”和“空头换手”，当原来持有多头的交易者卖出平仓，但新的多头又开仓买进时称为“多头换手”；而“空头换手”是指原来持有空头的交易者在买进平仓，但新的空头在开仓卖出。

交易指令：期货交易有三种指令，即市价指令、限价指令和取消指令。交易指令当日有效，在指令成交前，客户可提出变更或撤销。

第一，市价指令是指不限定价格的买卖申报，尽可能以市场最好价格成交的指令。

第二，限价指令是指执行时必须按限定价格或更好价格成交的指令。它的特点是如果成交，一定是客户预期的或更好的价格。

第三，取消指令是指客户将之前下达的某一指令取消的指令。如果在取消指令生效之前，前一指令已经成交，则称为取消不及，客户必须接受成交结果。如果部分成交，则可将剩余未成交的部分撤销。

头寸限制即交易部位限制，是指交易所对投资者规定的所能持有某一期货合约数量的最大限度，是从市场份额分配方面对市场风险进行管理。

## 八、郑州商品交易所甲醇交割库有哪些？

郑州商品交易所甲醇交割库具体见表 3－6。

表 3－6　　郑州商品交易所甲醇交割库

| 仓库编码 | 地区 | 仓库名称 | 联系人 | 联系方式 | 邮编 | 地址 | 升贴水（元/吨） | 铁路到站或船运码头或提货点 | 最低保障库容（万吨） |
|---|---|---|---|---|---|---|---|---|---|
| 0803 | 江苏省 | 南通千红石化港储有限公司 | 张晓冬 | 固话：0513－83590920<br>手机：18851310799<br>传真：0513－83590921 | 226017 | 江苏省南通市经济技术开发区通盛南路6号 | 0 | 千红码头 | 2 |
| 0807 | 江苏省 | 江苏海企化工仓储股份有限公司 | 毛莉 | 固话：0523－86991236<br>手机：15152993690<br>传真：0523－86991227 | 225300 | 江苏省泰州市高港区永安洲镇工业园 | 0 | 槽车<br>船舶 | 2 |
| 0815 | 广东省 | 东莞市百安石化仓储有限公司 | 梁文立 | 固话：0769－89985600<br>手机：13922175242<br>传真：0769－89985818 | 523988 | 广东省东莞市沙田镇立沙岛精细化工园区 | 0 | 船运码头：东莞市虎门港同舟石化码头有限公司<br>提货点：东莞市沙田镇立沙岛 | 2 |
| 0817 | 广东省 | 广州发展碧辟油品有限公司 | 张昌志 | 固话：020－84684191<br>手机：13928830100 | 511458 | 广东省广州市南沙区环市大道北19号 | 0 | 广州港发石油化工码头公司 | 2 |
| 0821 | 江苏省 | 南通阳鸿石化储运有限公司 | 陈亮 | 电话：0513－87688020<br>手机：15862704117<br>传真：051387688019 | 226500 | 江苏省如皋市长江镇堤顶路65号 | 0 |  | 2 |

续表 1

| 仓库编码 | 地区 | 仓库名称 | 联系人 | 联系方式 | 邮编 | 地址 | 升贴水（元/吨） | 铁路到站或船运码头或提货点 | 最低保障库容（万吨） |
|---|---|---|---|---|---|---|---|---|---|
| 0823 | 江苏省 | 建滔（常州）石化码头有限公司 | 承兰芬 | 固话：0519－81697815<br>手机：13338184371<br>传真：0519－85777868 | 213033 | 江苏省常州市滨江化工园区新化路88号 | 0 | 301库/燕京库/建滔（常州）石化码头 | 2 |
| 0824 | 江苏省 | 江苏德桥仓储有限公司 | 吴正平 | 固话：0523－89150592<br>手机：13626237585<br>传真：0510－86880919 | 214518 | 江苏省靖江市新港园区敦土路南首 | 0 | | 7 |
| 0825 | 江苏省 | 张家港保税区长江国际港务有限公司 | 倪新元 | 固话：0512－58387580<br>手机：13706226586<br>传真：0512－58387226/0512－58387392 | 215600 | 江苏省苏州市张家港保税区西物流园区南京路长江国际 | 0 | 自用码头 | 2 |
| 0828 | 江苏省 | 江苏长江石油化工有限公司 | 徐宪锋 | 固话：0512－53719668<br>手机：18106259688<br>传真：0512－53646877 | 215433 | 江苏省太仓市太仓港港口开发区滨江南路8号 | 0 | 太仓港长江石化码头 | 2 |
| 0829 | 江苏省 | 张家港保税区长江国际扬州石化仓储有限公司 | 邹丛燕 | 固话：0514－83211611<br>手机：13773355515<br>传真：0514－83211611 | 211900 | 江苏省仪征市扬州化学工业园区中化路3号 | 0 | 江苏省仪征市扬州化学工业园区中化路3号 | 2 |

续表2

| 仓库编码 | 地区 | 仓库名称 | 联系人 | 联系方式 | 邮编 | 地址 | 升贴水（元/吨） | 铁路到站或船运码头或提货点 | 最低保障库容（万吨） |
|---|---|---|---|---|---|---|---|---|---|
| 0830 | 江苏省 | 连云港荣泰化工仓储有限公司 | 李善虎 | 固话：0518－81390399<br>手机：18795586658<br>传真：0518－81393003 | 222000 | 连云港市徐圩新区港前大道9层办公楼205室 | －180 | 连云港新荣泰码头有限公司 | 2 |
| 0831 | 河北省 | 京唐港液体化工码头有限公司 | 王海涛 | 固话：0315－2916034<br>手机：15373565156<br>传真：0315－2916044 | 063611 | 河北省唐山市海港开发区京唐港液体化工码头有限公司 | －200 | 铁路到站：聂庄站<br>船运码头/提货点：京唐港液化码头 | 2 |
| 0837 | 江苏省 | 扬州恒基达鑫国际化工仓储有限公司 | 陈昊轩 | 固话：0514－83916288<br>手机：18012335863<br>传真：0514－83293736 | 211900 | 江苏省仪征市大连路8－8号 | 0 | | 3 |
| 0838 | 广东省 | 东莞市九丰能源有限公司 | 彭丹虹 | 固话：0769－89369827<br>手机：13713495801 | 523000 | 广东省东莞市沙田镇立沙岛立沙大道 | 0 | | 3 |
| 0845 | 江苏省 | 江苏丽天石化码头有限公司 | 陈　颖 | 固话：0510－86092978<br>手机：15152605578 | 214400 | 江阴市临港街道润华路9号 | 0 | | 2 |

续表 3

| 仓库编号 | 地区 | 仓库名称 | 联系人 | 联系方式 | 邮编 | 地址 | 升贴水 | 日发货速度（吨/天） | 厂库额度（万吨） | 铁路到站或船运码头或提货点 |
|---|---|---|---|---|---|---|---|---|---|---|
| 0809 | 河南省 | 河南省中原大化集团有限责任公司 | 张国胜 | 手机：13803936816 | 457004 | 河南省濮阳市华龙区人民路西段 | -200 | 1500 | 2 | 铁路到站：濮阳地铁中原大化煤化工专用线<br>提货点：河南省濮阳市濮水路与石化路交叉口西南角中原大化甲醇事业部 |
| 0810 | 山东省 | 兖矿煤化供销有限公司 | 张昭贵 | 固话：0537-6585103<br>手机：15863756566<br>传真：0537-6585103 | 273500 | 山东省邹城西外环路 1888 号 | -200 | 1500 | 2 | 兖矿国宏化工有限公司（山东邹城市北外环国宏大道） |
| 0811 | 山东省 | 新能凤凰（滕州）能源有限公司 | 魏玮 | 固话：0632-2225988<br>手机：15006733119<br>传真：0632-2225699 | 277527 | 山东省滕州市木石镇 | -200 | 1500 | 3 | |
| 0818 | 河北省 | 定州天鹭新能源有限公司 | 尚永定 | 固话：0312-5533668<br>手机号：18831900511<br>传真：0312-5533891 | 73000 | 河北省定州市定曲路北侧 | -260 | 1500 | 2 | 无 |

续表 4

| 仓库编号 | 地区 | 仓库名称 | 联系人 | 联系方式 | 邮编 | 地址 | 升贴水 | 日发货速度（吨/天） | 厂库额度（万吨） | 铁路到站或船运码头或提货点 |
|---|---|---|---|---|---|---|---|---|---|---|
| 0819 | 内蒙古 | 内蒙古自治区博源联合化工有限公司 | 李有军 | 固话：0477－8139329<br>手机：13304771379<br>传真：0477－8139326 | 17000 | 内蒙古鄂尔多斯市东胜区鄂托克西街 91 号博源大厦 710 室 | －600 | 2000 | 3 | 东乌铁路浩勒报吉站（蒙能专用线） |
| 0820 | 内蒙古 | 新能能源有限公司 | 邱瑞 | 固话：0477－2257774<br>手机：17747700867<br>传真：0477－2258278 | 14300 | 内蒙古自治区达旗王爱召镇园子圪卜村 | －600 | 3000 | 6 | |
| 0832 | 上海市 | 上期资本管理有限公司 | 庄园一卉 | 固话：021－60876309<br>手机：15853700207 | 200120 | 上海市浦东新区世纪大道 826 号 T3－21 | 0 | 2000 | 3 | 太仓、张家港、江阴、常州、南通五个地区的甲醇仓库 |
| 0833 | 浙江省 | 浙江杭实化工有限公司 | 梅卓航 | 固话：0571－8260062<br>手机：13185004108 | 310016 | 浙江省杭州市江干区香樟街 2 号泛海国际 A 座 31 楼 | 0 | 2000 | 3 | 太仓、张家港、江阴、常州、南通五个地区的甲醇仓库 |
| 0834 | 上海市 | 海油富岛（上海）化学有限公司 | 刘文光 | 固话：010－84527336<br>手机：18611791199<br>传真：010－84527341 | 100029 | 北京市朝阳区安贞西里三区 15 号凯康海油大厦 | 0 | 2000 | 3 | 广东省东莞、广州南沙区、珠海和福建省的泉州、厦门五个地区的甲醇仓库 |

续表 5

| 仓库编号 | 地区 | 仓库名称 | 联系人 | 联系方式 | 邮编 | 地址 | 升贴水 | 日发货速度（吨/天） | 厂库额度（万吨） | 铁路到站或船运码头或提货点 |
|---|---|---|---|---|---|---|---|---|---|---|
| 0835 | 江苏省 | 南京诚志清洁能源有限公司 | 娄海杰 | 固话：010－62565770<br>手机：18600818429<br>传真：010－62565770 | 100084 | 北京市海淀区清华科技园创新大厦A座207 | 0 | 2000 | 3 | 江苏省南京市、太仓市、张家港市、南通市、江阴市、常州市六个地区的甲醇仓库 |
| 0836 | 江苏省 | 江阴市金桥化工有限公司 | 袁海娟 | 固话：0510－86409620<br>手机：15950136826<br>传真：0510－86409618 | 214400 | 江苏省江阴市澄江中路118号海澜国贸大厦10楼 | 0 | 2000 | 3 | 江苏省太仓市、张家港市、南通市、江阴市、常州市五个地区的甲醇仓库 |
| 0922 | 浙江省 | 浙江省浙江永安资本管理有限公司 | 沈珂 | 手机：18657482999 | 310016 | 浙江省杭州市江干区新业路200号华峰国际32层 | 0 | 2000 | 3 | 太仓、张家港、南通、江阴、常州五个地区的甲醇仓库 |
| 0839 | 浙江省 | 中基石化有限公司 | 方轶彬 | 固话：0574－88366101<br>手机：13805880557 | 315000 | 浙江省宁波市鄞州区和源路318号中银大厦29楼 | 0 | 2000 | 3 | 太仓、张家港、南通、江阴、常州五个地区的甲醇仓库 |

续表 6

| 仓库编号 | 地区 | 仓库名称 | 联系人 | 联系方式 | 邮编 | 地址 | 升贴水 | 日发货速度（吨/天） | 厂库额度（万吨） | 铁路到站或船运码头或提货点 |
|---|---|---|---|---|---|---|---|---|---|---|
| 0840 | 浙江省 | 盛虹科技（上海）有限公司 | 杨高飞 | 固话：021－5268599－8025<br>手机：15968052605 | 200050 | 上海市长宁区延安西路 728 号华敏翰尊国际大厦 12 楼 B/C 座 | 0 | 2000 | 3 | 太仓、张家港、南通、江阴、常州五个地区的甲醇仓库 |
| 0841 | 福建省 | 厦门国贸石化有限公司 | 吴明阳 | 固话：0592－5165311<br>手机：13671559726 | 316000 | 福建省厦门市湖里区仙岳路 4688 号国贸中心 1 栋 20 层 | 0 | 2000 | 3 | 广东省广州市南沙区、东莞和福建省福州、厦门、泉州、莆田六个地区的甲醇仓库 |
| 0842 | 浙江省 | 浙江南华资本管理有限公司 | 陈浩 | 固话：0571－89727453<br>手机：17321163513 | 310002 | 浙江省杭州市上城区西湖大道 193 号定安名都 B 座 313 房 | 0 | 2000 | 3 | 太仓、张家港、南通、江阴、常州五个地区的甲醇仓库。 |
| 0843 | 上海市 | 上海新湖瑞丰金融服务有限公司 | 杨俊豪 | 固话：021－50762018<br>手机：17826526700 | 200122 | 上海市浦东新区向城路 288 号国华人寿金融大厦 607－608 室 | 0 | 2000 | 3 | 太仓、张家港、南通、江阴、常州五个地区的甲醇仓库 |

续表 7

| 仓库编号 | 地区 | 仓库名称 | 联系人 | 联系方式 | 邮编 | 地址 | 升贴水 | 日发货速度（吨/天） | 厂库额度（万吨） | 铁路到站或船运码头或提货点 |
|---|---|---|---|---|---|---|---|---|---|---|
| 0844 | 浙江省 | 浙江浙期实业有限公司 | 王帅 | 固话：0571－87396437<br>手机：18329137099 | 310007 | 浙江省杭州市西湖区求是路8号公元大厦南楼1103室 | 0 | 2000 | 3 | 太仓、张家港、南通、江阴、常州五个地区的甲醇仓库 |
| 0817 | 广东省 | 广州发展碧辟油品有限公司 | 张昌志 | 固话：020－84684191<br>手机：13928830100 | 511458 | 广东省广州市南沙区环市大道北19号 | 0 | | | 广州港发石油化工码头公司 |
| 0825 | 江苏省 | 张家港保税区长江国际港务有限公司 | 倪新元 | 固话：0512－58387580<br>手机：13706226586<br>传真：0512－58387226/0512－58387392 | 215600 | 江苏苏州张家港保税区西物流园区南京路长江国际 | 0 | | | 自用码头 |

**小贴士**

## 为什么我国甲醇交割库分布在华东地区?

期货交易的最重要意义是发现商品的合理价格，促进商品市场有序运行。同样，郑州商品交易所制定甲醇合约时，最主要考虑的是怎样促进甲醇行业的健康发展，健全并优化甲醇的价格形成机制，指导甲醇上下游企业合理安排生产与经营。现货交割作为连接期货交易和现货生产的一个重要环节，交割地的选择就具有举足轻重的意义。

现货交割是期货交易的重要环节。当期货交易的双方都有进行交割的意愿时，期货交易就进入交割环节，这时期货价格就会回归现货价格。期货价格需要计算各种交割成本，如运费、检验费以及仓储费用等。各成本中因为运费所占比例较高，为了节省运费，交割库的选址就成为制约仓单注册数量的重要因素。交割库距离商品主产地越近，那么卖出套保的生产商就有可能以更低成本注册仓单。因此，交易所在引入商品期货品种时，首先考虑将商品期货交割库分别设在产区、商品集散地或销区。如果品种的产区与销区或进口港口基本重叠，就设立在这些产区或港口区；如果产区分散，但有较大的商品集散地，就将交割库设立在这些集散地，以利于注册仓单时商品的采购、入库。所有这些做法都力图降低交易成本，使更多的生产者、流通者积极利用期货套期保值。简单地说，交割仓库的选择还要设置在价格最具代表性意义的区域内，而且应位于发生最大贸易量的流向节点中，而且应以交割成本具有竞争力，以及避免发生现货的逆向流动为前提。再考虑到物流成本，交割地点还要可靠性、有保障的交通、仓储条件，以便能够满足特殊情况下发生大量交割的需要。

甲醇期货交割地的设置特点：销区、集散地设库，兼顾产区。

1. 仓库为主

以华东为主，其他为辅。

2. 厂库为辅

以贴近销区山东、河南、河北等省为主，其他地区为辅。

郑州商品交易所将甲醇交割库设在华东地区，主要基于三点原因：

第一，华东地区是我国甲醇主要消费、贸易集散地。从甲醇消费的地域结构看，2010年我国甲醇的消费主要集中在华东和华北地区。华东地区消费量占全国的44.44%，主要是该地区甲醇下游产品烯烃、甲醛、二甲醚、冰醋酸、甲醇汽油对原料需求明显高于其他地区；华北地区凭借着稳定的烯烃、甲醛、二甲醚、甲醇汽油需求支撑，消费量居全国第二位，占比为15.5%。

第二，华东地区既是化工品需求集中地，也是化工品供应集中地。该地区流经第三方仓储的化工品进出口产品为71%，内贸为29%。流出方式也是以车运居多，占比65%，但因该地内陆水系发达，船运占比显著提高，占比约33%，另有约2%的产品经管道流出。该地区第三方化工仓储企业客户类型贸易商占56%，生产企业占44%。甲醇由于生产成本较低在我国发展迅速，而西北、西南等地区凭借资源优势产能也迅速扩张，产量较大，华东地区供给出现较大缺口，国内甲醇贸易呈现明显的由西、北流向东、南的格局。其他地区由于产量大、需求小，局部供应过剩。因此，全国各地的剩余甲醇商品主要流向华东地区一带，贸易非常活跃。

第三，华东地区价格代表性最为突出。华东地区甲醇消费量大，而当地产量有限，这为贸易商提供了广阔的生存空间。华东地区的价格是生产者、贸易商、消费企业等多方充分竞争形成的，能够真实反映国内甲醇市场供需关系。异地生产厂家出于竞争压力考虑，往往参照华东价格，再综合考虑运输成本等因素，对不同买家提供不同优惠程度的到货价，以便使其产品流入华东的市场成本基本一致。因此，华东价格已被现货市场普遍认可，具备代表全国价格的市场特征。

第四，华东地区仓储物流设施完善，辐射能力强。华东地区地理位置优越交通便利，江、海、陆三线发达，交割商品能够方便出入，便于市场中商品的集散和流通。

## 九、期现价差的变化揭示了什么?

在期货市场上，通常将期货与现货之间的价格差称为期现差价。与有色金属不同，甲醇期货的主力合约往往远离交割月合约。因此，本章所涉及的期现价差通常指的是期货主力合约与现货之间的价差。

正常情况下，期货价格反映的是“现货价格 + 持仓成本”，这意味着远月合约的价格高于现货或者近月合约的价格。由于预期的变化，远月合约的价格往往高于“现货价格 + 理论上的持仓成本”，而有时也会低于“现货价格 + 理论上的持仓成本”。前者反映的是大多数投资者预期未来价格可能上涨，而后者反映的是未来价格可能下跌，特别是在现货价格高于近月合约的情况下。

期现差价的这种变化，可以为投资者提供一种判断价格走势的方法。通常情况下，期现价差为正并变大预示着价格可能上涨，而期现价差缩窄或者负价差变大预示着价格可能走低。

## 自测题

### 一、不定项选择题

1. 甲醇期货是期货交易所里上市交易的（　　）。

A. 甲醇现货　　B. 甲醇仓单

C. 甲醇标准化合约　　D. 甲醇合同

2. 甲醇期货在（　　）上市交易。

A. 大连商品交易所　　B. 郑州商品交易所

C. 上海期货交易所　　D. 天津商品交易所

3. 甲醇期货的交易单位是（　　）吨/手。

A. 5　　B. 10

C. 20　　D. 50

4. 甲醇期货的保证金分为（　　）。

A. 交易保证金　　B. 交割保证金

C. 结算准备金　　D. 交割准备金

5. 甲醇期货的基本交易制度包括（　　）。

A. 保证金制度　　B. 涨跌停板制度

C. 每日无负债结算制度　　D. 持仓限额制度

6. 甲醇期货标准化合约中规定最低交易保证金水平为（　　）。

A. 5%　　B. 6%

C. 7%　　D. 8%

7. 甲醇期货自然人持仓不能进入交割月。交易所规定进入交割月份的（　　）起，自然人客户不得开新仓，交易所有权对自然人客户的交割月份持仓予以强行平仓。

A. 最后一个交易日

B. 第一个交易日

C. 通知日

D. 第一个交易日到最后一个交易日

8. 投资者准备以2800元/吨的价格买入5手甲醇主力合约，如果按照8%的保证金计算，投资者需要支付的保证金为（　　）。

A. 1.12万元　　B. 5.6万元

C. 11.2万元　　D. 56万元

9. 投资者以2800元/吨卖出5手甲醇主力合约，三日后价格下跌至2760元/吨，投资者此次投资盈亏为（　　）元。

A. 盈利1万元　　B. 亏损1万元

C. 盈利2000元　　D. 亏损2000元

10. 甲醇期货的交割单位为每一仓单标准重量（　　）吨。

A. 5　　B. 10

C. 20　　D. 50

## 二、判断题

1. 根据郑州商品交易所规定，甲醇期货的最小变动价位为10元/吨。（　　）

2. 甲醇期货实行每日无负债结算制度，结算实行分级结算，即交易所对其会员进行结算，期货经纪公司对其客户进行结算。（　　）

3. 参与甲醇期货交易的客户中不能交付或者接收增值税专用发票的客户不得交割。进入交割月前，不得交割的客户应当将交割月份的相应持仓予以平仓。（　　）

4. 甲醇期货合约就是远期交割的甲醇现货合约。（　　）

5. 当客户的交易保证金不足且未在规定的时间内补足时，期货公司有权对客户持有的头寸实行强行平仓。（　　）

6. 甲醇期货是“T+0”交易，当日可以随时买卖，随时平仓。（　　）

7. 甲醇期货交割地的设置特点：仓库为主、厂库为辅。其中，仓库以贴近销区山东、河南、河北等省为主，厂库以华东地区为主。（　　）

8. 正常情况下，期货价格反映的是现货价格+持仓成本，这就意味着远月合约的价格高于现货或者近月合约的价格。（　　）

9. 通常情况下，期现价差为正并变大预示着价格可能走低，而期现价差缩窄或者负价差变大预示着价格可能上涨。（　　）

10. 一般情况下，甲醇期货套期保值交易的持仓量不受交易所规定的持仓限量的限制。（　　）

# 参考答案

## 一、不定项选择题

| | | | | |
|---|---|---|---|---|
| 1. C | 2. B | 3. B | 4. AC | 5. ABCD |
| 6. A | 7. B | 8. A | 9. C | 10. B |

## 二、判断题

1. ×　2. √　3. √　4. ×　5. √

6. √　7. ×　8. √　9. ×　10. √

# 第四章

# 认识甲醇期权

**本章要点**

了解期权的相关指数，介绍甲醇期权的基础知识与交易规则，讲解期权市场的基础策略与操作方法。

## 一、期权是什么?

期权合约是指交易所统一制定的、规定买方有权在将来某一时间以特定的价格买入或卖出约定标的物的标准化合约。一份期权合约包含买卖双方，买方期初支付一定费用并获取在未来某一时间以特定价格买入或卖出标的物的权利，而卖方收取费用的同时需要根据买方的要求履行相应的义务。这里买方期初支付的费用称为权利金，约定的行权价格称为行权价。根据执行期权时买入或卖出标的物可将期权合约分为看涨期权和看跌期权（见图 4－1

至图4－4)：看涨期权是指买方有权在将来某一时间以特定价格买入约定的标的物，而卖方需要履行卖出标的物义务的期权；看跌期权是指买方有权在将来某一时间以特定价格卖出约定标的物，而卖方需要履行买入标的物义务的期权。

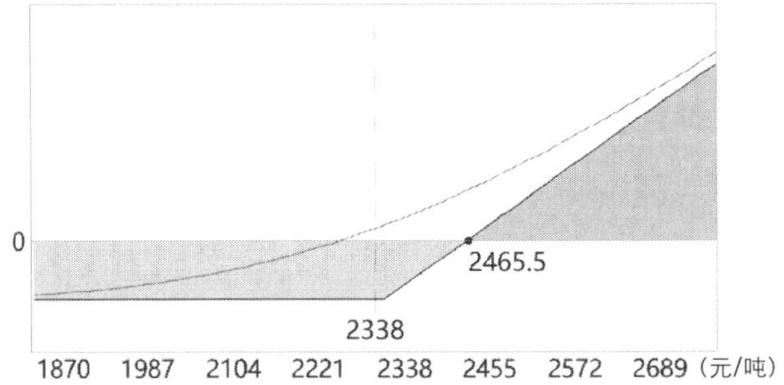


**图4－1　买入1手甲醇期货的看涨期权收益曲线**

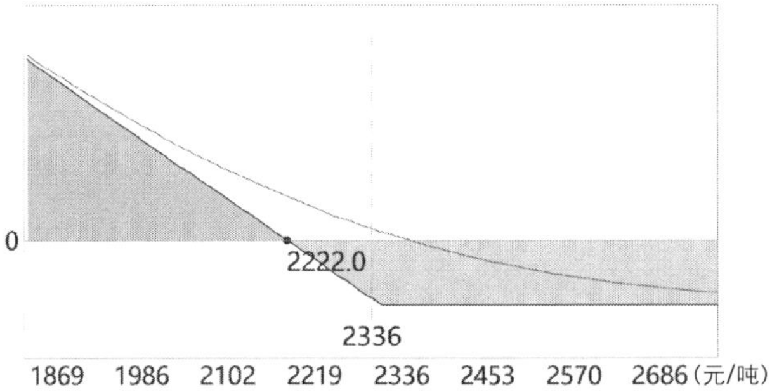


**图4－2　买入1手甲醇期货的看跌期权收益曲线**

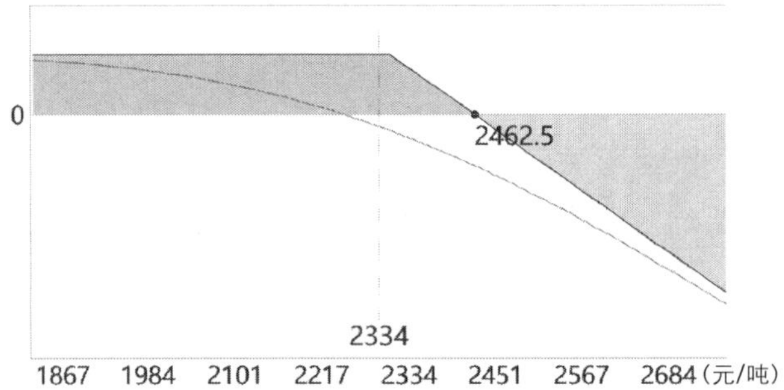


**图4－3　卖出看涨期权的收益**

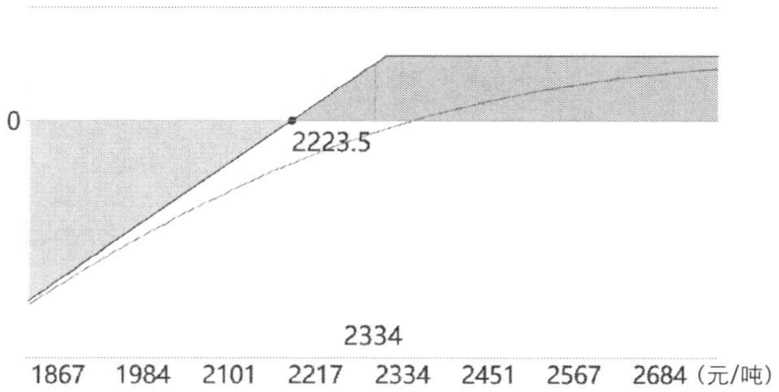


**图 4－4 卖出看跌期权的收益**

卖出期权的一方在期初收到期权费，但在今后有潜在的义务，承约方的收益与买入期权一方的收益刚好相反。

对于可行权时间的规定，欧式期权与美式期权各有不同，欧式期权买方只能在期权合约到期日行使权利，而美式期权则可以在期权合约到期日或者到期日前的任一交易日行使权利。大多数交易所交易的期权都是美式期权。

期权合约的标的物为期权合约买卖双方权利义务指向的对象，以期货合约为标的物的期权称为期货期权。期货期权的到期日往往会在标的期货交割期之前。当看涨期权被执行时，期权持有者从期权卖方处获得标的期货合约的多头以及期货价格超出执行价格的现金额；当看跌期权被执行时，期权持有者从卖方处获得标的期货合约的空头以及执行价格超出期货价值的现金额。

**案例 4－1**

假定在 8 月 3 日，某投资者持有 9 月份的甲醇期货看涨期权合约，期权执行价格为每吨 2400 元，一份合约规模为 10 吨甲醇。假定当前 9 月份交割的甲醇期货的价格为 2500 元/吨，8 月 2 日甲醇期货的结算价为 2450 元/吨。如果期权被行权，投资者收入为：

10 ×（2450 － 2400）＝500（元）

同时，投资者进入一个在 9 月份买入 1 手甲醇期货的多头。如果投资者愿意它可以将期货马上平仓，投资者收入 1000 元加以下数量的现金：

10 ×（2450 － 2400）＝500（元）

这一数量反映了在最近一次结算后期货价格的变化。在 8 月 3 日行使期权的整体收益为 1000 元，该数量等于 10 (S – K)，其中 S 为期权行权时的标的期货价格，K 为执行价格。

以上例子说明，看涨期权的实际收益为 max $(F_T - K, 0)$；反之，看跌期权的实际收益为 max $(K - F_T, 0)$。其中，$F_T$ 是执行时的期货价格，K 为执行价格。

此外，期权买卖双方除行权或被动履行义务外，可在到期日前在期权市场交易期权合约，赚取期权合约自期初涨跌的差价。

## 二、甲醇期权规则有哪些?

期权合约的主要条款包括：合约标的物、合约类型、交易单位、报价单位、最小变动单位、涨跌停板幅度、合约月份、交易时间、最后交易日、到期日、行权价格、行权方式、交易代码以及上市交易所（见表 4 –1）。

**表 4 –1　　郑商所甲醇期权合约规则**

| | |
|---|---|
| 合约标的物 | 甲醇期货合约 |
| 合约类型 | 看涨期权、看跌期权 |
| 交易单位 | 1 手（10 吨）甲醇期货合约 |
| 报价单位 | 元（人民币）/吨 |
| 最小变动价位 | 0.5 元/吨 |
| 涨跌停板幅度 | 与甲醇期货合约涨跌停板幅度相同 |
| 合约月份 | 标的期货合约中的连续两个近月，其后月份在标的期货合约结算后持仓量达到 10000 手（单边）之后的第二个交易日挂牌 |
| 交易时间 | 每周一至周五上午 9：00—11：30，下午 13：30—15：00，以及交易所规定的其他交易时间 |
| 最后交易日 | 标的期货合约交割月份前一个月的第 3 个交易日，以及交易所规定的其他日期 |

续表

| | |
|---|---|
| 到期日 | 同最后交易日 |
| 行权价格 | 以甲醇期货前一交易日结算价为基准，按行权价格间距挂出 6 个实值期权、1 个平值期权和 6 个虚值期权。行权价格≤2500 元/吨，行权价格间距为 25 元/吨；2500 元/吨 < 行权价格≤5000 元/吨，行权价格间距为 50 元/吨；行权价格 > 5000 元/吨，行权价格间距为 100 元/吨 |
| 行权方式 | 美式。买方可在到期日前任一交易日的交易时间提交行权申请；买方可在到期日 15：30 之前提交行权申请、放弃申请 |
| 交易代码 | 看涨期权：MA—合约月份—C—行权价格<br>看跌期权：MA—合约月份—P—行权价格 |
| 上市交易所 | 郑州商品交易所 |

数据来源：郑商所

## 三、甲醇期权价格的主要影响因素有哪些?

期货期权价格的决定因素包括标的期货合约价格（$F_T$）、期权合约执行价格（K）、期权期限（T）、标的资产价格波动率（σ）以及无风险利率（r）（见表 4－2）。

**表 4－2　其他变量不变的情况下，某一变量增加对于期货期权价格的影响**

| 变量 | 看涨期权 | 看跌期权 |
|---|---|---|
| 标的资产价格（$S_T$） | + | – |
| 期权合约执行价格（K） | – | + |
| 期权期限（T） | + | + |
| 标的资产价格波动率（6） | + | + |
| 无风险利率（r） | + | – |

标的资产价格：对于看涨期权，如果在某一时刻行权，期权收益为"max（$K-F_T$，0）－权利金"，因此，看涨期权的价格会随着标的资产价格上升而增加；同样，对于看跌期权，期权收益为"max（$K-F_T$，0）－权利金"，即看跌期权的价格会随着标的资产的价格下降而上升。

执行价格：根据看涨、看跌期权收益可知，随着执行价格的上升，看涨期权的价格将会减少，看跌期权的价格将会增加；随着执行价格的下降，看涨期权的价格将会增加，而看跌期权的价格将会减少。

期权期限：在其他条件不变的情况下，随着到期时间的临近，期权价值会逐渐降低。因此，期权期限越长，期权价值越高。对于平值期权而言，其价格波动会随着到期日的临近而放大，对应实值与虚值期权价格波动收缩。

标的资产价格波动率：当标的资产价格波动率放大的时候，标的资产价格上升或下降的概率增加，对于看涨期权的持有者来说，标的资产价格上涨带来的收益是无限的，而损失是有限的，因为最大损失即为权利金；同样，看跌期权持有者会从价格下跌中获利，损失也是有限的。因此，波动率放大，买方获利的概率增加而卖方亏损的概率增加，对应期权价格上涨。

无风险利率：当利率增加时，投资者所要求的标的资产收益增加，而期权买方未来收到的现金流贴现值减少，对应看涨期权价格上涨，看跌期权价格下跌。

## 四、什么是期权希腊字母？

希腊字母往往被用来度量期权交易中的某个特定风险，因此管理交易的目的就是管理交易组合的希腊字母值，以便将其保持在一个可以被接受的范围内。常用的希腊字母有 Delta、Gamma、Vega、Theta。

### （一）Delta

Delta 为期权价格变动与其标的资产价格变动的比率（见图 4－5 和图 4－6）。

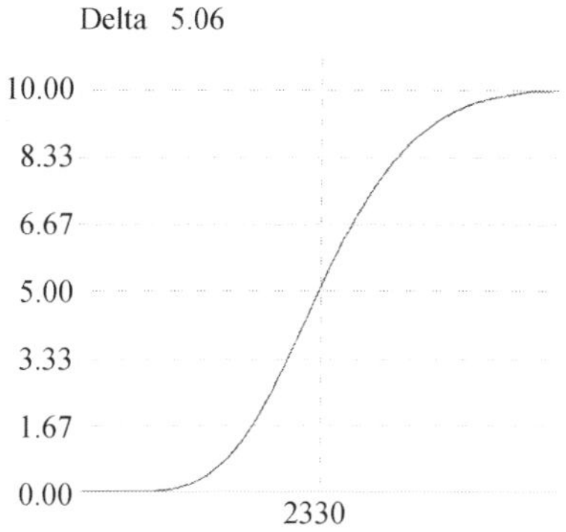


**图 4-5　看涨期权 Delta**

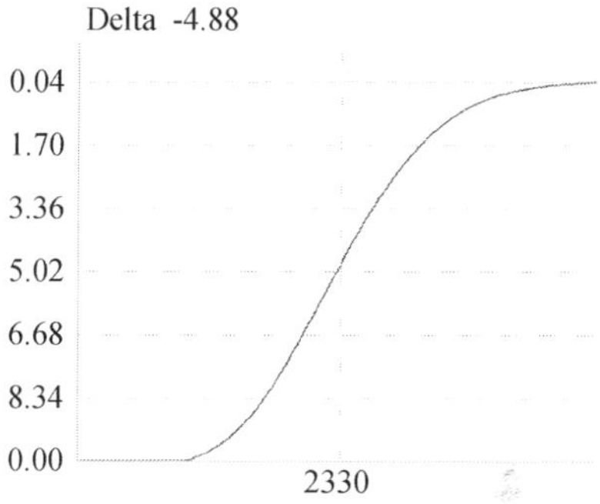


**图 4-6　看跌期权 Delta**

标的价格变化对买入看涨和卖出看跌期权都是正向影响，即标的上涨对买入看涨和卖出看跌期权有利。

标的价格变化对卖出看涨和买入看跌期权都是反向影响，即标的下跌对卖出看涨和买入看跌期权有利。

- 标的上涨对买入看涨期权价格影响幅度记为：D
- 标的下跌对卖出看涨期权价格影响幅度记为：-D
- 标的上涨对买入看跌期权价格影响幅度记为：-D
- 标的下跌对卖出看跌期权价格影响幅度记为：D

举例：

标的价格变化 -10 元，买入看涨期权价格变化：-10D 元——亏损

标的价格变化 10 元，卖出看跌期权价格变化：10D 元——盈利

### （二）Gamma

期权交易组合的 Gamma 是指交易组合 Delta 的变化对于标的资产价格变化的比率（见图 4-7）。

如某一期权合约的 Delta 为 0.6，Gamma 值为 0.05，则表示标的价格上升 1%，所引起 Delta 增加量为 0.05。Delta 将从 0.6 增加到 0.65。平值期权的 Gamma 值最大，深度实值或深度虚值期权的 Gamma 值则趋近于 0。Gamma 值越大，表明 Delta 的变化速度越快。

同一行权价，看涨期权与看跌期权的 Gamma 值一样。买入期权的 Gamma 为正，卖出期权的 Gamma 则为负。

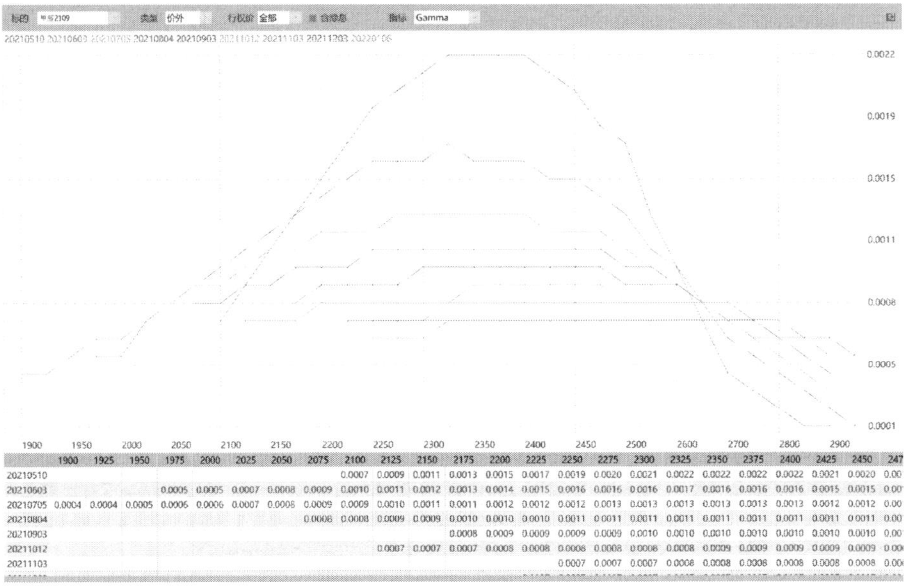


**图 4-7　甲醇期权 Gamma**

## （三）Vega

在实际中，期权价格会随着波动率的变化而变化，因此将期权价格的变化与标的资产波动率的变化的比率定义为 Vega（见图 4-8）。

波动率变化对买入看涨和买入看跌期权都是正向影响，即波动率上涨对买入看涨和买入看跌期权有利。

波动率变化对卖出看涨和卖出看跌期权都是反向影响，即波动率下跌对卖出看涨和卖出看跌期权有利。

- 波动率上涨对买入看涨期权价格影响幅度记为：V
- 波动率下跌对买入看跌期权价格影响幅度记为：V
- 波动率上涨对卖出看涨期权价格影响幅度记为：-V
- 波动率下跌对卖出看跌期权价格影响幅度记为：-V

举例：

- 波动率上涨 10%，买入看跌期权价格变化：10% V——盈利
- 波动率下降 10%，卖出看跌期权价格变化：－10% －V——盈利
- 波动率下降 10%，买入看跌期权价格变化：－10% V——亏损

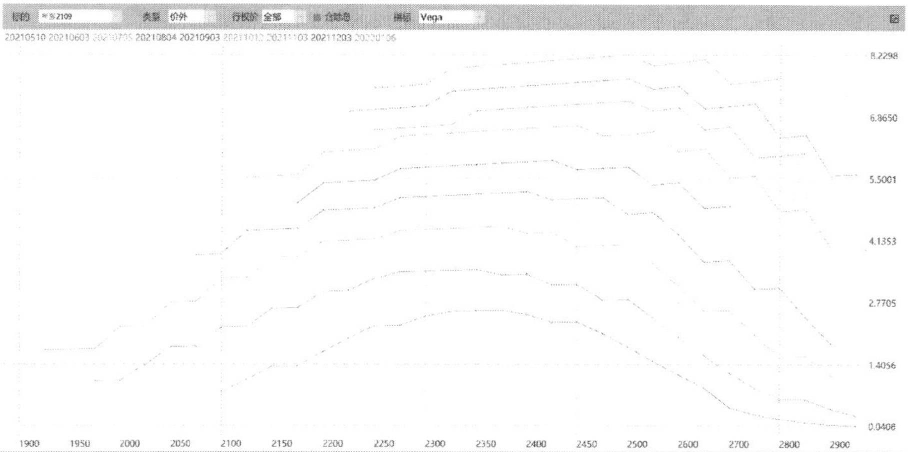


| | 1900 | 1925 | 1950 | 1975 | 2000 | 2025 | 2050 | 2075 | 2100 | 2125 | 2150 | 2175 | 2200 | 2225 | 2250 | 2275 | 2300 | 2325 | 2350 | 2375 | 2400 | 2425 | 2450 | 247 |
|---|---|---|---|---|---|---|---|---|---|---|---|---|---|---|---|---|---|---|---|---|---|---|---|---|
| 20210510 | | | | | | | | | 0.7935 | 1.0580 | 1.3545 | 1.3626 | 1.6747 | 1.9771 | 2.2421 | 2.2547 | 2.4559 | 2.5700 | 2.5839 | 2.5975 | 2.5087 | 2.3280 | 2.3396 | 2.08 |
| 20210603 | | | | 1.0398 | 1.0465 | 1.3957 | 1.7873 | 1.7983 | 2.2111 | 2.2244 | 2.6265 | 2.6423 | 2.9962 | 3.0149 | 3.2828 | 3.4359 | 3.4548 | 3.4737 | 3.4921 | 3.3732 | 3.3904 | 3.1463 | 3.1618 | 2.81 |
| 20210705 | 1.2913 | 1.7229 | 1.7341 | 1.7467 | 2.2353 | 2.2504 | 2.7661 | 2.7836 | 3.2869 | 3.3068 | 3.7506 | 3.7727 | 4.1106 | 4.1341 | 4.1581 | 4.3513 | 4.3753 | 4.3993 | 4.4225 | 4.4458 | 4.2939 | 4.3158 | 4.0051 | 4.02 |
| 20210804 | | | | | | | | 3.8066 | 3.8300 | 4.3445 | 4.3702 | 4.3964 | 4.7897 | 4.8173 | 4.8456 | 5.0703 | 5.0983 | 5.1264 | 5.1536 | 5.1806 | 5.2077 | 5.0296 | 5.0547 | 5.08 |
| 20210903 | | | | | | | | | | | | 4.9530 | 5.3955 | 5.4266 | 5.4579 | 5.7120 | 5.7435 | 5.7750 | 5.8068 | 5.8370 | 5.8672 | 5.8973 | 5.6963 | 5.72 |
| 20211012 | | | | | | | | | | 5.5126 | 5.5459 | 5.5806 | 6.0777 | 6.1128 | 6.1485 | 6.4344 | 6.4701 | 6.5055 | 6.5416 | 6.5760 | 6.6098 | 6.6436 | 6.6775 | 6.44 |
| 20211103 | | | | | | | | | | | | | | | 6.5752 | 6.6121 | 6.6502 | 6.6952 | 6.9960 | 7.0347 | 7.0722 | 7.1093 | 7.1448 | 7.18 |

**图 4－8　甲醇期权 VEGA**

## （四）Theta

期权 Theta 定义在其他条件不变时，期权价格变化与时间变化的比率，期权的 Theta 通常为负值，这是因为在其他条件不变的情况下，随着到期时间的减少，期权价值会接近于 0（见图 4－9）。

持有时间越长对卖出看涨和卖出看跌期权都是正向影响，即持有时间越长对卖出期权有利，对买入期权不利。

- 持有时间越长对买入看涨期权价格影响幅度记为：－T
- 持有时间越长对买入看跌期权价格影响幅度记为：－T
- 持有时间越长对卖出看涨期权价格影响幅度记为：T
- 持有时间越长对卖出看跌期权价格影响幅度记为：T

举例：

- 持有 100 个交易日后，买入期权价格变化：100 ×（ - T）——亏损
- 持有 100 个交易日后，卖出期权价格变化：100T——盈利

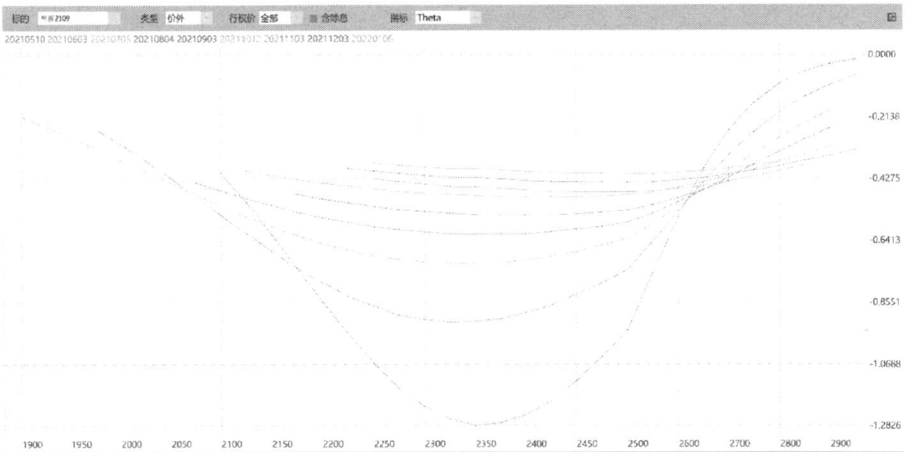


| | 1900 | 1925 | 1950 | 1975 | 2000 | 2025 | 2050 | 2075 | 2100 | 2125 | 2150 | 2175 | 2200 | 2225 | 2250 | 2275 | 2300 | 2325 | 2350 | 2375 | 2400 | 2425 | 2450 | 247 |
|---|---|---|---|---|---|---|---|---|---|---|---|---|---|---|---|---|---|---|---|---|---|---|---|---|
| 20210510 | | | | | | | | | -0.4082 | -0.5102 | -0.6204 | -0.7366 | -0.8527 | -0.9632 | -1.0652 | -1.1518 | -1.2148 | -1.2584 | -1.2826 | -1.2721 | -1.2431 | -1.1969 | -1.1253 | -1.04 |
| 20210603 | | | | -0.2552 | -0.3075 | -0.3655 | -0.4256 | -0.4896 | -0.5537 | -0.6176 | -0.6785 | -0.7371 | -0.7872 | -0.8350 | -0.8682 | -0.8993 | -0.9133 | -0.9242 | -0.9204 | -0.9126 | -0.8905 | -0.8654 | -0.8285 | -0.78 |
| 20210705 | -0.2124 | -0.2457 | -0.2835 | -0.3214 | -0.3618 | -0.4024 | -0.4429 | -0.4834 | -0.5217 | -0.5587 | -0.5931 | -0.6234 | -0.6528 | -0.6735 | -0.6943 | -0.7064 | -0.7157 | -0.7211 | -0.7200 | -0.7186 | -0.7078 | -0.6952 | -0.6800 | -0.65 |
| 20210804 | | | | | | | | -0.4417 | -0.4694 | -0.4970 | -0.5197 | -0.5424 | -0.5625 | -0.5781 | -0.5937 | -0.6039 | -0.6110 | -0.6182 | -0.6192 | -0.6187 | -0.6183 | -0.6105 | -0.6018 | -0.59 |
| 20210903 | | | | | | | | | | | | -0.4810 | -0.4982 | -0.5107 | -0.5233 | -0.5353 | -0.5411 | -0.5470 | -0.5527 | -0.5535 | -0.5536 | -0.5537 | -0.5501 | -0.54 |
| 20211012 | | | | | | | | | | -0.4013 | -0.4158 | -0.4304 | -0.4427 | -0.4527 | -0.4628 | -0.4728 | -0.4775 | -0.4822 | -0.4863 | -0.4900 | -0.4904 | -0.4908 | -0.4913 | -0.48 |
| 20211103 | | | | | | | | | | | | | | | -0.4278 | -0.4368 | -0.4459 | -0.4550 | -0.4561 | -0.4615 | -0.4670 | -0.4726 | -0.4731 | -0.47 |

**图 4 - 9　甲醇期权 Theta**

## 五、期权定价基础是什么？

常用的期权定价方式有 Black - Scholes - Merton（BSM）、Barone - Adesi - Whaley（BAW）以及二叉树模型，BSM 模型主要应用于欧式期权定价，BAW 主要应用于美式期权定价，而二叉树模型在欧式及美式期权定价中均有建树。

二叉树是指在期权有效期内可能会出现的标的价格变动路径的图形，这

种方法下标的价格服从随机漫步原理，在树型上的每一步，标的价格会以某种概率 P 向上移动一定的比率，同时（1－P）的概率会向下移动一定的比率。

**案例 4－2**

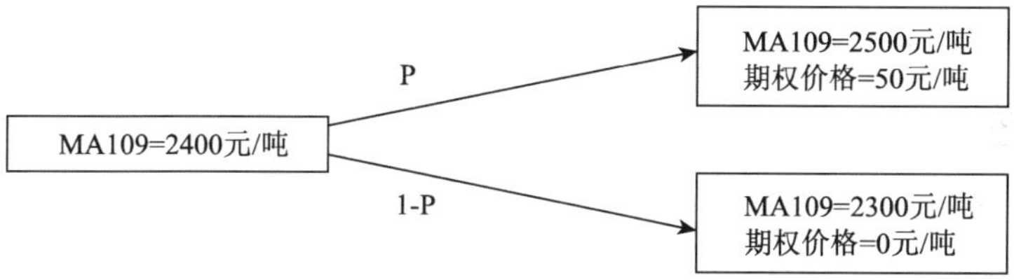


以上展示了单步二叉树的游走过程，假设在步数无限多、步长足够小的极限状态下，由二叉树给出的欧式期权定价等同于 BSM 定价模型结果。而用二叉树模型对美式期权定价过程是从树的末尾出发以倒推的形式推算到树的起始点（见图 4－10）。

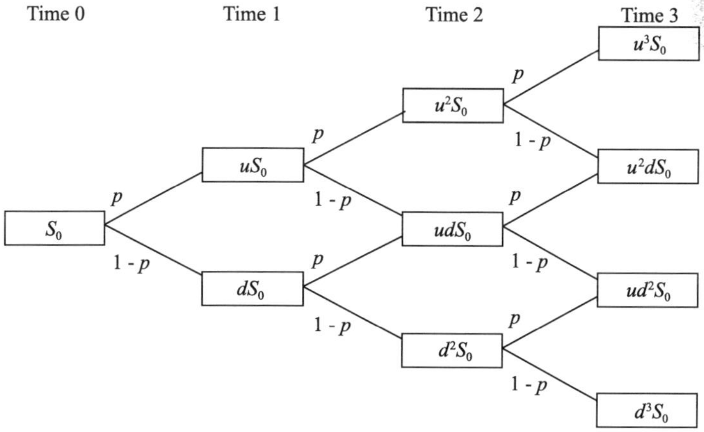


**图 4－10　多步二叉树价格路径**

根据美式期权在到期前可行权的特点，需要在树的每一个节点上检验提前行使权利是否为最优，在树的最后节点上，期权的价格等于欧式期权的价格，之前的任何一个节点上的期权价格等于以下数值的最大值：

$$f = e^{-r\Delta t}\left[p f_u + (1-p) f_d\right]$$

提前行使期权的收益

其中，$p=\frac{e^{r\Delta t}-d}{u-d}$，在每一步过程中，期货价格会有 $p$ 的概率由 $S_0$ 上涨到 $uS_0$，同时，会有（$1-p$）的概率由 $S_0$ 下跌到 $dS_0$。其中，$u=e^{\sigma\sqrt{\Delta t}}>1$，$d=e^{-\sigma\sqrt{\Delta t}}<1$，相对应的期权价格（以看涨期权为例）分别为 $f_u=max$（$uS_0-K$，0）和 $f_d=max$（$dS_0-K$，0）。

这样可以倒推出每一步各种状态下的期权价格，直到倒推至起点得到期权起始定价。

## 六、期权策略有哪些？

### （一）单一期权策略

相较于期货合约，期权合约除多空方向外还存在买卖双方，因此其交易包含买入看涨期权、买入看跌期权、卖出看涨期权和卖出看跌期权四个维度。

假设投资者对标的期货价格有比较明确的多空方向判断，且认为价格变动幅度较大的情况下可选择作为买方购入期权合约；反之，如果投资者认为未来标的期货价格只是小涨或小跌，存在比较明确的价格支撑位和阻力位，则可以作为卖方相应卖出看跌期权或卖出看涨期权获利（见图 4－11）。

### （二）价差策略

价差是指将具有相同标的的两个或多个期权组合在一起的交易策略。

1. 牛市价差

当预期未来价格小幅上涨时，为了降低权利金成本，在买入低行权价（$K1$）的看涨期权的同时卖出高行权价（$K2$）的看涨期权（$K1<K2$）组建牛市价差，策略损益见图 4－12。

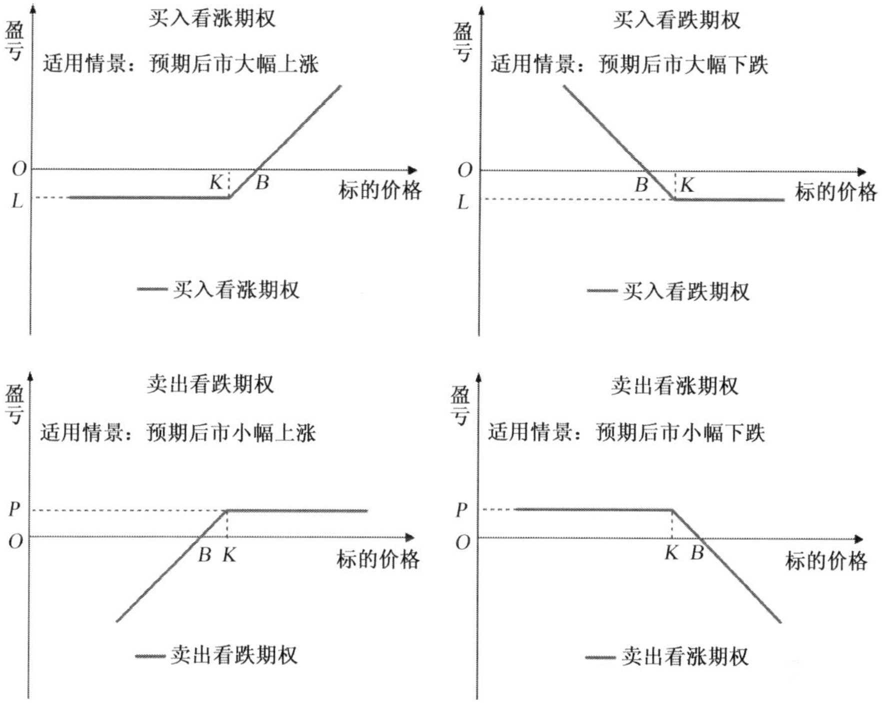


**图 4－11 单边期权策略损益图**

数据来源：郑商所

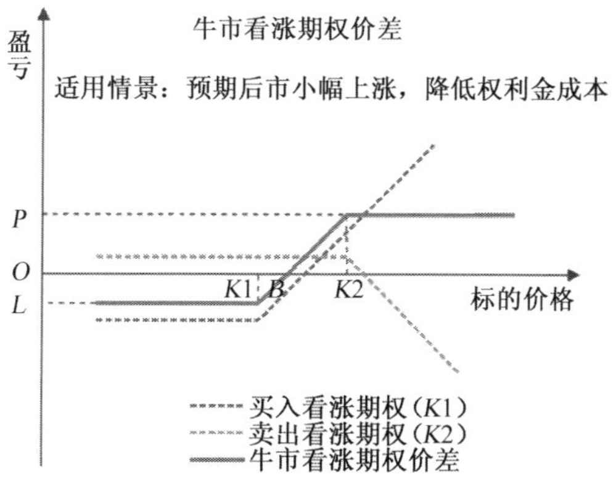


**图 4－12 牛市看涨期权价差策略损益曲线**

数据来源：郑商所

假设 $S_T$ 是期权到期时标的期货的价格，表 4－3 展示了在不同情形下的牛市价差策略损益。

表 4－3 牛市看涨期权价差策略损益

| 标的期货价格 | 买入看涨期权单腿损益 | 卖出看涨期权单腿损益 | 组合损益 |
|---|---|---|---|
| $S_T \leqslant K1$ | 0 | 0 | 0 |
| $K1 < S_T < K2$ | $S_T - K1$ | 0 | $S_T - K1$ |
| $S_T \geqslant K2$ | $S_T - K1$ | $-(S_T - K2)$ | $K2 - K1$ |

牛市价差策略限制了投资者收益的同时，也控制了损失幅度，即投资者拥有一个执行价格为 *K*1 的期权，同时通过卖出执行价为 *K*2 的期权而放弃了标的期货上涨的潜在收益，而作为放弃潜在盈利的补偿，投资者获得执行价格为 *K*2 的期权权利金。当然，投资可以选择更高行权价的看涨期权卖出，但虚值程度越高，期权费越低，对冲成本的比例相应降低，因此通常会选择在保证不会被执行的基础上卖出行权价相对较低的看涨期权。

除用看涨期权组合成牛市价差策略外，还可以通过买入较低执行价格的看跌期权和卖出较高执行价格的看跌期权构造而成。牛市看跌期权价差与牛市看涨期权价差区别在于，用看跌期权来构造牛市价差策略会给投资者在最初带来正现金流（忽略保证金要求），而其收益为负或为 0（见图 4－13）。

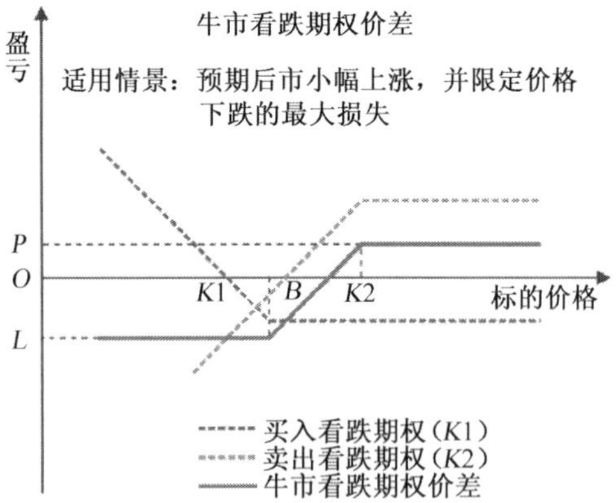


图 4－13 牛市看跌期权价差策略损益

数据来源：郑商所

2. 熊市价差

持有牛市价差的投资者希望标的期货价格小幅上涨；反之，希望期货价格小幅下跌的投资者会构建相应的熊市价差策略获利。熊市价差期权策略由卖出低行权价（K1）的看跌期权的同时买入高行权价（K2）的看跌期权（K1 < K2）构建而成，策略损益图见图 4 - 14。

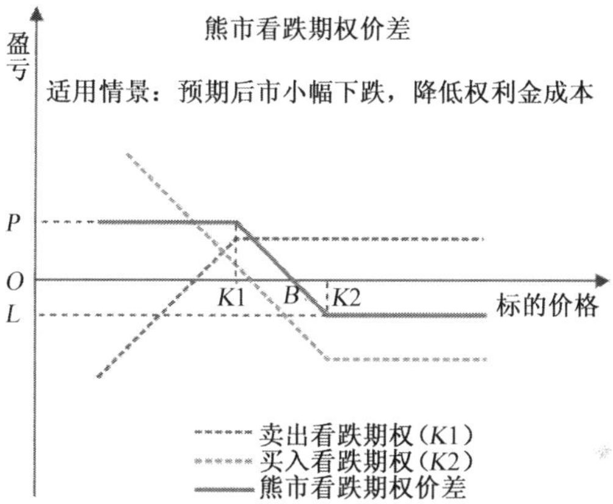


**图 4 - 14　熊市看跌期权价差策略损益**

数据来源：郑商所

假设 $S_T$ 是期权到期时标的期货的价格，表 4 - 4 展示了在不同情形下的熊市价差策略损益。

**表 4 - 4　熊市看跌期权价差策略损益**

| 标的期货价格 | 买入看跌期权单腿损益 | 卖出看跌期权单腿损益 | 组合损益 |
|---|---|---|---|
| $S_T \leqslant K1$ | $K2 - S_T$ | $-(K1 - S_T)$ | $K2 - K1$ |
| $K1 < S_T < K2$ | $K2 - S_T$ | 0 | $K2 - S_T$ |
| $S_T \geqslant K2$ | 0 | 0 | 0 |

由于卖出期权的价格小于买入期权的价格，由看跌期权构成的熊市价差会在期初支出一定现金流，此策略在买入看跌期权同时卖出一个具有低行权价的看跌期权，实质是放弃了一部分标的期货价格大幅下跌带来的盈利，对放弃此部分可能盈利所获得的补偿来自卖出看跌期权的权利金收益。

同样的，熊市价差策略也可以用看涨期权来构成，即买入一个高行权价的看涨期权同时卖出一个低行权价的看涨期权，策略损益见图4－15，由此构成的熊市价差在期初会有一定现金流收益（忽略保证金要求）。

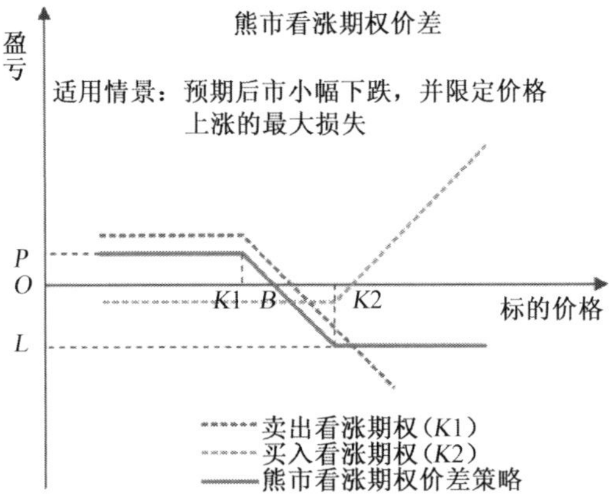


**图4－15　熊市看涨期权价差策略损益**

数据来源：郑商所

### （三）波动率策略

波动率用于度量资产所提供给收益的不确定性，如果投资者认为未来这种不确定性会增强，则可以通过买入看涨期权的同时买入同样数量、行权价、到期期限的看跌期权，构建跨式组合做多波动率，在期权到期时，如果标的期货价格接近于期权的执行价，组合亏损，但期货在任何方向都有足够大的变动幅度，组合会有盈利，具体收益情景分析见表4－5。

**表4－5　　买入跨式组合期权损益**

| 期货价格 | 看涨期权损益 | 看跌期权损益 | 买入跨式组合损益 |
|---|---|---|---|
| $S_T \leqslant K$ | 0 | $K - S_T$ | $K - S_T$ |
| $S_T > K1$ | $S_T - K$ | 0 | $S_T - K$ |

如果投资者对于标的资产反向没有明确的判断，同时认为价格围绕区间震荡，可以反向构建跨式组合，即卖出看涨期权的同时卖出同样数量、行权

价、到期期限的看跌期权，做空波动率，组合损益与买入跨式组合相反。

## 七、期权套期保值的方式和策略有哪些？

期货套期保值的优势在于直观、简单且风险管理难度比较低。期权的套期保值方式与期货基本一致，但期权具有收益不对称性、杠杆不确定性以及策略多样性等特点，其中突出优势即期权套保没有增加保证金的风险，在买入期权套保中，由于期权权利金的设置，无论后市标的资产价格如何变动，套保者最大损失即为固定权利金，没有交易所的追加保证金的要求。另外，期权交易潜在的收益是无限的。

产业客户参与期权套期保值可以结合现货经营及期货头寸，通过买入、卖出期权进行组合管理：一是直接利用期权为现货库存进行套保，对冲价格风险；二是利用期权为期货持仓进行套期保值，规避期货部分的波动风险。

运用期权的套期保值方式见表 4－6。

**表 4－6　　期权基础套期保值方式**

| 策略 | 担心价格上涨 | 担心价格下跌 |
|---|---|---|
| 保护性保值策略 | 买入看涨期权 | 买入看跌期权 |
| 备兑期权保值策略 | 卖出看跌期权 | 卖出看涨期权 |
| 双限期权保值策略 | 买入看涨并卖出看跌期权 | 买入看跌并卖出看涨期权 |

以上几种套保方式的运用场景不同，对于担心价格下跌的企业来说，如果预计未来价格大幅下跌可以买入看跌期权对冲风险；如果预计未来价格波动小，下跌空间不大，可以采用卖出看涨期权的备兑期权策略，收取保证金或者采用熊市价差策略对冲预期下跌价格区间内的损失；双限期权保值方式实际上是通过期权组合锁定了价格范围，最大损失盈利及损失都是固定的，其优点在于运行成本低，既能规避价格不利变动的风险，又能保留一定的获利潜能。

### (一) 保护性期权保值策略

保护性看涨期权：持有空头头寸，担心未来价格上行，遂买入看涨期权规避价格大幅上涨的风险，同时保留价格下跌的收益。

保护性看跌期权：持有多头头寸，担心未来价格下跌，遂买入看跌期权规避价格大幅下跌的风险，同时保留价格上涨的收益。

### (二) 备兑期权保值策略

假设客户持有甲醇多头头寸，预计未来甲醇价格小幅波动，价格不会涨超过 2700 元/吨，可以通过在期权市场上卖出行权价为 2700 元/吨的看涨期权（Short：MA109 - C - 2700）备兑开仓对冲风险。

反之，若客户持有甲醇空头头寸，预计未来价格不会跌超过 2100 元/吨，可以通过在期权市场上卖出行权价为 2100 元/吨的看跌期权（Short：MA109 - P - 2100）备兑开仓对冲风险。

接下来以卖出看涨期权的备兑开仓方式举例见表 4 - 7。

**表 4 - 7 备兑期权保值策略要素**

| 合约要素 | 内容 |
| --- | --- |
| 类型 | 看涨期权 |
| 标的合约 | MA109 - C - 2700 |
| 行权价 | 2700 元/吨 |
| 期权期限 | 1 月 |
| 假设权利金 | C 元/吨 |
| 承做数量 | X 吨 |

若到期日价格未超过 2700 元/吨，企业赚取全部权利金；若到期日价格超过 2700 + C 元/吨，则该期权将出现亏损。假设当前现货价格为 2400 元/吨，则现货与期权的投资组合权益见表 4 - 8。

表 4-8 备兑保值策略损益

| 投资组合 | 当前权益 | 到期不同价格水平下组合权益 | | |
|---|---|---|---|---|
| | | $S>2700$ | $2700 \geq S > 2700-C$ | $S \leq 2700-C$ |
| 现货损益 | 0 | $S-2400$ | $S-2400$ | $S-2400$ |
| 卖出看涨期权损益 | $C$ | $2700-S+C$ | $C$ | $C$ |
| 组合损益 | $C$ | $300+C$ | $S-2400-C$ | $S-2400-C$ |

此策略的关键在于，巧妙设置行权价的高低，因为如果将看涨期权的行权价设置的更高，虽然可以面临更低的风险，但是收益就会相应减少，究其原因是对于看涨期权而言，行权价越高，到期行权的概率也就越低，因此权利金相应也会减少，同时能够对冲现货价格下跌幅度同样也相应减少。

### （三）双限期权保值策略

（1）倘若客户持有甲醇多头头寸，且认为未来一个月甲醇将面临幅度比较大的下跌风险，则可以单边买入一个看跌期权，付出权利金，同时为了降低权利金的支出，卖出较高行权价的看涨期权，利用收取的权利金去对冲买入期权所付出的权利金。

也就是说，买入一个看跌期权的同时嵌套卖出一个看涨期权，这样可以把价格锁定在一定的区间之内，如果到期日前价格在这个区间内波动，那么无论价格涨跌对期权损益来说都是无关紧要的。

（2）假设客户持有甲醇空头头寸，且认为未来一个月甲醇将面临幅度比较大的上涨风险，可以在买入一个看涨期权的同时嵌套卖出一个看跌期权。

下面以多头双限组合举例：

如果预计未来一个月甲醇价格将跳出 2400—2700 元/吨区间之外，那么通过买入行权价为 2400 元/吨的一个月的看跌期权，同时卖出行权价为 2700 元/吨的为期一个月的看涨期权，组成双限期权策略组合（见表 4-9 和表 4-10）。

表 4-9 双限期权保值策略要素

| 合约要素 | 买入 | 卖出 |
|---|---|---|
| 类型 | 看跌期权 | 看涨期权 |
| 期权代码 | MA109-P-2400 | MA109-C-2700 |
| 行权价 | 2400 | 2700 |
| 起止时间 | 1月 | 1月 |
| 权利金 | P元/吨 | C元/吨 |
| 承做数量 | 20000吨 | 20000吨 |

表 4-10 双限期权保值策略损益表

| 投资组合 | 当前权益 | 到期不同价格水平下组合权益 | | |
|---|---|---|---|---|
| | | $S>2700$ | $2700\geqslant S>2400$ | $S\leqslant 2400$ |
| 现货损益 | 0 | $S-2550$ | $S-2550$ | $S-2550$ |
| 买入看跌期权损益 | $-P$ | $-P$ | $-P$ | $2400-S-P$ |
| 卖出看涨期权损益 | $C$ | $2700-S+C$ | $C$ | $C$ |
| 组合损益 | $C-P$ | $150+C-P$ | $S-P+C-4950$ | $-150+C-P$ |

利用双限期权策略进行套期保值，未来的最大收益以及最大损失都是固定的，虽然放弃了无限收益的可能，但同时也降低了成本支出，甚至能够做到零成本。

## 自测题

1. 什么是保护性看跌期权？什么样的看涨期权头寸能等价于保护性看跌期权？

2. 解释熊市价差的两种构造方式？

3. 假设投资者认为甲醇期货价格将有较大的波动但方向并不确定，请给投资者提供两种不同的期权策略。

4. 跨式组合与宽跨式组合的差别是什么？

5. 在一个宽跨式组合中，如果看跌期权的执行价格高于看涨期权的执行价格，结构会怎么样？

6. 假设执行价格为2000元/吨和2500元/吨的看跌期权成本分别为40元/吨和70元/吨，怎样利用该看跌期权构建牛市价差？

7. 假设执行价格为2000元/吨和2500元/吨的看跌期权成本分别为40元/吨和70元/吨，怎样利用该看跌期权构建熊市价差？

8. 假如一个6个月到期，执行价格为2300元/吨的甲醇看跌期权价格为100元/吨，假设期权被一直持有到到期日。在什么情况下期权卖出方会盈利，在什么情况下期权会被行权？

9. 现在是5月份，某交易员卖出了一个9月份到期的甲醇看涨期权，其执行价格为3000元/吨，甲醇期货价格为2800元/吨，期权价格为20元/吨。若交易员一直持有此期权至到期，届时甲醇期货价格为3500元/吨，讨论交易员的现金流状况。

10. 某投资者持有5个单位的Delta＝0.8的看涨期权和4个单位的Delta＝－0.5的看跌期权，期权的标的相同。若预期标的资产价格下跌，该投资者持有组合是否面临价格波动风险？该投资者如何对冲此风险？

## 参考答案

1. 答：一个保护性看跌期权包括一个看跌期权的长头寸及标的期货长头寸本身。它等价于一个看涨期权长头寸与一定数量资金的组合。根据看跌—看涨平价关系式：$p+S_0=c+Ke^{-rT}+D$。

2. 答：熊市差价可用两个期限相同执行价格不同的看涨期权构造。投资者卖出较低执行价格的看涨期权，同时买入更高执行价格的看涨期权。熊市差价也可以由两个期限相同执行价格不同的看跌期权构成。这时投资者卖出较低执行价格的看跌期权同时买入更高执行价格的看跌期权。

3. 答：跨式组合、宽跨式组合。

4. 答：二者可通过结合看涨期权的多头头寸和看跌期权的多头头寸构建。在跨式组合中，两个期权具有相同的执行价格和到期日；而在宽跨式组合中，期权具有相同的到期日和不同的执行价格。

5. 答：相比于看涨期权执行价格高于看跌期权的执行价格，上述组合的初始投入更高，但利润模式十分相似。

6. 答：牛市价差可通过买入执行价格为 2000 元/吨看跌期权，同时卖出执行价格为 2500 元/吨的看跌期权，此策略将有 30 元/吨的期初现金流入。

7. 答：熊市价差可通过卖空执行价格为 2000 元/吨看跌期权，同时买入执行价格为 2500 元/吨的看跌期权，此策略将有 30 元/吨的期初投入。

8. 答：忽略资金的时间价值，如果 6 月份甲醇期货的价格高于 2200 元/吨，期权的卖出者就会获利，因为在这种情况下，期权短头寸方的损失低于他卖出期权获得的期权价格。当甲醇期货价格在期权到期低于 2300 元/吨时，期权就会被执行。但如果甲醇价格在 2200—2300 元/吨之间，期权的卖出方也会获利。

9. 答：交易员在 5 月份获得了 20 元/吨的现金收入，即出售期权的现金收入。由于期权被执行，交易员在 9 月份有 500 元/吨的现金流出，即在 9 月份以 3500 元/吨每吨的价格买入甲醇期货并以 3000 元/吨的价格卖给期权购买者的价差损失。

10. 答：该组合的 $Delta = 5 \times 0.8 + 4 \times (-0.5) = 2$；因此，资产下跌将导致组合的价值下跌。解决方案有：

①再购入 4 单位 $Delta = -0.5$ 相同标的的看跌期权。

②卖空两单位标的资产。

# 第五章

# 甲醇价格的主要影响因素

**本章要点**

了解影响甲醇价格的主要因素是参与甲醇期货的重要环节。本章对影响甲醇价格的主要因素作出详细分析，具体回答了哪些因素、以什么样的方式和程度对甲醇价格产生影响。

## 一、甲醇价格历史走势情况如何？

基于甲醇历史价格可知，甲醇价格呈现趋势性强、价格波动大的特点，并与 MTO 工业的景气度高度相关。因此，可以将甲醇上市之后的价格分成 10 个区间进行分析（见图 5－1）。

（1）从 2012 年开始到 2014 年 9 月，华东沿海 MTO 开始投产，甲醇新

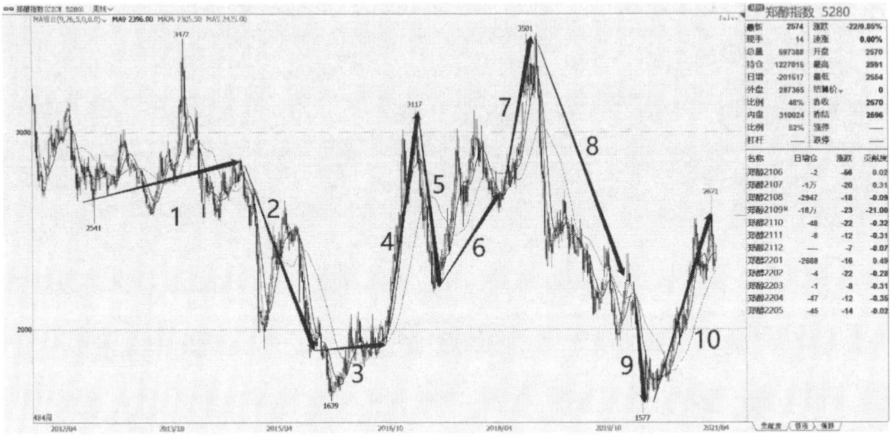


**图 5－1　甲醇上市后走势回顾**

的需求边际出现，甲醇价格反复震荡走强。

（2）从 2014 年 9 月到 2015 年 9 月，由于油价暴跌，油头制烯烃成本快速下降，MTO 经济性丧失，甲醇价格下行。

（3）2015 年 9 月到 2016 年 10 月，油价虽然回升，但外盘甲醇大规模投产，导致甲醇仅为弱反弹。

（4）2016 年 10 月到 2017 年 2 月，供给侧改革配合塑料需求大增，MTO 重新成为边际，甲醇价格跟随下游大涨。

（5）2017 年 2 月到 2017 年 5 月，境内甲醇和 MTO 开始逐步投产并挤出沿海 MTO，沿海甲醇与 MTO 脱钩，甲醇价格下跌。

（6）2017 年 5 月到 2018 年 4 月，油价回升，油头塑料成本抬升，沿海 MTO 经济性回归，再度成为边际装置，甲醇价格上涨。

（7）2018 年 4 月到 2018 年 10 月，民用煤改气导致气荒，内陆甲醇供应减少，甲醇价格上涨。

（8）2018 年 10 月到 2020 年 2 月，外围大规模气头塑料投产，绕过了甲醇环节，油价下跌，沿海 MTO 彻底出局，导致甲醇价格下跌。

（9）2020 年 2 月到 2020 年 5 月，新冠肺炎疫情导致全行业需求断崖，叠加油价大幅受挫，甲醇价格下跌。

（10）2020 年 5 月至今，国内疫情开始好转，国外疫情严重，海外医护用品需求加大的同时海外装置由于疫情部分停产，国内聚烯烃需求旺盛，MTO 经济性回归，甲醇价格大涨。

**延伸阅读**

## 如何从供需与成本两方面来分析甲醇价格

（一）供求关系分析的逻辑

供求关系的变化对甲醇价格的走势有着直接的影响。供求关系本身有三种状态：第一种是供给大于需求；第二种是供给小于需求；第三种是供给与需求基本平衡。第三种状态的价格，被称为均衡价格，这个时候市场供求平衡。但实际上，市场供求不均衡是一种常态，而均衡反而是偶然的情况。这里需要了解影响供求变化的因素。

甲醇市场的供求情况是一个存量的数据，而供求关系的变化，则是一个流量的数据。供求关系的变化有四种形式：供给增加，同时需求也增加；供给增加而需求减少；供给减少，但是需求增加；供给减少，同时需求也减少。在假定其他因素不变的情况下，通常来说，供给增加而需求减少，会导致甲醇价格下降；供给减少而需求增加，会导致甲醇价格上涨。在供求变化方向相同的情况下，需要具体地分析供给和需求变动的比例。如果供给增长的比例大于需求增长的比例，甲醇价格还是会下跌的。反之，就会上涨。另外，需要考虑的是，如果供给和需求是同比例同方向变化，价格变动如何确定。从理论上讲，这个时候甲醇价格不会有变化，但实际上，如果产量是增加的实际上需求也比较好，甲醇价格往往会有所上涨；反之，如果产量是下降的实际上需求也比较差，价格也往往会有所下降。

需要注意的是，上述仅是一个静态分析，即假定市场需求情况已知，进而预测甲醇市场价格走势。现实中，供求关系和价格是相互影响的，是动态变化的。如在时间 $t_1$，如果供给大于需求，市场会形成价格下跌的预期，则该产品价格一般就会先期地下跌，而现货有可能没有太大变化。而到了时间点 $t_2$，现货市场价格下降，根据需求原理，多数商品价格下跌之后会刺激需求的增长，那么在短期供给不变的情况下，又会形成一个价格上涨的预期。由此可知，价格本身的变化也会影响供求关系的变动，价格和供求关系之间会发生一个系统的反馈，导致市场价格不会偏离均衡价格过大。

另外，投资者需要注意：甲醇产能过剩不等于市场上实际的供给大于需求，而这涉及开工率问题。一般而言，开工率和甲醇价格是正相关的，但是每年也有诸如设备检修等因素造成部分生产线停车，使得开工率下降，导致产量也会下降，影响到一定时间段内的供求关系情况，进而对甲醇价格的走势形成冲击。

1. 供给分析逻辑

通常来讲，供给量 = 生产量 + 进口量 + 期初库存，其中进口量数据较好获得，期初库存也会反映在已有的价格里，因此影响未来供给变化的主要是当期生产量及潜在产量。甲醇作为工业品，最终生产量取决于相关产能规模、生产企业生产意愿以及可能打扰或加速生产进度的突发因素。根据此思路，可能影响甲醇生产量的因素主要有：甲醇企业的数量及产能、产能利用率、生产成本、生产企业对未来价格的预期、主产国对相关生产企业的产业政策、贸易政策，等等。

(1) 前期应该了解什么知识？

世界甲醇产能和分布状况如何？产能利用率状况如何？需求量状况如何？生产成本情况如何？

(2) 短期产量有多大？

目前利润如何？生产积极性如何？开工率如何？进出口如何？

(3) 有新的供应资源吗？

新增产能分布在哪里？项目进展如何？新供应预计何时可以进入市场？会增产多少甲醇？

2. 需求分析逻辑

在分析需求前，先要了解甲醇的主要用途及与之紧密相关的下游消费行业。从中短期来讲，下游消费需求如何？国内外经济前景怎样？从长期来讲，有什么新的技术进步或产业可能会用到甲醇，而以前不存在这种需要？这种新增需求会有多大？社会库存需求是在上升还是下降

（去库存和再库存）？因为实际在牛市上涨期或流动性充足通胀预期高时，社会一般会提高备库水平，即增加库存需求，这些需求虽然不会实质性增加消费，但对阶段性供需会产生影响。

中短期需求关注相关下游行业数据及宏观经济指标。甲醇消费主要取决于下游行业的发展，下游消费领域最重要的是甲醇制烯烃，其余包括甲醛、二甲醚、甲醇汽油等行业，这些行业与宏观经济紧密相关，因此通过对各个消费行业指标（如国内外主要消费品的产量）及宏观经济指标的分析可以大致判断甲醇消费增长的变化。这些指标具体来讲主要包括：GDP 增长率、OECD 领先指标、制造业采购经理人指数 PMI、消费行业数据等。如制造业采购经理人指数 PMI 是较好的工业扩张与衰退的中短期指标，一般以 50 作为工业增长与衰退的临界状态；OECD 领先指标通常是用来预期领先六个月的工业生产变化。

另外，通过计算跟踪表观消费量可以辅助判断消费变化情况。表观消费量是相对于实际消费量的一个概念，一般是指国内产量加上净进口量。因为这其中没有考虑库存的变化，所以只能近似地作为辅助判断，期货市场通常会把同期显性库存的变化数量考虑在内。那么误差就在隐性库存上，可以通过产业链库存调研数据加以推测。如果表观消费量与实际相关下游生产变化比率出现较大反差，就可以反推市场隐性库存情况。

长期需求关注消费结构的变化。消费结构方面，随着世界化学工业的发展，近年来国内外都在大力开发甲醇产品的新用途，尤其甲醇用作石油替代燃料、甲醇燃料电池以及甲醇制烯烃等技术的研究成功，为甲醇开拓出更广阔的应用市场，市场对甲醇需求使价格出现上涨的倾向。

（二）供需与成本是如何影响甲醇价格的？

对于甲醇价格来讲，一方面由于其成本的高低来决定，另一方面也受着供求关系的制约。两者对甲醇价格的影响一般会有以下几种情况出现：

（1）当成本无变化时，供求关系将成为价格的主导因素，供大于求时价格会下跌；供不应求时价格会上涨。

(2) 当供求关系相对稳定时，成本上升时价格会上涨；成本下降时价格会下跌。

(3) 当成本和供求关系同时发生变化时：

①当成本上升同时供应紧张，两者对价格都会产生向上的拉动力量，这时往往会有大的大涨行情出现，大涨之牛市即将来临；

②当成本下降同时供过于求时，两者对价格都产生向下的压力，其合力向下往往会有大跌行情出现，大跌之熊市即将来临；

③当成本上升而自身又供过于求或成本下降又供不应求时，两者对价格产生的是相反的作用，此时价格的发展方向要取决于合力的方向，此时合力的方向又要由成本及供求关系两者各自对价格作用的大小来决定，当合力为零时价格表现会相当稳定。

如果产品供过于求，上游原材料价格上涨产品成本处于上升状态时，则产品价格总方向以下跌的可能性较大，但在一定程度上会受到成本的支撑，产品价格中短期位于产品变动成本之上，宜谨慎看空。

如果产品供不应求，上游原材料价格下跌产品成本处于下降状态时，则产品价格总方向以上升的可能性较大，但因成本下降会遭遇潜在市场进入者的威胁，并以增加供应量，从而对价格会有下拉作用，宜谨慎看多。

上述几种市场结构中，C 的①和②的情况是最容易判断，也是最应把握的大趋势的形成条件。

## 二、影响甲醇价格变化的主要因素有哪些？

影响甲醇价格主要因素有很多，大体可以归为宏观面和基本面两大要素：宏观面要素主要指宏观经济形势，政府出台的一系列货币政策、财政政策等的影响；基本面要素主要包括国家政策、国际能源价格、生产成本、运输成本、国内外新增产能、大型装置开工率、下游需求、进出口状况、库存状况、国内外价格联动程度、天气因素等。

对于甲醇来说，作为工业品其消费易受宏观经济环境影响，其产业链又非常长，因此影响甲醇供需的因素就非常繁杂。甲醇期货作为衍生品，其价格不仅受现货供求及金融货币因素影响，还会受到其他如市场心理及投机资金运作等因素的影响。市场心理通常对价格主要起到助涨助跌的作用。利率、汇率等货币因素因为会影响标价货币的升贬值，从而影响商品价格的高低，但这种影响相对供需对价格的影响一般有限，除非发生恶性通胀或相关货币巨幅升贬值等小概率事件。至于市场心理因素，它对价格的影响更多表现在短期波动上。

## 三、宏观经济对甲醇价格有何影响?

甲醇作为重要的基础有机化工原料，在国民经济中具有广泛的应用，宏观经济的走势，必然影响市场对甲醇的需求，进而对甲醇的价格水平产生影响。如 2003—2010 年我国 GDP 一直保持在 9% 以上的增长率，随着我国经济的持续、快速、健康发展，甲醇的传统消费市场如甲醛、醋酸等随之也迅速扩大。与此同时，国内对二甲醚掺烧液化气的推动，对甲醇燃料汽油的提倡，又为甲醇开拓了广阔的新兴消费市场，为甲醇产业提供了进一步发展的良好机遇。因此，宏观经济的持续向好，必然引发对甲醇需求的增加，对其价格的上涨是一种基础性的拉动。又如，在 2020 年新冠肺炎疫情初期，各国宏观经济基本处于停滞甚至负增长阶段，宏观需求断崖式走弱，甲醇价格也出现了大幅度下跌。

## 四、国家政策对甲醇价格有何影响?

### (一) 产业政策

我国资源禀赋的特点是富煤、贫油、少气。随着当今世界石油资源的日益减少和甲醇生产规模大型化的实现，用甲醇作为替代能源已经成为一种趋势。甲醇替代的目标主要是：甲醇制二甲醚替代民用液化石油气和柴油；甲醇制烯烃替代化工原料用油；甲醇车用燃料代替汽油。

为了保障能源安全，国家鼓励发展替代能源，并出台了相关的鼓励政策。国家发改委编制的《煤化工产业中长期发展规划》对煤制甲醇替代能源的发展进行了规划布局。

### (二) 货币政策

货币政策是指中央银行为实现既定的经济目标（稳定物价，促进经济增长，实现充分就业和平衡国际收支）运用各种工具调节货币供给和利率，进而影响宏观经济的方针和措施的总和。货币政策对甲醇价格的影响一方面体现为市场流动性的变化导致价格的变动，另一方面表现为货币政策对宏观经济的影响进而对商品价格产生的影响。

货币政策对甲醇价格走势的影响要结合货币政策实行所存在的经济环境背景。当经济处于复苏和快速膨胀状态时，宽松的货币政策会加速甲醇价格上涨，紧缩的货币政策则会抑制甲醇价格的上涨；当经济处于回落和恶化阶段时，紧缩的政策会加剧经济的恶化，导致甲醇价格快速回落，宽松的货币政策则减缓甲醇价格回落，但往往改变不了下落的趋势。

延伸阅读

## “十四五”甲醇行业发展政策

“十四五”时期我国甲醇行业面对复杂多变的国内外环境，为推动甲醇行业“十四五”高质量发展，必须立足新发展阶段、贯彻新发展理念、构建新发展格局，集中精力、扎扎实实做好四项重点工作。

（一）稳步推进结构调整和产业升级

重点在于做好供给侧改革的加减法。在产业布局方面，一要继续开展去产能工作，加快老旧、落后产能退出或置换，提高产能有效供给水平。二要统筹供需，优化组合。充分考虑地区资源、环境、市场条件，合理布局新建项目。鼓励企业整合有利条件，发挥园区化、集约化优势。特别是在当前能源消费总量和强度双控要求不断提高的情况下，未来审批、实施新建项目难度将进一步加大。在原料结构方面，鼓励多元化发展。进一步拓展原料煤品种，如褐煤、高硫煤等低质煤，同时积极发展尾气综合利用，如焦炉尾气、矿热尾气等，还要积极尝试可再生资源制备甲醇路径，为实现碳中和目标探索可行性。

（二）加快实施创新驱动发展战略

全面启动核心技术攻坚战，进一步提升自主创新能力，尽快突破核心关键技术。在煤气化方面，提高煤种的适应性、煤气化效率、装置可靠性、气化炉单炉生产能力、能量高效转化与回收利用、降低污染物排放量等；在净化合成方面，提升气体净化技术和大型甲醇合成关键技术的国产化率及催化剂的高效性和稳定性；在机泵方面，提高大型空分压缩机、关键泵阀等装备国产化水平；在产品结构方面，立足合成气化学和能源、资源充分利用，着力开发高技术含量、高市场需求、高附加值的产品，实现产业链现代化；在数字化发展方面，加强关键数字技术创新应用与产业全方位融合，协同推动数字产业化和产业数字化转型；在创新体系建设方面，强化企业创新主体地位，健全产学研一体化创新机制。要加快关键核心技术成果转移、转化，实现创新链与产业链精准对接；在人才激励方面，落实和完善创新激励政策，注重创新人才和团队培养，严格保护知识产权和创新者合法权益。

（三）切实践行绿色发展战略

严守安全环保底线，是落实绿色发展基础保障。要进一步树立“安全第一”的安全理念和红线意识，推动企业切实落实主体责任，通过制定标准、加强监测、规范管理、强化培训等提升企业安全管理水平。同时，要紧紧围绕行业普遍存在的环保难题，如危险废物、废水、挥发性有机物等治理和处置问题，积极探索科学有效的解决途径。“双碳目标”的提出，对甲醇行业是一个极大的挑战。要充分认识清洁低碳的迫切性，处理好发展与减排、整体与局部、短期和中长期的关系。要全力先从节能减排入手，鼓励先进节能、环保、低碳技术和数字化、智能化集成优化技术的运用，实现源头控制、过程清洁和末端治理并重。要依靠以碳排放、能耗总量、污染物排放为依据的约束机制以及排污权、用能权、用水权、碳排放权市场化手段，推动行业清洁低碳发展。要具有战略性眼光，从替代能源开发上入手，积极探索新能源和可再生能源与现有产业的结合。

目前，我国已有初步尝试的项目，如甘肃建设了年产1000吨的太阳能制氢和二氧化碳加氢制甲醇工业化示范项目。宁夏宝丰建设了太阳能电解制氢示范项目，氢气将与现有煤化工装置耦合，致力于甲醇生产过程的降本增效和节能减排。从长远来看，随着清洁能源的成本不断降低，以及二氧化碳加氢制甲醇技术的工业化，甲醇行业将会实现转型生产，以适应碳中和的远景目标。

四是积极构建国内国际双循环体系。在开放经济条件下，内需的形成和有效供给要与国际产业链、供应链保持畅通。对国内而言，要充分挖掘内需市场潜力，上下游协同发展，促进传统下游产业链升级改造和新兴下游的应用范围进一步推广。如要加强甲醇在化工新材料、新能源、生物医药以及高端专用化学品等新兴产业领域的应用开发和推广使用，同时甲醇燃料在动力燃烧和热力燃料领域的市场空间还非常大，要继续下大力气推进甲醇汽车、锅炉、炉窑、灶用醇基燃料的应用推广工作。对国际而言，一是要发挥我国现代煤化工发展优势，与国外资源优势相结合，通过技术装备、工程建设、投资融资等领域的“走出去”，构建国内国际双循环体系；二是要学习借鉴国际先进技术和经验，增强进出口贸易的应对能力，维护行业自身利益，提高国际市场话语权。

## 五、国际能源价格如何影响甲醇价格?

天然气是国际甲醇生产的主要原料，天然气价格的波动必将影响国际甲醇价格的波动。原油是与天然气、煤炭并列的基础性能源，是国际能源价格变动的风向标，而天然气、煤炭均是甲醇的重要原料，因而油价的变动及传导对甲醇价格也有着重要影响。

### （一）天然气价格对甲醇价格的影响

除我国以外，世界上 80% 以上的甲醇基本上是用天然气作原料，因此天然气价格的波动必将影响国际甲醇价格的波动。2008 年，国际天然气价格出现了大幅上涨，以美国 HenryHub 的天然气价格为例，2007 年年底为 7.16 美元/百万英热单位，2008 年 5 月底的价格达到了 11.31 美元/百万英热单位，上涨了 57.9%。受成本推动的影响，国际甲醇价格持续上涨，也带动了国内甲醇价格出现了大幅上涨。2009 年，国际天然气价格维持低价位徘徊，以美国 HenryHub 的天然气价格为例，3—7 月份的天然气价格分别为 3.95 美元/百万英热单位、3.52 美元/百万英热单位、3.74 美元/百万英热单位、3.96 美元/百万英热单位。这带动了国际和国内甲醇价格的大幅回落。

### （二）原油价格对甲醇价格的影响

原油不生产甲醇，但是原油对于甲醇价格的影响也非常显著。原油价格作用到甲醇价格的路径主要有两种：一是通过聚烯烃价格作为桥梁，由于原油与甲醇都可以生产烯烃，因此烯烃价格的涨落导致不同途径之间利润相互竞争，从而原油价格可以通过聚烯烃价格作为桥梁，作用到甲醇价格上。二是通过热值作为桥梁，由于原油与甲醇都可以燃烧取热，那么单位热值对应的相对价格涨落就可以将原油价格涨落传导至甲醇价格。

1998 年到 1999 年国际油价较低，因而甲醇价位也较低，从 2000 年起因国际油价上扬，甲醇价格也随之走高，油价居高不下，且不断上扬，导致甲醇价格也难以下调。而 2008 年国际油价大幅回调后，国际和国内甲醇价格也随之纷纷回落。近年来，随着油价高位盘整，甲醇价格波动也较大。

而在 2020 年新冠肺炎疫情的影响下，原油价格一度出现负油价，甲醇价格也随之创出了上市以来的新低价格。

### （三）煤炭价格对甲醇价格的影响

从原料分布情况来看，我国甲醇仍然以煤制甲醇居多，2020 年我国煤制甲醇产能 7048 万吨，占全年总产能的 76.81%，主要分布在西北地区、山东地区、华东地区、华中地区等地，其中西北地区规模最大。从生产企业产能规模分析来看：目前我国整个甲醇行业集团化、大型化发展趋势仍较明显。我国甲醇产能大于 100 万吨的企业约 24 家，产能约占比全国总产能的 1/2，其中 22 家的主要生产路径都是煤制甲醇，如宝丰、中天合创、神华、中煤、延长等企业；若根据集团总产能数值统计，产能大于 200 万吨的企业有 8 家，全部为煤质甲醇，按产能从大到小依次排序分别为：神华集团、晋煤集团、延长集团、兖矿集团（含山东省、内蒙古自治区、新疆维吾尔自治区、陕西省装置）、宁夏宝丰能源（部分焦炉气）、河南能源、中煤能源、新奥集团，较 2019 年新增宁夏宝丰集团 1 家。

2016—2018 年我国煤制甲醇企业盈利情况表现较好，多数时段处于盈利状态，且盈利情况相对较好。2017 年四季度至 2018 年煤制甲醇企业盈利情况和前面的气制企业盈利表现一致，均处于高盈利状态，与此阶段内甲醇价格走高密不可分。进入 2019 年，受甲醇供需面矛盾影响，甲醇价格中枢呈现下移，并且随着国内环保形势的严峻，煤炭价格居高不下，所以导致煤制甲醇利润大幅收缩，2019 年煤制甲醇企业日均盈利 54 元/吨，较 2018 年 695 元/吨大幅缩水 641 元/吨。

2020 年受新冠肺炎疫情影响，国内甲醇市场受打击严重，市场需求相对萎缩，甲醇价格连续下滑，多次创 2014 年来新低，也导致企业利润亏损严重，2020 年 1—10 月份西北煤制甲醇企业日均亏损在 104 元/吨左右，较 2019 年同期的盈利 59 元/吨，日均亏损加大 163 元/吨，整体压力较大，也加剧了部分落后产能的淘汰。2020 年中内蒙古倒查 20 年煤炭领域违规违法，部分煤矿被迫停工，开工走低下，煤炭价格走高，导致企业成本加大，甲醇价格走低，煤质甲醇利润亏损表现更加严重。9 月之后甲醇价格反弹走高，但受制煤矿整体开工低及后续用量增大影响，原料煤炭价格居高难下，煤制甲醇生产成本相对偏高，虽甲醇价格有反弹，但企业依旧多处于成本线下方运行。进入 11 月，甲醇价格继续反弹，现煤制甲醇企业由亏转盈，但盈利依旧表现微薄。

**延伸阅读**

## 甲醇不同生产工艺的成本比较

（一）煤炭

生产一吨甲醇所消耗的原料煤与所采用的气化工艺、煤质及企业的生产、技术管理水平都有很大的关系。表 5－1 显示了在不同的原煤价格水平下的甲醇的制造成本及完全成本。

**表 5－1　煤制甲醇成本**　单位：元/吨

| 原煤价格 | 300 | 600 | 900 | 1200 | 1500 | 1800 | 2100 | 2400 |
|---|---|---|---|---|---|---|---|---|
| 甲醇制造成本 | 634.2 | 1012.2 | 1390.2 | 1768.2 | 2146.2 | 2524.2 | 2902.2 | 3280.2 |
| 甲醇完全成本 | 1334.2 | 1712.2 | 2090.2 | 2468.2 | 2846.2 | 3224.2 | 3602.2 | 3980.2 |

煤炭作为我国甲醇的重要生产原料，其价格涨跌对甲醇的价格涨跌有直接影响，图 5－2 显示了近年来秦皇岛大同优混（5500 大卡）与华东

地区甲醇平均价的关系。总体而言，随着煤价的上涨，甲醇价格也随之上涨；反之亦然。

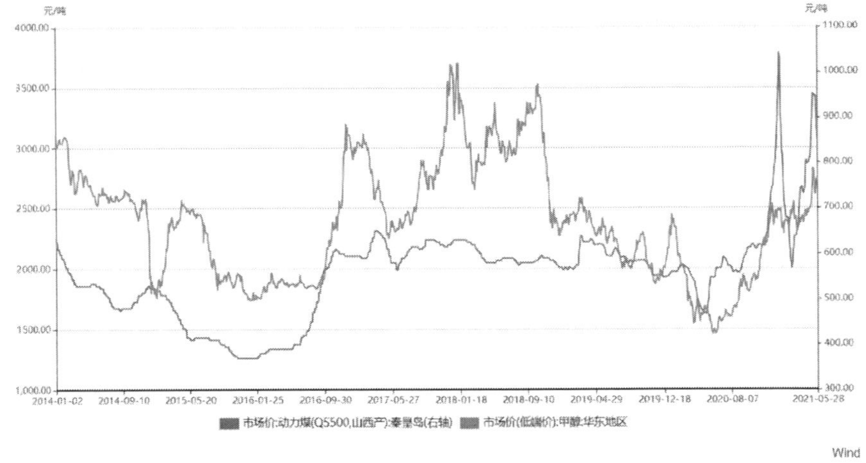


**图 5－2　甲醇价格与动力煤价格比较**

资料来源：**Wind**

（二）天然气

生产甲醇所消耗的天然气与生产工艺、天然气纯度及企业的生产技术管理水平有很大关系，表 5－2 显示了在不同的天然气价格水平下甲醇的制造成本及完全成本。

**表 5－2　　天然气制甲醇成本**

| 天然气价格（元/立方米） | 1.5 | 2 | 2.5 | 3 | 3.5 |
|---|---|---|---|---|---|
| 制造成本（元/吨） | 1575 | 2100 | 2625 | 3150 | 3675 |
| 完全成本（元/吨） | 1975 | 2500 | 3025 | 3550 | 4075 |

注：天然气单耗 1050 立方米，加工费等 400 元/吨。

## 六、国内外新增产能及甲醇装置的开工状况如何影响甲醇价格?

2016—2020年全球甲醇产能呈现逐年增长趋势，高速扩张的状态，2018—2020年三年产能增速极为明显，在这三年中，我国华东港口甲醇库存长期维持高位，甲醇价格也是一路下行，最终由于2020年新冠肺炎疫情的刺激，从2018年最高3500元/吨价格下跌到2020年最低1575元/吨的价格，价格几乎腰斩。

得益于丰富煤炭和天然气资源，全球新增产能仍集中在中国、中东和美洲区域，但受制于效益下降、全球公共卫生事件等影响，全球2020整体新增甲醇产能实际投产时间多晚于预期。2020年全球甲醇产能达到了15826.1万吨，2016—2020年全球甲醇产能的年均复合增长率在5.27%，环比2015—2019年的复合增长率继续下降，而随着2021年国内国外新增产能持续释放，2021年全球产能继续增长，2017—2021年全球甲醇产能的复合增长率或将保持在5%—6%左右。

除了新增产能影响供给之外，甲醇装置开工也会影响甲醇供应，从而影响价格。

2016—2020年以来甲醇开工先跌后涨再下跌，2017年四季度天然气供应的紧缺，导致气头企业集中停车，开工下滑；2018年随着多数企业环保设备整改到位和国家天然保供力度的加大，在甲醇价格高位、利润较好的情况下，工厂开工意愿较强，甲醇开工有所回升，进入2019年甲醇价格走低，行业利润缩减，部分前期低负荷运行企业通过提高产量来降低生产成本，部分无效产能退出市场，且年内天然气企业检修损失有限，使得整体开工负荷进一步上升，进入2020年后，受公共卫生事件影响，甲醇价格持续下滑，部分工厂开工积极性降低，因此整体开工下滑。

## 七、分析甲醇下游需求时应关注哪些因素？

分析甲醇下游需求时，需要重点关注下游甲醇制烯烃对甲醇的需求状况，甲醛、甲醇汽油、二甲醚、醋酸等行业作为辅助参考。

从下游消费结构分项来看，甲醇制烯烃仍为甲醇需求的主要驱动，占据下游消费首要位置，2020 年该下游消费占比在 52.06%，较 2019 年增加 2.76 个百分点；虽年内仅吉林康乃尔年产 30 万吨的一套 MTO 投产，然而在烯烃利润大幅修复驱动下，企业整体开工积极性较好，因此对原料甲醇消化形成较好驱动。位居第二位的是甲醇燃料（包含甲醇汽油、甲醇汽车、船用及锅炉燃料等综合燃料需求），消耗甲醇占比 14.92%，较 2019 年略有增加。位于第三位、第四位、第五位的分别是甲醛、二甲醚、醋酸，以上行业甲醇需求占比分别在 6.59%、3.76%、5.86%，受行业产能过剩弊端影响，上述部分行业年内需求占比数值均出现缩减。

从传统下游产品来看，我国甲醛行业全年开工维持在 20%—25% 水平运行，近几年环保持续加压，在“退城入园”政策驱动下，部分地区小型项目逐步淘汰，故此类下游年内消化甲醇占比萎缩至 6.59%，较 2019 年减少 1.7 个百分点；与此同时，甲醛产业“中大型”发展趋势也逐步有所体现。二甲醚产能过剩依旧，产品夹缝生存现状持续，年内该类下游需求甲醇缩量至 280 万吨；醋酸年内消化甲醇量仍保持在 400 万吨，全年企业开工整体表现较好，属甲醇下游分支中比较稳健的一类。MTBE 产能维持增长，2020 年受油价较低影响，该行业亏损状态时有发生，行业开工也较 2019 年有所下滑，当然，近几年乙醇汽油推广对汽油需求形成抑制也同样牵制了 MTBE 开工；2020 年 MTBE 消耗甲醇量在 360 万吨附近，占比缩至 4.91%。DMF 在甲醇下游需求占比率在 0.80%，虽然 2020 年行业利润较好，然而受失效产能出清、装置检修频繁影响，该下游对甲醇需求量较 2019 年有所减少。

## 八、甲醇运输成本是如何影响甲醇价格的?

我国能源基地的分布以内陆居多，运输风险加剧。因为大部分在建或拟建甲醇装置的都在蒙、陕、豫、晋等西部地区，外运到主要消费地是以铁路为主，而我国现在铁路运力相当紧张，在未来相当长的时间内运力不会有根本性提高，运费也呈现上涨趋势。同时，甲醇的特性要求使用专用槽车，空返且运力浪费，使铁路运输的紧张程度进一步加剧。这种紧张状况使内地甲醇到沿海地区的稳定性、灵活性不够，不能及时根据顾客需求进行调整。近几年，随着油价的上涨，甲醇运输费用也在逐年走高。运输成本在甲醇价格中占有很大的比重（15%—30%），因此其变化会对甲醇价格产生明显影响。

**延伸阅读**

### 国内主要地区甲醇价格及相互比较

国内甲醇市场基本上划分为以下几个区域：华东市场（江苏省、山东省、安徽省、浙江省、福建省）、华南市场（广东省）、华北市场（山西省、河北省）、华中市场（河南省、湖南省、湖北省）、东北市场、西北市场（新疆维吾尔自治区、陕西省）、西南市场（四川省、重庆市），其中以华东市场、华南市场和华北市场为主。华东地区装置能力占全国的38%左右，居国内首位，产销量也处于全国第一。

国内各个地区市场甲醇价格走势基本类似。华东地区的价格具有全国代表性，华北地区价格低，华南地区价格一般较其他区域市场高。

如果以张家港地区为基准价，则现货贸易中一般按表5－3标准收取地区差价。

**表 5-3　　现货贸易地区升贴水**　　单位：元/吨

| 省（市） | 升贴水 |
|---|---|
| 江苏省 | 0 |
| 浙江省 | 50 |
| 宁波市 | 50 |
| 河北省 | -100 |
| 河南省 | -100 |
| 湖北省 | -50 |
| 山东省 | -300 |
| 广东省 | 100 |

由图 5-3 可见，在 2016—2021 年的大部分时间内，华东地区甲醇价格要比华北地区高，两地区甲醇平均价差约为 300 元/吨，最高价差超过 800 元/吨，不过在个别月份会出现倒挂情形。

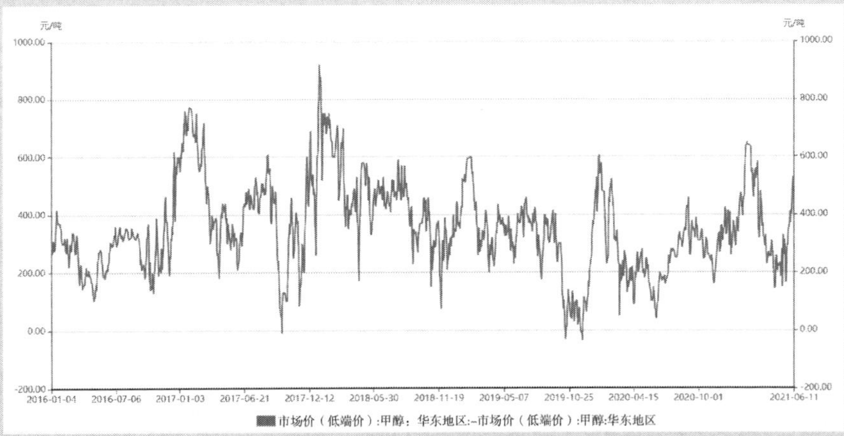


**图 5-3　2016—2021 年华东地区与华北地区甲醇平均价格差价**

由图 5-4 可见，在 2016—2021 年的大部分时间内，华南地区甲醇价格高于华北地区，仅有少数时段华北地区价格高于华南地区。两地甲醇价差均值约为 400 元/吨，最大价差超过 1000 元/吨。

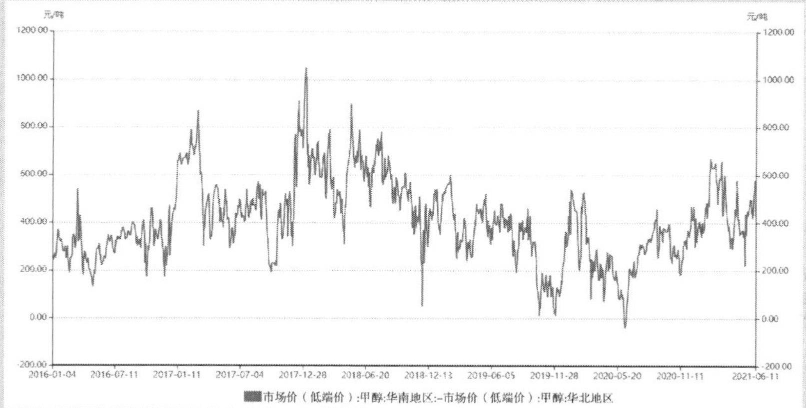


**图 5－4　2016—2021 年华南地区与华北地区甲醇平均价格差价**

华南地区与华东地区作为我国甲醇的两大消费区，其价差关系并不稳定。在图 5－5 所示的时间段内，高时，华东地区要高于华南地区 200 元/吨以上；低时，华东地区甚至低于华南地区 400 元/吨以上，反映了这两个地区甲醇价格的影响因素并不相同。华南地区受国外进口及海南建滔甲醇生产状况的影响较大，呈现出较强的区域性市场特征。这也是宁波都普特液体化工交易网在甲醇盘之外，又增挂粤甲醇盘的原因。这一情况可能会对以华东地区为基准价的甲醇期货价格的代表性以及两地之间升贴水的设置产生影响。

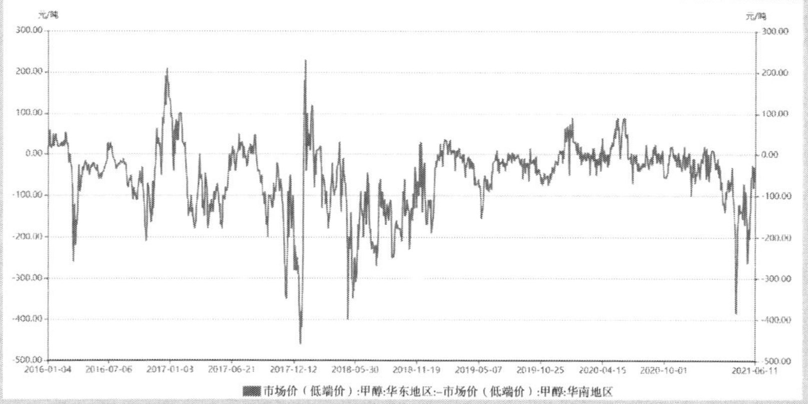


**图 5－5　2016—2021 年华东地区与华南地区甲醇平均价格差价**

## 九、甲醇进出口对行情有哪些影响？

对于进口而言，自2018年以来我国甲醇进口量突破前期700万—800万吨持续增加，2020年我国甲醇进口量继续破历史新高，全年共进口甲醇1300.6万吨，较2019年增加220余万吨，增幅19.3%，较2018年增加超550万吨，增幅76%。

2020年甲醇进口大幅增加的诱导原因主要包括：第一，2020年受新冠肺炎疫情影响，国际甲醇供需矛盾加剧尤为明显，国际甲醇需求多以甲醛及MTBE传统需求为主，年内缩量较为明显，而供应方面因有伊朗装置投产，整体产量尚可，进而导致供需矛盾增加，而我国市场则因稳定的需求量以及较好的疫情控制，使更多国际货物流入我国市场。同时，伊朗、委内瑞拉货物仍被美国制裁，两地维持对华高出口量，其中伊朗单月进口量由之前的40万—45万吨/月大幅增加至70万吨/月。第二，2020年我国甲醇内外盘呈现大幅顺挂行情，即进口甲醇报关进入我国后，更具有成本优势，而内外盘的顺挂空间使国际甲醇持续流入我国市场，亦导致了2020年我国甲醇进口量的继续增加。因此，国际供需矛盾加剧以及内外盘持续顺挂是2020年我国甲醇进口量的持续增加的主要原因，而在年内总量增加的同时，因部分阶段国际开工不同导致的各月进口量不一情况亦较为明显。

①②③2020年我国甲醇月均进口量增加至109万吨，较2019年月均进口量增加19万吨，增幅超20%，较2018年月均进口量增加49万吨，增幅高达80%。具体来看，2020年甲醇单月进口量最低值为2月的75.18万吨，2月份进口缩量一是与国际开工较低有关，二是与2月我国新冠肺炎疫情暴发导致封城有关，三是与2月工作日较少有关，而年内进口量最大值为7月的136.26万吨，较2月增加60余万吨，且该月进口量继续创单月进口量记录，较之前单月进口量增加17万吨，而进口的大幅增加则多与国家高开工以及伊朗货大幅增加有关。此外，受新冠肺炎疫情以及国际开工阶段性降低

影响，2020 年上半年进口量低于下半年进口量，上半年进口量在 597.8 万吨，月均进口量在 99 万吨；而下半年进口量则超过 700 万吨，月均进口量在 118 万吨左右。

**延伸阅读**

### 库存是如何影响甲醇价格的？

第一，分析交易所库存与市场供求情况的关系。交易所库存增加，一般是在市场行情预期走好或者期货价格持续大于现货价格时，期现套利的一种模式，期货市场做空，同时现货市场做多。市场套保仓、期现套利仓等会出现一个持续增加的过程。这个时候，现货市场的供求关系未必是供大于求的，只是预计在未来供求会紧张，价格会上涨。交易所库存减小，一般是在市场对未来一定时间内甲醇看跌，行情看淡时候出现。特别是在期货价格低于现货的时候，这个时候是一个反向市场，期现套利的盈利模式是在期货市场做多，现货市场做空。一般在这种情况下，交易所库存会出现一个持续下降的过程。

总体而言，交易所库存的变化趋势与期价的走势关联性很强，呈现出正相关的特点。交易库存的变化，更多的是反映投资者对远期一段时间内供求关系情况或者价格走势的判断，往往对当前供求关系的影响不是很大。例如，当前供大于求，只要期价上升，市场预期未来价格会继续上扬，那么交易所库存也会逐步增加。这种情况下，现货市场贸易商往往会囤积惜售，社会库存的规模在增加，通过这种方式，人为地制造现货市场货源紧张，以期货价格拉动现货价格上扬。

第二，产业链内库存与市场供求情况的关系。一般来说，市场供给大于需求时，产业链内库存会处于一个高位；反之，产业链内库存规模会下降。按照库存持有机构的不同，可分为：生产商库存、贸易商库存与消费商库存三种。在经济不景气的时候，库存通常集中与生产商和贸易商两个环节，这个时候也常常伴随着供大于求的情况。在经济景气的时候，库存通常集中在贸易商和消费商的环节。通过估算产业链内库存的规模，进而判断整体产业的供求平衡情况，对分析中长期的价格走势有着重要的意义。

甲醇的仓储需要依托专业的液体化工仓库进行，而当前我国甲醇生产与消费区域不平衡，甲醇受运输条件影响较大，甲醇在不同地区不同时段的价格与当地库存水平存在较明显的负相关性，表现为：库存水平较高，价格走低；库存水平较低，价格走高。

**小贴士**

## 显性库存与隐性库存

在甲醇的期货市场上，投资者可关注体现甲醇供求关系变化的一个指标——库存，甲醇的库存又分为报告库存和非报告库存。报告库存又称“显性库存”或“交易所库存”，是期货交易所定期公布的其指定交割仓库甲醇的库存数量；而非报告库存主要是指全球范围内的生产商、贸易商和消费者手中持有的甲醇的数量，贸易商库存表征着“蓄水池”的容量大小，库存水平偏高意味着市场流通环节不畅，价格上涨乏力，呈现走软迹象；而库存偏低，则表示市场成交尚可，具备上行动力。华东港口与华南港口库存对我国甲醇行情有一定影响，但其只是隐性库存的一小部分。由于这些库存无专门机构进行统计和对外发布，所以这些库存又称为“隐性库存”，也称“产业链内库存”。

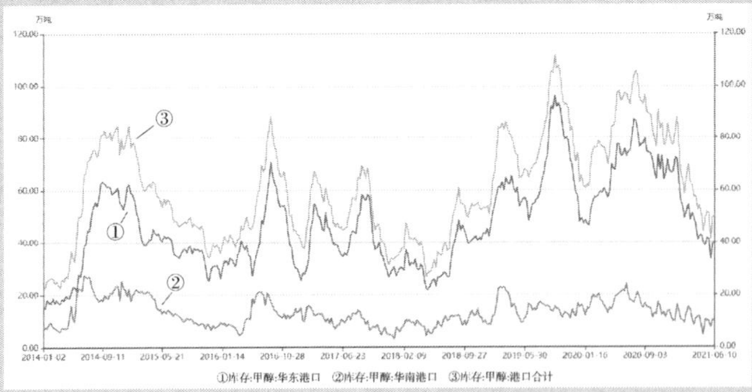


图 5-6 甲醇历年港口库存

库存规模情况是判断甲醇市场供求关系的一个重要依据。交易所库存都会有定期的报告，而产业链内库存的判断方法主要有两种：第一种是依靠对相关企业的走访，抽样调查、行业协会对库存规模的调查等方法进行收集信息、数据，进而处理得到的；第二种是依靠历史或者经验数据，进行统计学的计算，从数学关系上找到其与容易得到时相关数据的统计关系。甲醇的社会需求增加会导致甲醇的库存下降，甲醇价格可能会受影响而上涨；反之亦然。

**延伸阅读**

### 进口甲醇的成本是如何计算的?

进口甲醇的成本计算，要考虑关税、汇率、增值税等因素，甲醇的进口关税税率为5.5%、增值税税率为13%，如果汇率按6.33计算，那么计算公式应为：

甲醇成本价＝外盘甲醇价×1.065×1.13×人民币汇率＋100

由于进口有银行的90天信用证可以使用，而进口地多在中东地区等，一般20天左右可到达国内，如转手国内市场卖出或工厂直接作用，资金有60多天的占用时间，其中的融资作用，使进口对国内现货一般亏损100—200元/吨，有时会亏损更多，但仍然被市场接受。

## 十、国外甲醇产销对国内甲醇价格有什么影响?

2020年，我国甲醇进口依存度为17%左右，海外特别是中东地区甲醇的产销会对我国甲醇价格造成明显影响。2020年1月，伊朗为了保民生“限气”，伊朗本土装置全面停车，市场炒作进口缩量预期，甲醇主力合约期货价格一度冲高至 2398 元/吨。然而，3—4 月受全球疫情的全面暴发，原油价格历史性跌为负值、美股数次熔断的影响，甲醇主力合约期货价格大幅下挫 1531 元/吨的最低点，甲醇面临供需两弱的情形，叠加国外伊朗 Kimiya165 万吨/年的装置投产，甲醇进口量不断攀升，甲醇现货和期货市场迎来一年中的至暗时刻。5 月受港口罐容有限的影响（主流地区港口的长包罐居多，导致港口可流通货源减少），2005 合约数次脉冲式上涨，但甲醇基本面的矛盾仍未解决，价格最终冲高回落。6 月、7 月、8 月，国内大多数甲醇生产装置逐步检修完毕，供应缩减，但市场成交量逐步萎缩，市场看空氛围较重。9 月、10 月、11 月，国内宏观指标转好，国内经济逐步企稳回升，甲醇下游需求稳固回升，MTO 开工负荷普遍维持历史最高位（85% 左右）；传统下游的有机硅、醇基燃料需求大幅增加，加之国外伊朗的装置频繁出现故障和降负，进口量减少，港口去库存幅度明显。12 月，进入寒冬，煤炭价格上涨明显，西南和外盘伊朗天然气制甲醇装置多数停车检修，成本端和供应端的双重利好，使甲醇现货和期货价格迅速走强至年内最高位，2500 元/吨。

## 十一、天气因素是如何影响甲醇价格的?

天气因素对甲醇价格的影响主要来自两个方面：

一方面，由于天气因素导致甲醇下游产品（主要是甲醛）的生产发生变化，从而导致甲醇的价格变化。如我国南方地区 2020 年 6—8 月，潮湿炎热的天气使板材生产企业开工率降低，进入传统的淡季，甲醇生产商由于下游板材需求下降，也纷纷减少生产，带动甲醇的需求进入淡季。

另一方面，恶劣的天气或天灾等不可抗力常常干扰正常的交通运输，导致甲醇价格变化。如冬季运输问题是影响甲醇价格的重要因素之一。第一，冬季槽车运输煤炭优先，甲醇方面火车运输相对紧张；第二，冬季常遇大雾、霜冻天气，车行缓慢，途中时间存在不确定性。在运输周期被拉长的情况下，西北企业货源疏散缓慢，导致企业库存累积。在西北地区话语权逐渐增加的趋势下，运输带来的问题将成为引发冬季市场价格变化的一个主要因素。

2006 年 7 月，受强热带风暴“碧利斯”的影响，华南地区甲醇货源紧张，进口货贸易商惜售心态强烈，不断抬高报价，当地行情也随之上涨，从月初的 2600 元/吨逐级攀升至 2750 元/吨。

2008 年初南方雪灾，铁路运输不畅，使产区甲醇库存压力增加，价格走跌，销区也因下游需求转淡，致使市场低迷。华东地区 1 月末，由于华东、华中等地区遭受雨雪天气，严重影响春运工作，部分道路存在积雪及冰冻情况，安徽省、山东省至江苏省的汽运发货没有完全恢复，该地区甲醇企业以船运发货为主，到岸报价在 3100—3320 元/吨，主流商谈价格在 3080—3270 元/吨。高端货多来自山东省，铁路运输同样受春运及雨雪天气影响，部分计划推迟，受此影响，华东港口甲醇到港货源极其稀少，但是由于汽运受阻，加之下游需求缩量，市场几乎交易停滞，部分贸易商暂停报价，另有部分贸易商出罐报价在 3300—3450 元/吨，买家提货困难，主流交易在 3200—3350 元/吨，下游部分厂家放假停车，虽然仍有部分工厂需要补货，但是港口货少价高，买家采购困难。宁波港口甲醇市场下游买家基于天气、物流状况开始备货，但由于其接货意向较低，港口交易冷清。受此影响，贸易商出罐报价在 3400—3450 元/吨，但主流出罐行情在 3250—3400 元/吨，3400 元/吨以上成交数量有限。

2009 年 11 月上旬，我国北方地区普降大雪，河北省、山西省、河南省的降雪程度为 60 年一遇，局部地区甚至为百年一遇。无疑，暴风雪影响了陕西省、山西省、河北省、山东省等地的物流运输，从而影响了诸多行业的正常生产。公路、铁路运输受阻或中断，造成资源紧缺、原料紧张、运输困难，山东省、河北省等地区甲醇供应紧张，加之当地企业减产/检修，更加剧了甲醇供应的紧张局面，企业大幅上涨出厂价格，创自 2008 年 10 月以来的新高。华东、华南沿海行情上涨至 2800—2850 元/吨，山东省市场上涨至 2800—2880 元/吨，华北地区上涨至 2300—2800 元/吨，华中地区走高至 2600—2800 元/吨，西南地区、西北地区等其他地区同样涨幅至 300—400 元/吨不等。此波行情连续上扬，涨幅之大、涨速之快大大出乎市场人士的预期，低迷1年的甲醇行业迎来了2009年最疯狂的时刻。

## 十二、甲醇价格有何季节性规律？

大多数商品由于生产、消费或多或少会有季节性特点，导致一年中部分季节价格走势呈现明显相对强弱不同的走势。甲醇产能过剩，季节性主要体现在需求变动方面。

年初价格承接上年年末走势，一般保持在相对高位。随着春节长假的临近，甲醇下游企业整体开工率下降，市场交易清淡。3月随着气温逐渐升高，甲醛、二甲醚需求逐步启动，迎来甲醇消费的小旺季。随后连续数月价格持续下跌或低位盘整，6月，受北方麦收、南方中稻播种农忙，加之南方地区入夏潮湿多雨，下游甲醇需求进入淡季的影响，甲醇价格多在此间探至年内最低。7—10月，国内外甲醇生产装置计划内或者意外停车检修较为集中，市场价格受到意外事件冲击较多，同时甲醇下游产品二甲醚、甲醛等纷纷进入消费旺季，受此影响，甲醇价格往往快速攀升，多数在11月份创下年内高点，随着年末市场需求的疲弱，价格见顶回落。

## 自测题

### 一、不定项选择题

1. 以下（　　）是影响甲醇价格的主要因素。

A. 宏观经济和国家政策

B. 国内外新增产能、大型装置的开工状况

C. 生产成本和运输成本

D. 下游需求

2. 宏观经济指标的分析可以大致判断甲醇消费增长的变化。这些指标具体来讲主要包括（ ）。

A. GDP 增长率　　B. OECD 领先指标

C. 制造业采购经理人指数 PMI　　D. 消费行业数据

3. 经济发展上行，货币政策宽松，对于甲醇价格影响为（ ）。

A. 上行　　B. 下行

C. 不变　　D. 不确定

4. 表观消费量是相对于实际消费量的一个概念，一般是指（ ）加（ ）。

A. 国内产量　　B. 港口库存

C. 交易所库存　　D. 净进口量

5. 中国能源基地的分布以内陆居多，大部分在建或拟建甲醇装置都在（ ），而甲醇小幅市场主要在华东地区和华南地区，运输风险加剧。

A. 蒙　　B. 陕

C. 豫　　D. 晋

6. 甲醇的主要下游市场包括（ ）。

A. 甲醇汽油　　B. 二甲醚

C. 醋酸　　D. 甲醇制烯烃

7. 除我国之外，世界 80% 甲醇生产以（ ）为原料；而在我国，（ ）的价格趋势在一定程度上决定甲醇的生产成本和价格。

A. 天然气　　B. 煤

C. 焦炭　　D. 石油

8. 我国的甲醇贸易流向主要是从（ ）流向（ ）。

A. 港口　　B. 内地

9. 按照库存持有机构的不同，可分为（ ）、（ ）和消费商库存三种。

A. 交易所　　B. 贸易商

C. 生产商　　D. 社会库存

10. 我国进口甲醇主要来自（ ）。

A. 美国　　B. 俄罗斯

C. 中东　　　　　　　　　　　　　　　　D. 非洲

## 二、判断题

1. 制造业采购经理人指数 PMI 是较好的工业扩张与衰退的中短期指标，一般以 50 作为工业增长与衰退的临界状态。（　）

2. 甲醇产能过剩就是市场实际的供给大于需求。（　）

3. 如果产品供不应求，上游原材料价格下跌产品成本处于下降状态时，则产品价格总方向以上升的可能性较大，但因成本下降会遭遇潜在市场进入者的威胁，并以增加供应量，从而对价格会有下拉作用，宜谨慎看多。（　）

4. 从甲醇需求的季节性来看，6 月南方地区入夏潮湿多雨，下游甲醇需求进入淡季的影响，甲醇价格多在此间探至年内最低。7—10 月甲醇下游产品二甲醚、甲醇等纷纷进入消费旺季，甲醇价格往往快速攀升，多数在 11 月创下年内高点，随着年末市场需求的疲弱，价格见顶回落。（　）

5. 当经济处于复苏和快速膨胀状态时，宽松的货币政策会加速甲醇价格上涨，紧缩的货币政策则会抑制甲醇价格的上涨；当经济处于回落和恶化阶段时，紧缩的政策会加剧经济的恶化，导致甲醇价格快速回落，宽松的货币政策则减缓甲醇价格回落，但往往改变不了下落的趋势。（　）

6. 国内甲醇生产以天然气为主，煤次之，天然气的价格趋势在相当程度上决定了甲醇的生产成本和价格，同时天然气价格趋势不仅取决于国内天然气的供求等因素，还在一定程度上取决于国际天然气价格走势。（　）

7. 原油价格主要通过聚烯烃价格与燃烧热值价格传导至甲醇价格。（　）

8. 2016—2020 年全球甲醇产能呈现逐年增长趋势，高速扩张的状态，2018—2020 年三年产能增速极为明显，在这三年中，我国华东港口甲醇库存长期维持高位，甲醇价格也是一路下行。（　）

9. 由于我国甲醇贸易流向是从内地到港口，所以一般情况下华东地区与华南地区甲醇价格高于华北地区甲醇价格。（　）

10. 我国是世界上最大的甲醇生产国和消费国。（　）

# 参考答案

## 一、不定项选择题

1. ABCD　2. ABCD　3. A　4. AD　5. ABCD
6. ABCD　7. AB　8. BA　9. BC　10. C

## 二、判断题

1. √　2. ×　3. √　4. √　5. √
6. ×　7. √　8. √　9. √　10. √

# 第六章

# 甲醇上游企业如何利用甲醇期货

**本章要点**

本章以案例的形式详细介绍了甲醇生产企业如何利用甲醇期货规避风险、安排和指导生产经营活动。本章内容有利于引导甲醇生产企业合理的利用期货工具。

## 一、甲醇期货对生产企业管理经营风险有什么帮助?

甲醇生产企业在生产经营过程中面临诸多风险。按风险所处生产环节来看，其面临的主要风险有以下几种：

第一是原材料的采购环节所面临的风险。众所周知，原材料采购成本是企业生产成本的主要组成部分。因此，当煤炭价格上涨时，企业将面临成本增加的风险。

第二是产品的销售环节所面临的风险。鉴于企业生产的计划性很强，且每月的产量相对稳定，一旦市场价格步入跌势，企业很难保证未来下线的产品能够盈利，特别是对于产品价格随行就市的甲醇行业。

第三是企业库存环节所面临的风险。除尚未完成销售的甲醇需存放在仓库之外，甲醇生产企业还需维持一定数量的煤炭库存。在这种情况下，一旦煤炭和甲醇价格持续回落，原材料库存和产品库存将面临价值大幅缩水的风险。

这种价格的不稳定性会给甲醇生产企业的生产经营带来极大的困难。随着全球经济一体化的推进及市场化程度的提高，价格波动将更为频繁。甲醇期货市场的存在，为生产企业提供了规避此类风险的场所和工具。

一般而言，甲醇生产企业采取的是卖期保值的操作方式，也就是在持有现货的同时在期货市场上卖出相应的期货合约，也可以不持有现货，但是在期货市场上卖出的量是该企业在合约交割前所能生产出来的量。

**延伸阅读**

### 国内生产甲醇的上市公司主要有哪些？

与甲醇相关的A股上市公司见表6－1。

**表6－1　甲醇相关的A股上市公司**

| 上市公司 | 代码 | 资料 |
|---|---|---|
| 远兴能源 | 000683 | 年产甲醇135万吨 |
| 云维股份 | 600725 | 年产甲醇30万吨，用焦炉气生产 |
| 泸天化 | 000912 | 年产甲醇40万吨 |
| 柳化股份 | 600423 | 年产甲醇8万吨 |
| 华鲁恒升 | 600426 | 年产甲醇32万吨 |
| ST黑化 | 600179 | 拥有年产3万吨甲醇装置，规划年产40万吨甲醇和10万吨二甲醚项目 |
| *ST太化 | 600281 | 具备年产6万吨甲醇产能，计划建设年产20万吨甲醇配套工程 |
| 天富热电 | 600509 | 年产甲醇30万吨项目在2008年3月开始动工 |
| ST香梨 | 600506 | 公司已全面完成对新疆联合化工有限责任公司的收购工作，要求新联化在2008年下半年建成甲醇生产线并进行试生产 |

续表

| 上市公司 | 代码 | 资料 |
|---|---|---|
| 山西焦化 | 600740 | 甲醇年产30万吨规模，投资5.8亿元的20万吨甲醇改造项目 |
| ST鲁北 | 600727 | 2010年产能100万吨 |
| 兰花科创 | 600123 | 10万吨二甲醚项目2006年动工，2010年二甲醚产能达100万吨 |
| 天茂集团 | 000627 | 投资5.17亿元建设40万吨二甲醚项目，间纯规模已达6万吨/年 |
| 太工天成 | 600329 | 占股40%的山西天成大洋建设年产40万吨甲醇，20万吨二甲醚 |
| 兖州煤业 | 600188 | 7.76亿元控股兖州煤业榆林能源，建设230万吨甲醇生产基地 |
| 天科股份 | 600378 | 拥有煤和焦炉气低压合成甲醇气相催化脱水生产二甲醚装置 |
| 广汇股份 | 600256 | 投资20亿元增资广汇新能源，大力发展甲醇二甲醚项目 |
| 中国神华 | 601088 | 4个项目在建，其中位于鄂尔多斯的有2个，一个是利用自主研发技术的投资100亿元的100万吨产能项目；另一个是利用中科合成油技术的16万吨产能项目 |

## 二、甲醇生产企业是如何参与套期保值降低库存风险的？

**案例6-1**

一、甲醇生产企业经营状况分析

（一）企业及周边概况

AAA公司是煤制甲醇生产企业，年产能为60万吨。公司160公里销售半径内有多家二甲醚、甲醛、MTBE和DMF生产企业，甲醇年需求量达150万吨。AAA公司所在地与甲醇期货基本交割仓库—江苏张家港地区价差在100元/吨上下震荡（50—150元/吨）。公司所在地地理优越，是不可多得的国内甲醇潜在集散地。

（二）企业风险敞口分析

1. 原料采购端——企业风险来源之一

对企业来讲，煤炭在甲醇生产成本中的占比较高，因此企业面临的煤炭价格变化风险敞口较大。

2. 产品销售端——甲醇价格波动风险

近几年来，甲醇价格波动较大，由于甲醇新装置投产，甲醇价格从2018 年 3500 元/吨的高点，一路下跌到 2020 年新冠肺炎疫情发生后 1575 元/吨的低点，价格腰斩。此后由于需求的恢复与货币政策的宽松，价格又反弹至 2850 元/吨左右，接近翻倍。甲醇价格波动异常剧烈。

3. 库存管理端——库存贬值风险

对厂家来说，手头有库存或即将开工生产，虽时时刻刻担心日后价格下跌，却也只能被动地接受库存贬值的风险。此外，企业的生产计划往往会滞后于市场的变化，在甲醇销售不畅时容易产生更多的库存积压，甲醇价格的下跌又会进一步加剧库存贬值风险。

4. 总结——运用卖期保值规避销售及库存风险

从该生产企业整体的产运库销结构来看，上游、下游均处于敞口，但由于企业以甲醇生产销售为主，故在此主要以规避产成品销售价格下跌及库存贬值风险为主，通过甲醇期货市场进行卖出套期保值操作。通过卖出套保，有助于企业按原计划进行生产，以及销售计划的执行。

二、企业参与期货套期保值战略规划

企业的生存是第一位的，故必须顺应市场，但市场是无情的，它直接决定着企业的生存与发展。企业无法准确定位商品市场未来的变化，完全暴露在市场的风险之中，如何应对市场变化所带来的风险，是所有企业必须面对的。市场风险需要运用市场方法来解决，企业参与期货市场，既可增强企业对甲醇价格波动的抗风险能力，又能提高资金利用率，为顺利实现企业的长远发展规划奠定基础。

（一）明确套保目标

企业套期保值业务的主要目的是充分利用期货市场的套期保值功能，规避产成品销售价格下跌及库存贬值的风险，拓展新型的销售模式。

（二）套保管理机制的建立

套保管理机制包括参与期货交易的组织结构、风险控制和财务管理。组织结构一般包括决策部门、期货交易运作部门和风险控制部门，三者适度分离；风险控制一般包括交易计划监督、交易过程监督和交易结果监督；财务管理一般包括控制公司参与期货的总资金和总规模，建立风险准备金制度和对企业利用期货市场控制风险进行财务评价。

三、企业套期保值案例

企业通过对自身的风险来源分析后认为，最大的风险来源即销售及库存风险。企业决定参与套期保值来规避库存贬值风险。

预期套保：生产企业利用甲醇期货降低库存风险

11 月初，企业积压 10000 吨甲醇库存，现货价格为 3000 元/吨，计划 12 月末出售，欧债与美债事件系统性风险难除，大环境偏空格局持续，下游迎来需求淡季，企业预期未来甲醇的过度供给将导致现货价格回落，为避免未来销售价格下跌的风险，企业决定在郑商所进行甲醇期货预期型卖出套期保值，来对冲价格下跌的风险。

操作策略：

首先，企业拥有期货账户，并在期货市场对应的甲醇主力合约 2003 合约进行卖出操作。其次，根据现货销售情况进行适时平仓或者到期交割。在风险控制方面，当期货价格上涨，企业采用到期交割的方式，利用期货平台进行甲醇销售。

具体操作：

1. 头寸设置

甲醇期货合约为 10 吨/手，针对现有 10000 吨现货库存进行套保，通过最优套保比率测算，企业决定以 50% 的保值率进行预期套保，在期货市场进行卖出 500 手对应期货合约。

2. 预期套保操作

企业根据现货预售时间，将套保头寸一次性卖出。在不考虑手续费等相关费用的情况下，该企业的卖出套期保值效果见表 6 – 2。

**表 6-2　　生产企业利用甲醇期货降低库存风险套保案例**
**（为方便展示套保效果，案例价格为虚拟价格）**

| 交易日期 | 现货市场 | 期货市场 |
|---|---|---|
| 11 月 4 日 | 担心销售价格下跌，现货价格为 3000 元/吨 | 卖出 500 手 MA2003 合约，开仓价为 3100 元/吨 |
| 12 月 26 日 | 按计划售出 5000 吨，价格为 2800 元/吨 | 买入 500 手 MA2003 合约，平仓价为 2700 元/吨 |
| 盈亏情况 | 现货亏损：（3000 - 2800） × 5000 = 100（万元） | 期货盈利：（3100 - 2700） × 500 × 10 = 200（万元） |

注：期货市场的盈利完全弥补现货市场的亏损后仍有 100 万元的利润。

此方案中，企业对甲醇库存提前进行了卖期保值，假设 12 月末甲醇价格下跌，企业如果不进行卖期保值，甲醇库存每吨亏损 200 元，做了套保后期货市场盈利 400 元/吨，弥补了全部库存贬值的损失。

**小贴士**

**什么是预期套保？**

传统套期保值认为现货交易与期货交易行为要“同时”进行才能完全锁定利润或者规避风险。但是，现货企业的经营日益复杂，市场环境千变万化，企业在实际交易中很难严格做到“同时进行”。这个时候可以根据企业采购、生产和营销情况，结合市场走向预期分析，灵活确定套保的时机。

一般来说，期货的决策要与现货决策同步或先于现货交易，因为企业经常会在对价格趋势判断的基础上调整其采购量，所以在期货保值上也应进行相应调整。如果认为价格将上行，那么企业可能需要在未来很长时间内逐步完成采购量，而如果期货价格有利时，就可以提早进行套期保值，从而在预期价格上涨过程中赚取超额利润。企业存有产品库存，预期未来过度供给将导致现货价格回落，为避免未来销售价格下跌的风险，企业可以在期货上做预期型卖出套期保值，来对冲价格下跌的风险。

**小贴士**

### 如何计算净库存

无论对于生产企业、贸易企业，还是甲醇下游企业，库存控制都有着重大意义。以甲醇生产企业为例，一旦市场价格上涨，利润就会增加；而一旦市场价格急速下跌，在企业存货过多的情况下，就会使利润大幅下降，影响企业生存和长期发展能力。

所谓净库存，是指现有存货减去积压订单。如一家生产企业A现有甲醇库存30000吨，在手销售订单总和为22000吨，那么净库存是8000吨；又如，一家贸易企业B现有甲醇库存3000吨，已签订了5000吨的销售订单，那么净库存是－2000吨。

如果未来市场价格下跌，前述生产企业A就面临着以更低的价格出售存货的风险，利润空间将被压缩。而一旦市场价格上涨，贸易企业B就不得不以较高的价格进货2000吨，来满足销售订单的需求，如果价格涨幅过大，超过了订单签订的销售价格，那这家贸易企业不但没有通过中间贸易获利，反而是高买低卖形成亏损。

所以说，价格的不确定性使得企业面临很大的风险。生产企业的苦恼在于，如何确定合适的净库存。保持净库存为0是一种稳妥的方法，就是存货和订单数量相当，这样利润就大体确定下来。但是如果市场活跃，订单显著增加，或者未来一段时间价格大涨，企业却没有更多的货可卖，就会限制了企业的盈利空间。

有了甲醇期货市场后，相当于给甲醇企业提供了一个“体外库存”加一个“潜在客户”。企业可以将现货和期货市场操作结合起来，这样有两点好处：一是有效降低价格不确定性风险，如现有库存过多，就在期货市场上开仓卖出部分产品，这样可以提前锁定部分利润，防止未来价格下跌带来较大的损失；二是保持生产和库存的范围更为灵活，企业可以根据生产能力、库容状况等灵活地安排生产和库存量。

以生产企业A为例，把净库存的概念延伸。正如前述，企业A现有库存30000吨，在手订单22000吨，净库存8000吨。为了防止价格波动风险，企业可以在期货市场开仓卖出 800 手甲醇期货（1 手 =10 吨，800 手合 8000 吨），相当于和期货市场这个“潜在客户”签了一个 8000 吨的订单。这样一来：

企业实际净库存 = 现有库存（30000 吨）- 在手订单（22000 吨）- 期货合约卖出（8000 吨）=0（吨）

如果未来有新的客户订单，如 6000 吨，那就在签订订单的同时在期货市场平仓买入 6000 吨。开仓到平仓这段时间，如果甲醇价格下跌了，企业新签订单的卖价会较低，但期货市场平仓获得了盈利，所以价格下跌没有给企业带来损失；如果甲醇的价格上涨了，期货市场将有亏损，但现货市场新签订的订单是以新的现货市场价格成交，两者盈亏大致相抵。期货合约的存在起到了保值的作用。在这个例子中，期货市场起到了“潜在客户”的作用，相当于作为甲醇企业产品的需求方与企业签订购销合约，只不过结算价格是以交割时的价格来计算，与传统的订单有所区别。

再看一个“体外库存”的例子。作为生产企业的“体外库存”，期货市场的特点在于，这个仓库产生的不是仓库管理费，而是期货交易佣金；所谓库存是可以通过购买取得，不是通过企业生产获得，相当于生产企业多了一种供货渠道，当订单很旺而生产能力不足以应付，企业又不想错过市场机会时，就可以通过期货市场买入合约来补充现有库存。如果期货处于超跌状态，当未来价格上涨时，企业就可以通过期货市场获取这一部分利润，避免现货不足错过了价格上涨的收益。

对于企业 A 来讲，前面例子中它的净库存是 8000 吨。假如此时企业又签了 9000 吨的订单，它的净库存就变成了 -1000 吨。此时，企业可以在期货市场开仓买入 1000 吨甲醇，作为供货及规避价格风险的保障。如果未来市场价格上涨，期货市场盈利，弥补现货市场提前签订合同错过的价格上涨部分的利润；如果未来市场价格下跌，期货市场有部分亏损，但企业仍可以订单合同中先前签订的较高的价格卖出产品，相当于锁定了利润。

以上只是简化的例子。实际企业生产过程中，企业的产量、库存、订单都是在不断变化的。一个原则就是保持实际净库存为0，也即期货现货两个市场库存相抵，净值为0。

考虑更复杂一些的情况。甲醇的价格和其生产原料煤炭的价格有着很强的相关性。当企业购进15000吨煤炭，计划未来3个月生产8000吨甲醇。生产1吨甲醇大约需要消耗约1.5吨煤炭，那么生产8000吨甲醇需要12000吨煤炭，还有3000吨煤炭未在生产计划，可能会面临价格变动风险。这种情况下，企业也可以将煤炭净库存折算成甲醇，然后在甲醇期货市场开仓卖出，实现保值。3000吨煤炭折合2000吨甲醇，加上计划生产8000吨甲醇，一共是10000吨。那就在期货市场卖出1000手（10吨/手）甲醇期货合约。未来，在现货市场卖出甲醇的同时，在期货市场买入相应的数量对冲平仓。由于两个市场变化趋势一致，一买一卖，在一个市场的亏损可以通过另一个市场的盈利来对冲相抵，企业就提前锁定了利润。

通过以上的分析可以看出，净库存是企业管理利润的一个有效方式。期货市场的存在则延伸了净库存的概念。保持现货和期货两个市场上总体净库存为0，实现完全的套期保值，可以为生产企业规避产品价格波动风险，对冲市场的大风大浪，实现平稳经营和长期健康发展。

## 三、甲醇生产企业如何利用期货市场拓展销售渠道、提前销售锁定预期利润？

**案例6－2**

### 甲醇生产企业卖出套保（锁定企业利润）

4月初甲醇现货价格是2850元/吨，某甲醇生产企业对此价格比较满意，但是甲醇7月才能出售。夏天，随着甲醛进入传统淡季，该企业对甲醇价格预期不好。因此，该企业为了避免价格下跌减少利润，决定利用甲醇期货做套保交易，交易情况见表6-3。

表6-3　　卖出套期保值案例（锁定企业利润）

| 比较 | 现货市场 | 期货市场 |
| --- | --- | --- |
| 4月 | 甲醇价格2850元/吨 | 卖出10000吨（1000手）9月甲醇期货合约，价格为2900元/吨 |
| 7月 | 以2650元/吨的价格卖出10000吨 | 买入10000吨（1000手）9月甲醇期货合约，价格为2700元/吨 |
| 结果 | 利润每吨减少200元，总利润减少200万元 | 每吨盈利200元，总盈利200万元 |
| 套保结果 | 净获利为0元，通过期货上的卖出盈利弥补了因现货市场价格下跌带来的利润减少或亏损 | |

从该例可以看出，通过这一套保交易，虽然现货市场出现了对该甲醇生产企业不利的价格变动，价格下跌了200元/吨，因而利润减少了200万元，但是甲醇期货市场上交易盈利了200万元，从而消除了价格不利变动的影响。若该甲醇企业不做套保交易，现货价格上涨可以得到高额利润，但是一旦现货市场价格下跌，该甲醇企业就必须承担由此造成的损失。相反，在期货市场上做了卖出套保，虽然失去了现货市场价格有利变动的盈利，但避免了现货价格不利变动的损失。

**案例6-3**

某甲醇生产企业依据自身的现货生产成本，通过核算期货理论持有成本以及企业自身的盈利目标，进而得出卖出保值成本，当期货市场价格高于卖出保值成本时，企业进行卖出保值就锁定了预期利润。

假定企业的甲醇生产成本为2500元/吨，期货价格为2800元/吨，卖出保值期货成本见表6-4。

表 6－4　　企业卖出保值期货成本明细

| | |
|---|---|
| A. 生产成本 | 2500 元/吨 |
| B. 期货价格 | 2800 元/吨 |
| C. 套期保值成本（1—8 项加总） | 209.5 元/吨 |
| 1. 交易手续费 | 2 元/手，核算 0.2 元/吨 |
| 2. 交割手续费 | 0.5 元/吨 |
| 3. 仓储费 | 30×2＝60 元/吨 |
| 4. 出入库费 | 20 元/吨 |
| 5. 检验费 | 3 元/吨 |
| 6. 现货资金利息 | 54 元/吨 |
| 7. 期货资金利息 | 12 元/吨 |
| 8. 增值税 | 58 元/吨 |
| D. 套期保值成本（A＋C） | 2707.7 元/吨 |
| E. 预期利润（B－D） | 92.3 元/吨 |

企业按照上述费用核算进行套利套保操作，11 月 18 日 MA2003 合约价格为 2800 元/吨，企业参与套利套保操作可锁定 90.5 元/吨的利润，故果断入场参与卖出保值。

## 四、甲醇生产企业如何利用期货市场规避产品销售价格下跌风险？

**案例 6－4**

公司 BBB 主要产品年生产能力为甲醇 30 万吨。生产甲醇的主要原材料为无烟煤和动力煤，企业有长期合作的原料煤供应商，按照协议每月采购一次，一月一定价，因此企业采购原料煤的成本相对固定，敞口风险较小。作为生产型企业，公司 BBB 的经营重点是甲醇现货销售，由于甲醇销售以市场定价，波动风险较大，所以企业在生产经营过程中面临着甲醇销售价格下跌的风险。自10月28日以来，山东甲醇市场现货出厂价持续下跌，截至11月17日甲醇出厂价格已跌至2990元/吨。由于甲醇下游产品即将进入销售淡季，企业预计12月甲醇现货价格继续下跌的可能性较大；而对于来年1—2月，因欧美经济低迷以及国内继续执行房地产调控政策，难以提振甲醇下游产品消费，企业预计甲醇现货价格回暖的可能性较低，因此选择在期货市场上进行卖出套保来规避甲醇价格下跌的经营风险（见表6－5）。

**表6－5　　卖出套保的持有成本计算**

| | |
|---|---|
| 交易费 | 2元/手，即0.2元/吨（单边） |
| 交割费 | 0.5元/吨 |
| 检验费 | 入库取样以及检验费用为2000元/批，按轮船一批5000吨计算，则为2000元/5000吨＝0.4元/吨 |
| 入库费 | 10元/吨（按火车入库费用计算） |
| 仓储费 | 0.5元/吨·天，时间按4个月算，则为0.5×4×30＝60元/吨 |
| 仓单升贴水 | －240元/吨 |
| 现货资金利息 | 2930×6.65%×5/12＝81.19元/吨（6.65%为一年期银行贷款利率，持仓期限为5个月） |
| 期货资金利息 | 2932×10%×6.65%×5/12＝8.12元/吨（设定期货保证金为10%） |
| 持有成本合计 | 0.2＋0.5＋0.4＋10＋60＋240＋81.19＋8.12＝400.41元/吨 |

对10月28日至11月14日的甲醇期货收盘价与山东地区甲醇现货价格作了比较，发现期货价格贴水现货价格在200元/吨以上，处于反向市场（即期货价格小于现货价格）。在交割甲醇的情况下，如果市场仍处于反向市场且持仓成本较高，不适合生产企业进行卖出套期保值，但是存在一定的期现套利的机会。在此情况下，企业通过卖出现货、买入期货的套利套保策略建立“虚拟库存”，同样可以帮助企业规避甲醇价格波动的经营风险。

## 五、甲醇生产企业如何利用期现套利建立“虚拟库存”?

对于生产企业来说，从期货市场上购买甲醇，听起来似乎违背常理，即生产企业只做卖期保值。其实一点都不矛盾，这要看企业当时所处的市场环境。生产企业在期货市场上做多，主要有三种情况：一是补充合约客户，二是期现倒挂，三是建立“虚拟库存”。如果企业在期货市场上买入期货合约，不仅可以节省资金费用，而且可以降低仓储成本。

**案例 6－5**

通过对历史价格的分析可知，一般情况下山东地区甲醇平均价格较苏南地区甲醇价格平均低约 200—300 元/吨，这主要反映了两地之间的运输费用，但近期由于山东省、江苏省的甲醇供给与消费情况存有差异，使得山东省与江苏省现货价差逐渐收窄，甚至还高于江苏省甲醇现货价格，因此公司 BBB 不仅担心甲醇后市价格持续走低，同时也担心山东省当地的甲醇价格会以更大的跌幅实现与江苏省甲醇的平均价差。针对目前的这种情况，若企业实施反向套保即通过降低库存加大卖出现货力度，然后通过期货市场买入期货合约，到期交割后补充库存重新恢复到正常库存水平，则可以实现减少库存亏损的目的。因此，企业应当实施反向市场买入套保。

该企业在现货市场销售 1 万吨甲醇，同时在期货市场买入 1 万吨（1000 手）甲醇期货合约 MA2003。选择 MA2003 合约，是因为该合约成交活跃、持仓量大，而且流动性好，对市场的冲击成本较小（见表 6－6 至表 6－8）。

**表 6－6　　买入套期保值的持有成本计算**

| | |
|---|---|
| 交易费用 | 0.2 元/吨 |
| 交割费 | 0.5 元/吨 |

续表

| | |
|---|---|
| 出库费 | 0 元/吨（汽车） |
| 期货保证金利息成本 | 2850 × 30% × 6.65% × 4 ÷ 12 = 18.9 元/吨 |
| 合计 | 19.6 元/吨 |

**表 6－7　　当现货价格下跌时买入套期保值案例**

| 时间 | 现货市场 | 期货市场 |
|---|---|---|
| 2011－11－17 | 2950 元/吨卖出 10000 吨甲醇 | 买入 1000 手 MA2003 合约，2850 元/吨 |
| 2012－03－15 | 山东地区甲醇现货价格 2650 元/吨 | 期货交割价 2890 元/吨 |
| 盈亏状况 | 减亏 2950－2650＝300 元/吨 | 盈利 2890－2850＝40 元/吨 |
| 该企业以 2650 元/吨在山东厂库交割购入 10000 吨甲醇，补充库存 | | |

扣除相关费用，该企业实现最终盈利：300－19.6＋40＝320.4 元/吨，共计盈利 320.4 元/吨 ×10000 吨＝320.4 万元。

通过以上例子可以看到，当期现倒挂严重，期货价格较大偏离现货价格时，可以加大现货的销售力度，减少库存，然后在期货市场上购买合约，通过到期交割补充库存，从而在现货价格持续下跌过程中实现减亏 320.4 万元。

**表 6－8　　当现货价格走高时买入套期保值案例**

| 时间 | 现货市场 | 期货市场 |
|---|---|---|
| 2011－11－17 | 2950 元/吨卖出 10000 吨甲醇 | 买入 1000 手 MA2003 合约，2850 元/吨 |
| 2012－03－15 | 山东地区甲醇现货价格 3000 元/吨 | 期货交割价 3240 元/吨 |
| 盈亏状况 | 现货价格走高 50 元/吨 | 平仓盈利 3240－2850＝390 元/吨 |
| 效果 | 该企业平仓盈利后以 3000 元/吨购入 10000 吨现货，补充库存，最终该企业实现盈利 390－50＝340 元/吨 | |

扣除相关费用，该企业实际盈利 340－19.6＝320.4 元/吨，共计盈利 320.4 元/吨 ×10000 吨＝320.4 万元。

综上分析，当期现价差出现较大偏离时，通过卖出现货，买入期货的套利套保策略，在现货价格继续走低时，可以减少库存损失；在现货价格上涨时，也可以实现部分盈利。

## 六、甲醇生产企业如何进行期货展期操作?

当然，如果企业资金准备比较充裕，企业也可以通过展期，即移仓的方式将头寸向远期合约移仓，以避开或降低当前阶段性行情对企业利润造成的负面影响。当然这种情况一般需要企业持续动态生产，企业仍然维持一定的库存。否则，当企业终止生产或者没有库存时，套期保值就失去了存在的基础，在这种情况下进行移仓，势必是将套期保值变为投机，而这有可能给企业带来更大的危害。例如，某甲醇生产企业5000吨库存的卖出套保案例，如果企业资金准备充裕，而且企业生产是持续的，在可预见的日期内并不打算停产，当甲醇期货合约大幅拉升时，企业可以将MA2005合约买入平仓，同时在已经转为主力合约的MA2009合约上建仓。企业这样操作，即使库存已经销售完毕，也可以看作前期套期保值暂时退出，并对后期产品在期货市场上进行预销售。企业进行展期操作后，可以合理地避开短期的多头炒作行情，并有了更充裕的时间等待市场回归理性。最终，当企业将套保空单移仓至MA2009后，甲醇期货多头炒作结束，而伴随着旺季的结束以及金融市场转冷甲醇价格将持续下跌，企业移仓后，有效地避免了该企业套期保值在期货市场的大幅亏损。

## 七、甲醇生产企业如何规避套期保值中的增值税?

在期货市场进行套期保值虽可以锁定价差，但增值税仍然存在一定的变数。其主要原因是：目前的期货交易价格是含税价，不代表单纯的商品价格，其中有一部分是商品的税款。如1000元的货款为含税的价格，不含增值税价格为 1000/（1 + 13%）= 884.96 元，价款中含增值税部分的为 1000/（1 + 13%）×13% = 115.04 元。

当期货价格波动的同时，其中所含税款也在相应的波动。由于期货交易与实物交割存在时间差，即企业开仓建立套期保值头寸的价格与期货实物交割结算价不一致，期货交易是以交割时的结算价计算增值税，这样会导致预期增值税税额与实际增值税税额存在差异。

甲醇企业利润本来就不是特别丰厚，如价格变动造成增值税数量过大，可能导致企业无利可图。所以，通过调整套保的数量有效规避增值税，有着重大的意义。

为规避增值税的风险，实现预期收益，通常的做法是在决定建立套期保值头寸时留下一定的敞口头寸。对于增值税为 13% 的商品，留下大约 12%（0.13/1.13）的敞口头寸。例如，一家甲醇贸易商进行的卖出套保：贸易商以 2800 元/吨的价格在现货市场买入 1000 吨，同时以 3000 元/吨的价格在期货市场卖出 880 吨，留 12% 的敞口；待最后交易日，将剩余的 120 吨以接近交割结算价的价格在期货市场或现货市场卖出，即可规避交割项下的增值税风险。

**延伸阅读**

### 套期保值相关会计法则如何?

根据国内的会计制度，期货上的收益或亏损在投资收益科目中专门列出，现货上的收益或亏损则是合并在销售收入中。所以，有时非专业人士看财务报表可能会产生错觉，简单地根据投资损益来判断套期保值的效果，认为投资收益为正就是套期保值赚了，投资收益为负就是套期保值亏损了，其实这是不科学的。

财政部 2006 年 2 月发布《企业会计准则第 24 号——套期保值》，其中第四条列明：套期会计方法，是指在相同会计期间将套期工具和被套期项目公允价值变动的抵消结果记入当期损益的方法。

所以，看一项套期保值操作是否有效，要看期货和现货两个市场综合后的效果。

根据新会计准则规定，套期保值是指企业为规避外汇风险，利率风险、商品价格风险、信用风险等，指定一项或一项以上套保工具，使套保工具的公允价值或现金流量变动，预期抵消被套项目全部或部分公允价值或现金流量变动。套保业务可分为公允价值套保、现金流量套保和境外经营净投资套保三类。所谓公允价值套保，是指对已确认资产或负债、尚未确认的确定承诺的资产或负债，尚未确认的确定承诺中可辨认部分的公允价值变动风险进行的套保。现金流量套保是指对现金流量变动风险的套保。

为防止原材料价格上涨或产品价格下跌而进行的套期保值，属于现金流量套期保值的范畴。

（一）套期关系的认定

《企业会计准则第 24 号——套期保值》规定，应用套期会计方法的前提是认定套期关系。概括地说，其必要条件是：关系明确，预先指定，可计量，确实有效。在套期开始时，企业必须制订正式的文件，预先指明套期关系以及企业进行此项套期活动的风险管理目标和策略。内容应包括：套期工具的认定，相关的被套期项目或交易，被套期风险的性质，企业如何评价套期工具抵销被套期项目的或被套期交易的现金流量变动敞口的有效性等。

（二）套期有效性的评价

套期的有效性是可以可靠地计量的，但须在持续的基础上进行评价，以确切地确定其在整个报告期内都是有效的。根据新企业会计准则，常见的套期有效性的评价方法有三种：主要条款比较法、比率分析法、回归分析法。适用于现金流量套期的评价方法是比率分析法，即比较被套期风险引起的套期工具和被套期项目公允价值或现金流量变动比率，如果上述比率没有超过 80%—125%，可以认定套期是有效的。

（三）会计科目设置及主要账务处理

按照新企业会计准则的要求及实际操作的可行性，可进行如下的会计科目设置及账务处理："被套期项目"（项目账，共同类科目），按订单核算被套期项目建仓时的数量金额，反映建仓的期初信息。在建仓时贷记该科目，在平仓时借记该科目。

"套期工具（项目账，共同类科目）"，按订单核算被套期项目在一个会计时点的持仓状况，反映从建仓到平仓过程中每个会计月末持仓价值。在建仓时借记该科目；在每个会计期末根据持仓盈亏情况借记或贷记该科目；在平仓时贷记该科目。

"资本公积——其他资本公积（项目账）"，按订单核算持仓合约在每个会计期末的浮动盈亏，借记或贷记该科目；在平仓时从该科目转到"套期损益"。

"套期损益（项目账，共同类科目）"，按订单核算平仓损益，在被套期保值材料实现现货采购时，结转到相应项目的存货成本中，作为过渡性科目，期末余额为零。

"存货"及相关科目，被套期保值材料实现现货采购时，将"套期损益"按产品项目进行对应分摊。

"存出保证金（往来账）"，核算期货账户的资金进出。"财务费用——期货手续费"，核算期货建仓、平仓发生的手续费。"公允价值变动损益——期货损益"，核算套期无效时的套期盈亏。

（四）公允价值套期账务处理

公允价值套期是指对已确认资产或负债、尚未确认的确定承诺、或该资产或负债、尚未确认的确定承诺中可辨认部分的公允价值变动风险进行的套期。

对于公允价值的套期，套期工具和被套项目都以公允价值计量。套期工具为衍生工具的，其公允价值变动形成的利得或损失计入当期损益；套期工具为非衍生工具的，套期工具账面价值因汇率变动形成的利得或损失计入当期损益；被套项目的账面价值应相应作出调整。这一规定也适用于被套项目是以按成本与可变现价值孰低计量的存货、按摊余成本进行后续计量的金融资产。

（五）会计期末的财务稽核

每个会计期末，在收到期货公司的月结算单（标准）后，要进行如下财务审核：

“存出保证金”科目余额应与月结单——资金清单中“今日账面资金”栏金额相等。“资本公积——其他资本公积（套期）”科目余额与月结单——资金清单中的“浮动盈亏”栏金额相等。“套期工具”科目余额与月结单——持仓盈亏单中“持仓合约的结算价”栏金额相等。“套期损益”科目当月净发生额与月结单——资金清单中“平仓盈亏”栏金额相等。“财务费用——期货手续费”科目当月发生额与月结单——资金清单中“交易费用”栏金额相等。会计期末“套期工具”科目余额与“被套期项目”科目余额之差等于“资本公积——其他资本公积（套期）”科目余额。

**延伸阅读**

### 企业可以采取什么方法防止把套保做成投机?

套期保值关键在于保值，以期货市场的盈利弥补现货市场损失或者现货市场盈利对冲期货市场损失，两者相抵，锁定利润空间。很多企业由于没理解套期保值的真正含义或者是受到市场的诱惑，把套期保值做成了投机，这会带来很大的危害。

企业可以采取什么样的方法，防止把套保做成投机呢?

首先，要健全制度，专业操作。建立健全套保业务审批流程和风险控制制度。设立专业的部门、人员、账户和操作制度来开展甲醇套期保值业务。对于生产企业，套期保值的业务量以不超过公司每月实际产量的一定比例为宜。

其次，套期保值业务一定要遵循基本的原则，坚持保值操作。对于生产企业，做卖出套保；对于下游甲醇消费企业来说，只做买入套保。因为期货交易的每日无负债结算制度，即使套保方向对了，还要面临可能追加保证金的压力。所以，一定要谨慎坚持按原方案操作，不要看到市场行情波动就认为有利可图，冒险做投机。套期保值是为了对冲风险，如果加入非套期保值头寸，就把企业置于期货市场的巨大风险之下。

最后，还要关注市场，及时止损。企业期货部门要加强对行业基本面研究和行情研判，充分了解所面临的风险。一旦市场出现急涨急跌或者基差异常变化，就要及时止损，避免更大的亏损。

## 自测题

### 一、不定项选择题

1. 某生产企业现有甲醇净库存 500 吨，那么该企业可以通过（ ）对库存进行保值。

A. 卖出套保　　B. 期现套利

C. 跨期套利　　D. 买入套保

2. 假如当前甲醇现货为 3000 元/吨，而企业打算用来保值的期货合约价格为 3500 元/吨，合约为 10 吨/手，那么目前的基差为（ ）。

A. 500 元/吨　　B. －500 元/吨

C. 7000 元/吨　　D. －100 元/吨

3. 如果某生产企业有 1000 吨的甲醇库存，不过其中 600 吨刚刚签订了销售合同，但还没有交付，那么该企业需要做保值的库存额度为（ ）。

A. 1000 吨　　B. 600 吨

C. 400 吨　　D. 1600 吨

4. 做买入保值时，以下（ ）情况保值效果最好。

A. 基差走强　　B. 基差走弱

C. 现货价格上涨　　D. 期货价格上涨

5. 企业进行保值时，保值额度一般（ ）。

A. 与库存无关，视资金而定　　B. 额度一般超过净库存

C. 额度一般低于等于净库存　　D. 视企业现存库存状况而定

6. 套期保值通常可分为（　　）。

A. 买入保值　　B. 投机保值

C. 卖出保值　　D. 套利保值

7. 常见的套利交易有（　　）。

A. 期现套利　　B. 跨期套利

C. 跨国套利　　D. 跨品种套利

E. 跨市套利

8. 以下（　　）企业可以利用甲醇期货进行套期保值。

A. 远兴能源　　B. 山东兖矿

C. 神华宁煤　　D. 新奥集团

9. 某企业计算出9月甲醇合约的期现套利成本为100元/吨，如下（　　）情况下可进行期现套利操作。

A. 期货9月合约比现货甲醇高出150元/吨

B. 期货9月合约比现货甲醇高出80元/吨

C. 期货9月合约比现货甲醇高出120元/吨

D. 现货甲醇比期货9月合约高出130元/吨

10. 以下（　　）情况，企业需要进行甲醇套期保值。

A. 某企业有10万吨甲醇库存，其中5000吨已经签订了销售合同

B. 某企业已经签订好了甲醇5000吨销售合同，车间正在生产这批甲醇

C. 某甲醇生产企业持续运行，但担心下个月的产品因消费旺季而价格下跌

D. 某贸易商进货1000吨甲醇在途，同时已经签订了1000吨的甲醇销售合同

## 二、判断题

1. 甲醇相关企业应当专注于现货，不用关注投机气氛很强的甲醇期货市场。（　　）

2. 企业保值效果主要受基差变化影响。（　　）

3. 如果期货市场赚钱，现货市场亏钱，则说明套期保值有效，否则，说明套期保值失败。（　　）

4. 企业之所以可以利用期货市场保值，是因为无论是期货市场还是现货市场都充满了投机，企业在期货市场保值，实质上就是利用熟悉现货市场优势，增加期货市场上投机获利的概率。（　　）

5. 企业在期货市场上进行保值主要是为了增加投资收益。（　　）

6. 相关甲醇企业保值额度并不一定要等于企业的净库存，具体额度可视企业资金与市场状况而定。（　　）

7. 套期保值的目的主要是规避现货风险而不是为了投机获利。（　　）

8. 期货市场中，企业除了可以保值外，还可以参与套利。（　　）

9. 企业进行套期保值时，可以将账户交给有关期货公司操作即可。（　　）

10. 由于套利风险很小，所以期货市场上企业应该专注于套利而不是套期保值。（　　）

## 参考答案

### 一、不定项选择题

1. A　2. B　3. C　4. B　5. C
6. AB　7. ABCD　8. ABCD　9. AC　10. AC

### 二、判断题

1. ×　2. √　3. ×　4. ×　5. ×
6. √　7. √　8. √　9. ×　10. ×

# 第七章

# 甲醇中间贸易商如何利用期货市场

**本章要点**

本章主要介绍甲醇中间贸易商为什么要参与期货市场、中间贸易商如何参与期货市场。具体通过案例对参与甲醇期货市场的途径和方法进行了介绍。

## 一、甲醇期货对中间贸易商管理经营风险有什么帮助?

中间贸易商是甲醇市场连接生产企业与下游需求企业的重要链条，在甲醇行业中扮演了重要的角色。

作为甲醇市场的中间贸易商，由于其敞口风险往往来自上下游市场价格波动的双向不确定性，其套保的方式也是双向的。当临近采购期时，贸易商担忧后市甲醇价格上涨导致采购成本增加，其产业链角色可以视为一个甲醇的下游需求方，应选择买入套期保值；当甲醇在库待销或合同远月交货，贸易商反而担心后市价格下跌导致利差缩小，这时其产业链角色又转变为一个甲醇的上游销售方、供应方，应该选择卖出套期保值。

简单而言，对于未来价格的预期以及库存的变化是贸易企业是否套保、套保数量多少的标准。当贸易商即将采购甲醇时，就其采购量应选择买入套期保值。当贸易商甲醇存库代销，就其库存量应选择卖出套期保值。

## 二、贸易商如何利用期货市场管理库存风险？

**案例 7－1**

（一）企业运作基本概况

HHH 公司是浙江地区较大规模的化工品贸易商，在甲醇方面，HHH 公司每年贸易量超过 10 万吨，旺季时每月都有 1 万多吨的进口，在浙江地区是颇有名气的甲醇贸易商；该企业对于现货具有较强的风险意识，专门设立了期货投资部门来对现货进行套期保值，HHH 公司已经多次通过期货规避了现货风险，企业规模不断壮大。

（二）贸易商企业风险分析

一般来说，华东地区大的贸易商采取的都是从国外进口甲醇后国内再销售的方式，故对于甲醇的贸易商而言，由于贸易商每月进口货物不可能很快到达国内销售，所以面临货物在海上航行期间而国内现货市场价格下跌的风险。同样，若国内现货价格在几个交易日内有强烈上涨可能，或者短期需求强烈，在贸易商库存有限的情况下可能会丧失进一步盈利的机会。但总体而言，贸易商还是需要规避现货价格下跌所带来的风险。企业可以通过在期货市场上卖出套期保值来规避现货价格下跌所带来的风险；同时，若短期内现货需求增大，或者未来预期有现货的趋势性上涨，则现货企业可以通过买入套期保值进行补库。

（三）企业参加套保的原则

1. 趋势套保原则

企业进行套保是通过在期货市场的对冲行为规避现货市场价格波动风险。为了更有效地利用期货市场，企业的套保行为应坚持趋势套保原则。要避免在明显的涨势（跌势）中逆势套保，国内外很多企业的教训已经无数次证明了这一点。

对HHH公司来说，这意味着：当甲醇行情出现比较明显的下跌趋势时，可（占总产量）较大比例在期货市场卖出套保，而当甲醇行情出现比较明显的上涨趋势时，应（占总产量）较小比例甚至不进入期货市场卖出保值，同时还可少量买入补库。

2. 品种一致原则

套期保值的原理，是同时在期货市场和现货市场进行品种一致、方向相反的操作以起到对冲保护作用。因此，企业在期货市场进行套保的品种应该和现货市场采购（销售）的品种一致或高度相关。HHH公司产品众多，目前对应上市的期货品种是甲醇、PTA和甲醛，先前在塑料、PTA上已有过相关的套保经验，故此次主要对甲醇品种进行套期保值操作。

3. 方向相反原则

套期保值的目的，是防范现货市场价格发生不利变动的风险，因此，在进行套期保值交易时，套期保值者必须同时在现货市场上和期货市场上采取相反的买卖行动，即进行反向操作，在两个市场上处于相反的买卖位置。因为HHH公司是甲醇的贸易企业，而运作模式基本为从国外进口后国内销售。因此，对所购进产品进行套保应在期货市场进行卖出操作。

4. 数量相近原则

套期保值的目的，是防范现货市场可能存在的风险，因此参与套保的数量，不应超过现货市场实际需要买入（卖出）的数量。国内企业近年来爆出的套保巨亏事件，很多都是因为参与套保的数量大大超过了企业在现货市场实际需要买入（卖出）的数量。对HHH公司来说，进行甲醇卖出套保操作的数量不应超过同期企业的购入量。通过对华东地区甲醇现货价格波动率的测算，其现货价格变动的标准差为0.0122，期货市场价格变动标准差为

0.0175（简单的测算值，同时结合了张家港电子盘的情况），期货与现货之间的相关性在0.85左右（此值为估计值，参考了其他化T品种），故最佳套保比率可得：

$R=\rho\sigma_X/\sigma_Q=0.85\times0.0122/0.0175=0.593$

鉴于甲醇期货刚刚上市不久，同时HHH公司对甲醇品种套保经验较为缺乏，考虑企业的资金情况，本次套保采取的比例为20%—30%，同时，根据趋势套保和灵活套保原则，当后市行情上涨概率增大，市场比较乐观时，可以考虑相应减少套保数量甚至不进行卖出套保，而当后市比较悲观，价格发生大幅下挫可能性增大时，可以考虑相应增加套保数量。对于未来3个月甲醇而言，12月继续寻底的可能性增大，故12月采用30%的套保额度。而在1月、2月有价格回暖预期的前提下，每个月套保额度减为20%，即每月6000吨的现货，12月套保量为1800吨，36手；1月、2月套保量为1200吨，24手。

（四）套保价格的选择

对卖出套期保值的介入点，可以从期现套利成本来分析研究。甲醇到期交割成本=仓储费+运输费用+入库取样以及检验费+手续费+资金成本等。

按入库一个月费用计算：

（1）郑州商品交易所规定甲醇的仓储费为2元/吨/天。按入库一个月计算，仓储费为2×30天=60元/吨。

（2）运输费用均价120元/百公里。对于位于宁波的HHH公司来说，其进口而来的甲醇船运也是直接运至江苏的交割仓库，故此费用可以忽略不计。

（3）入库取样以及检验费用为2000元/批，若按照每批5000吨，折合0.4元/吨。

（4）手续费包括交割手续费0.5元/吨，交易手续费2元/手，即0.2元/吨，总计为0.7元/吨。

（5）入出库费用按轮船入库汽车出库费用计为10元/吨。

（6）卖方交割缴纳增值税：每吨甲醇缴纳增值税=（估计交割结算价-买入价）/（1+13%）×13%约为11.5元/吨（增值税税率13%）。

(7) 资金成本包括保证金成本和现货资金成本。期货保证金按各期货公司平均13%来计算，人民币一年期贷款利率按6.31%计算，持仓期现为1个月，则保证金成本约为2950×50×13%×6.31%/12/50=2.0元/吨。现货资金成本一个月为2930×6.31%/12=15.41元/吨。具体成本见表7-1。

**表7-1　　套期保值成本计算**

| 成本类别 | | 费用（元/吨） |
|---|---|---|
| 到期交割成本 | 仓储费 | 60 |
| | 运输费 | 0（对于HHH公司而言） |
| | 检验费 | 0.4 |
| | 手续费 | 0.7 |
| | 入出库费 | 10 |
| | 增值税 | 11.50（估计值，按13%增值税计算） |
| 资金成本 | 保证金成本 | 2.0 |
| | 现货资金成本 | 15.41（自有资金可另作计算） |
| | 合计 | 100.01 |

若使用自有现货和资金参与，可以忽略现货资金占用成本，则实际的交割成本为84.6元/吨。根据目前的现货价格2930元/吨，考虑到未来3月是甲醇的淡季，故不能按照5个月的持仓成本计算明年3月的可套利价格。按照一个月成本计算，如果期货近月合约MA2003价格在3010元/吨以上，则可以尝试参与套期保值。因此，3100元/吨是目前贸易企业做卖出套期保值比较好的一个介入点，企业可以获得比较理想的利润回报。

（五）企业的套保流程

企业在期货市场卖出套期保值头寸后，对于现货企业来说，有两种情况：

1. 期货市场上对冲了结

如果期货市场上做卖出套期保值头寸后，期货和现货的价差逐渐缩小，可以直接采取在期货市场上对冲平仓了结，这样可节省交割成本，那企业成本就只有期货保证金本身的使用成本以及交易手续费。HHH公司在套利方式的选择上也最终倾向于该种方案，在节约成本的情况下也可以灵活操作。

2. 期货市场上做实物交割

如果期货市场上做卖出套期保值后，期货和现货的价差继续拉大，则要涉及实物交割。HHH 公司对于未来如果不能顺利交割的情况也表示出忧虑，故也考虑了未来需要交割的情况。由于甲醇为低附加值工业品，其仓储费用对于现货来讲价格并不低廉。若在交割前一个月进入交割库生成仓单，相关费用见表 7－2。

**表 7－2　　套期保值成本计算**

| 成本类别 | | 费用（元/吨） |
|---|---|---|
| 到期交割成本 | 仓储费 | 60 |
| | 运输费 | 0 |
| | 检验费 | 0.4 |
| | 手续费 | 0.7 |
| | 入出库费 | 10 |
| | 增值税 | 11.5（估计值，按 13% 增值税计算） |
| 资金成本 | 保证金成本 | 2.0 |
| | 现货资金成本 | 0 |
| | 合计 | 84.6 |

HHH 公司主要对现货进行卖出套期，鉴于可能涉及交割，在选择合约时选择了成交相对活跃的 MA2003 合约进行卖出套期保值，一方面，由于 MA2003 合约成交活跃、持仓量大，且流动性好，企业开仓平仓都较为方便，对市场的冲击成本非常小；另一方面，企业套期保值期为 2019 年 12 月及 2020 年 1 月、2 月共计三个月时间，选择 MA2003 合约可以避免频繁移仓等问题，降低企业的套期保值成本。

（六）资金使用情况分析

假如 HHH 公司在期货市场上按照 3100 元/吨的价格卖出甲醇头寸。按照目前多数公司交易保证金的收取标准见表 7－3。

表 7－3　　套期保值保证金收费计算

| 时间 | 保证金收取标准（%） | 1800 吨甲醇资金占用（万元） | 1200 吨甲醇资金占用（万元） |
|---|---|---|---|
| 一般月份 | 13 | 72.54 | 48.36 |
| 交割月前一月上旬 | 13 | 72.54 | 48.36 |
| 交割月前一月中旬 | 20 | 111.6 | 74.4 |
| 交割月前一月下旬 | 30 | 167.4 | 111.6 |
| 交割月份 | 35 | 195.3 | 130.2 |

根据 HHH 公司的情况，企业将建立 3 个月的套期保值头寸。12 月保值额度为 36 手，1 月和 2 月保值额度均为 24 手，故总套保数量为 84 手（见表 7－4）。

表 7－4　　套期保值保证金收费计算

| 时间 | 保证金收取（%） | 84 手 MA2003 合约资金占用（万元） |
|---|---|---|
| 建仓后至 12 月初 | 13 | 约 169.26 |
| 12 月初至 12 月上旬底 | 13 | 约 145.08（已平仓 12 手） |
| 12 月上旬底至中旬底 | 13 | 约 120.9（已平仓 24 手） |
| 12 月中旬底至下旬底 | 13 | 约 96.72（已平仓 36 手） |
| 2012 年 1 月初到上旬底 | 13 | 约 80.6（已平仓 44 手） |
| 1 月上旬底至中旬底 | 13 | 约 64.48（已平仓 52 手） |
| 1 月中旬底至下旬底 | 13 | 约 48.36（已平仓 60 手） |
| 2 月初至 2 月上旬底 | 13 | 约 32.24（已平仓 68 手） |
| 2 月上旬底至中旬底 | 20 | 约 24.8（已平仓 76 手） |
| 2 月中旬底至下旬底 | 30 | 0（至 2 月末全部平仓） |

需注意的是：本案中假设月均销售均能顺利完成，如果销售因特殊情况未能及时完成，可能会在 3 月形成交割，那时资金占有量相应要产生变动，这里暂不考虑 3 月交割的情况。

另外，除了需要支付持仓保证金之外，HHH 公司还需要一定量的结算准备金，用以应对期货合约价格波动所带来的风险。结合当前行情，应至少准备应对 200 点波动的资金。因此，还需准备约 84 万元的结算准备金。

因此，HHH公司在期货市场进行卖出套期保值操作时，按照本案例所涉及情况，最大资金占用量预计约为253.26万元左右，后来企业准备280万元左右的资金进入了期货市场进行卖出套保。

## 三、基差是什么？基差对甲醇套期保值效果有何影响？

套期保值原则上是利用期货市场来对冲现货市场的价格变动风险，那么期货市场对现货市场的保护程度如何？也就是影响企业保值效果的主要因素是什么呢？影响套期保值效果的主要因素就是基差变化的方向。基差是指某一特定地点的某种商品现货价格与同种商品的某一特定期货合约价格间的价差，针对套期保值而言就是现货价格减去期货市场建立套保头寸的合约价格得到的价差。需要注意的是：基差所指的现货商品的等级要与期货合约规定的等级相同，因此甲醇基差通常是指华东市场符合标准的甲醇现货价格和某一甲醇期货合约之间的价差。不过，由于不同的客户期货市场建仓时机不同，现货市场销售或购买商品价格不同，因此不同的交易者的基差也往往不同。基差可以是正数也可以是负数，这主要取决于现货价格是高于还是低于期货价格。现货价格高于期货价格，则基差为正数，又称为远期贴水或现货升水；现货价格低于期货价格，则基差为负数，又称为远期升水或现货贴水。例如，某甲醇生产企业于2019年11月3日利用MA2003期货合约进行卖出套保，建仓成本为3130元/吨，当时华东市场甲醇现货价格在3030元/吨，那么此时该企业套保的基差为－100元/吨。

在商品实际价格运动过程中，基差总是在不断变动，而基差的变动形态对一个套期保值者而言至关重要。基差变化是判断能否完全实现套期保值的依据。套期保值者利用基差的有利变动，不仅可以取得较好的保值效果，而且还可以通过套期保值交易获得额外的盈余。一旦基差出现不利变动，套期保值的效果就会受到影响，蒙受一部分损失。当现货市场商品价格涨幅大于期货市场商品涨幅或者现货市场商品价格跌幅小于期货市场跌幅时，也就是基差数值变大时，称为基差走强，本质上也就是甲醇现货市场表现强于期货市场。相反，当基差变数值小时，称为走弱，也就是甲醇现货市场表现弱于期货市场。例如，当甲醇基差分别从 150 元/吨或 -500 元/吨变为 250 元/吨或 -200 元/吨时，都可以称为基差走强；反之，当甲醇基差分别从 300 元/吨或 100 元/吨变为 100 元/吨或 -100 元/吨时，则称为基差走弱。当基差数值不变时，则称为基差不变。

当基差不变时，则意味着商品在期现两个市场的变化幅度相同，此时，无论是买入保值还是卖出保值，都可以利用期货市场得到完全的保护。

基差的变化与套期保值效果的关系见表 7 -5。

**表 7 -5　　套期保值效果随基差变动汇总**

| 基差变动情况 | 套期保值种类 | 套期保值效果 |
|---|---|---|
| 基差不变 | 卖出套期保值 | 两个市场盈亏完全相抵，套期保值者得到完全保护 |
| | 买入套期保值 | 两个市场盈亏完全相抵，套期保值者得到完全保护 |
| 基差走强（包括正向市场走强、反向市场走强、正向市场转为反向市场） | 卖出套期保值 | 套期保值者得到完全保护，并且存在净盈利 |
| | 买入套期保值 | 套期保值者不能得到完全保护，并且存在净亏损 |
| 基差走弱（包括正向市场走弱、反向市场走弱、反向市场转为正向市场） | 卖出套期保值 | 套期保值者不能得到完全保护，并且存在净亏损 |
| | 买入套期保值 | 套期保值者得到完全保护，并且存在净盈利 |

在期货市场中，亦可以用期现价差即期货与现货的价差来判断套期保值的效果。针对套期保值操作，可能有几种情况，见图 7 -1 至图 7 -3。

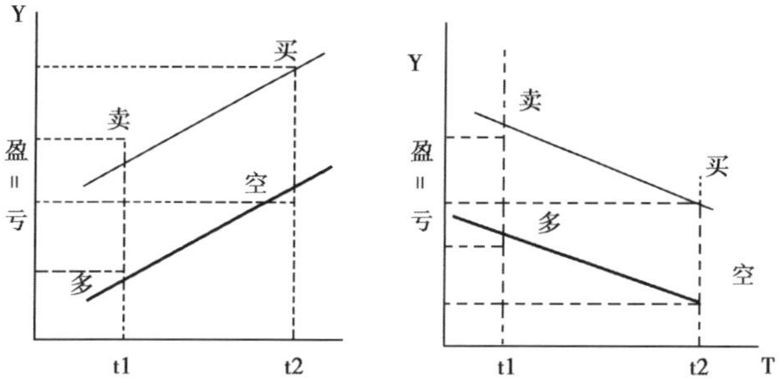


**图 7－1　期现价差不变的两种情况**

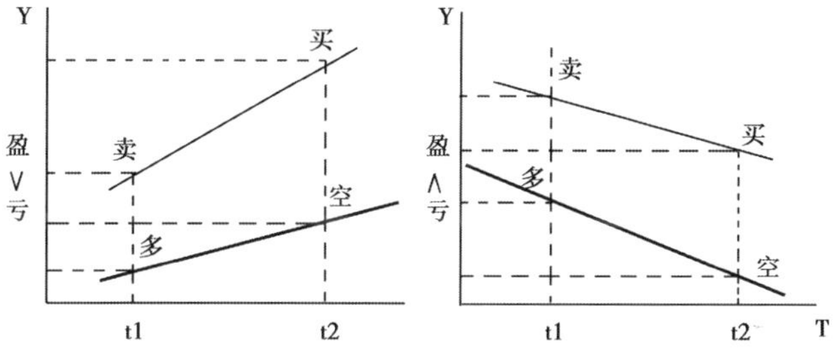


**图 7－2　期现价差扩大的两种情况**

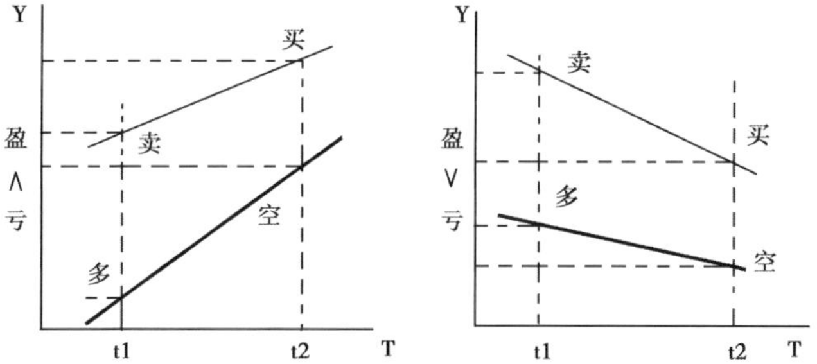


**图 7－3　期现价差缩小的两种情况**

## （一）期现价差持稳

如果后市期现价差持稳，则无论上涨或是下跌，均能有效规避价格波动风险。上涨时，期货头寸亏损而现货贸易利润上升，达到保值目的（与HHH 公司密切地沟通和合作，提高了行情预测准确度进而回避了这种情况）。在下跌过程中，期货产生盈利但现货销售利润下降，如果仅对套保的现货头寸而言，能够实现完全套保。

### （二）期现价差扩大

如果后市期现价差扩大，则仅能部分对冲价格波动风险。上涨时，现货利润提升较小而期货亏损严重；下跌时，现货销售利润下降明显但期货头寸盈利有限。这也是在“套保价位选择”段落中强调尽量选择期现价差较大时建仓的原因。只有随着后市价差不断减小，能够实现较佳的套保效果。

### （三）期现价差缩小

如果后市期现价差不断减小，则无论上涨或下跌，均能实现完全套保甚至有所盈余。上涨时，期货头寸亏损有限，而现货销售利润扩大，此为最佳结果；下跌时，现货销售利润降幅有限，而期货则盈利较大有限，亦是理想的选择。

在 HHH 企业的例子中，若现货行情 12 月均价为 2950 元/吨，下一年 1 月均价为 3000 元/吨，2 月均价为 3050 元/吨，则套保效果见表 7－6。

表 7－6　套期保值案例

| 时间 | 现货市场 | 期货市场 | 基差 |
| --- | --- | --- | --- |
| 11 月某日 | 甲醇现货 3030 元/吨 | 3100 元/吨开仓卖出 350 手 | －70 |
| 12 月 | 现货 2950 元/吨 | 期价 2980 元/吨 | －30 |
| 下一年 1 月 | 现货 3000 元/吨 | 期价 3040 元/吨 | －40 |
| 下一年 2 月 | 现货 3050 元/吨 | 期价 3050 元/吨 | 0 |
| 结果 | 12 月平仓 30 手，期货市场盈利 18 万元，现货市场亏损 12 万元，总体盈利 6 万元；1 月平仓 100 手，期货市场盈利 6 万元，现货市场亏损 3 万元，总体盈利 3 万元；2 月平仓 100 手，期货市场盈利 5 万元，现货市场盈利 2 万元，总体盈利 7 万元；3 个月共盈利 16 万元，套期保值效果良好 | | 基差走强 |

当然，如果现货市场与期货市场基差进一步走弱，则期货市场上可能出现亏损，但是现货市场上的盈利可以对冲掉相当一部分期货市场上的亏损，使企业总体处于一个较为平稳的运行状况，故期现价差较大时是卖出套期保

值的入场机会。

从上述情况中，HHH 公司不仅保证了企业在现货市场上的平稳销售，同时在期货市场上还获得一定的盈利，这使得企业能够在剧烈波动的甲醇市场中继续壮大。在这次的 HHH 公司卖出套保中，期现价差较大时建仓，严格控制套保头寸，对于企业是至关重要的条件，值得每一个套保企业引以为戒。

## 四、甲醇贸易商如何利用期货市场稳定采购成本？

对贸易商而言，如何以较低的价格采购到现货是采购的关键。因此，在价格具有吸引力的时候，企业可以提前采购，建立虚拟库存。当市场价格出现上涨的时候企业可以通过期货市场的盈利来弥补现货采购成本的增加，来稳定采购成本。

**案例 7-2**

### 贸易商买入套保:（稳定采购成本）

7 月中旬华东地区某贸易商 8 月中旬需要甲醇 12000 吨，而当时 7 月的现货价格为 2100 元/吨，该贸易商对该价格比较满意。据预测，到 8 月甲醇价格可能上涨，因此该贸易商为了避免价格上涨带来的风险，决定在甲醇期货市场上进行甲醇套保交易。交易情况见表 7-7。

**表 7-7　　买入套期保值案例（稳定采购成本）**

| 时间 | 现货市场 | 期货市场 |
|---|---|---|
| 7 月 | 甲醇价格 2100 元/吨 | 买入 12000 吨（1200 手）9 月甲醇期货合约，价格为 2150 元/吨 |
| 8 月 | 买入 12000 吨甲醇价格 2750 元/吨 | 卖出 12000 吨（1200 手）9 月甲醇期货合约，价格为 2800 元/吨 |

续表

| 时间 | 现货市场 | 期货市场 |
|---|---|---|
| 结果 | 成本提高了650元/吨，亏损780万元 | 盈利了650元/吨，盈利780万元 |
| 套保结果 | 净获利780万元－780万元＝0元。通过期货买入盈利弥补了现货市场因为涨价而提高的采购成本。将8月的采购成本锁定在7月2100元/吨 | |

买入套保能够回避价格上涨所带来的风险，提高了企业资金的使用效率。由于甲醇期货是保证金交易，因此运用少量的资金就可以控制大批货物，对需要库存的商品来说，节省了一些仓储费用、保险费用和损耗费用，能够促使贸易合同的早日签订。但是买入套保者也失去了由于价格波动而可能得到的获利机会。也就是说，在回避对己不利的价格风险的同时，也放弃了因价格可能出现对己有利的盈利机会。

## 五、签订进口合同后，甲醇贸易商如何规避甲醇价格下跌的风险？

8月7日，某甲醇贸易企业与中东某企业签订了一份进口1000吨甲醇的合同。按合同签订之日的汇率计算，相当于到港价为2800元/吨，而同期国内甲醇现货价格为2830元/吨。正常情况下，该批货物将于22天以后到达国内港口。

尽管国内现货市场价已经出现了企稳的迹象，但产能过剩的压力依存。欧债危机阴霾不散，我国经济继续回落，在进口货物到达国内港口之前国内市场依然存在着价格下跌的风险。如果以目前的现货市场价格出售，可以获得满意的利润，因此企业决定利用期货工具锁定利润。

8月7日，也就是进口合同生效的当日，企业卖出了MA2001合约100手（1000吨），成交价2840元/吨，将价格锁定。到8月15日，MA2001合约破位下行，新一轮跌势成形。8月29日，货物如期到港。9月5日，价格继续下跌，且期货价格较现货贴水一度超过了 160 元/吨。鉴于期货价格贴水，企业将该批进口货物以 2700 元/吨的价格全部卖出，并将持有的 MA301 合约 20 手全部平仓，成交价价为 2540 元/吨（见表 7－8）。

**表 7－8　企业利用期货市场规避产品价格下跌的套期保值效果**

| | 现货市场 | 期货市场 | 备注 |
|---|---|---|---|
| 8 月 7 日 | 现货价格：2830 元/吨 | 卖出 1301 合约 100 手<br>价格：2840 元/吨 | 升水 10 元/吨 |
| 9 月 5 日 | 现货价格：2700 元/吨 | 平仓 MA301 合约 100 手<br>价格：2540 元/吨 | 贴水 160 元/吨 |
| 套保效果 | 现货跌：130 元/吨<br>库存价值缩水 13 万元 | 期货跌：300 元/吨<br>期货盈利 30 万元 | 风险全部规避并获 17 万元收益 |

总结和启示：

鉴于进口货物运抵国内需要一定的时间，通常从中东运抵国内港口需 20 天左右。因此，在货物运抵国内港口之前，企业面临甲醇价格可能下跌的风险。企业可以借助期货工具进行对冲，锁定价格。如果没有相应的对冲工具，那么一旦市场价格下跌，企业将面临亏损的局面。

## 六、甲醇期转现如何操作？

期货转现货（以下简称“期转现”）是指持有同一交割月份合约的交易双方，通过协商达成现货买卖协议，按协议价格了结各自持有的期货持仓，并完成相应数量的现货转让。简而言之，企业将各自持有的期货头寸转为现货交易，而现货交易价格由双方协商确定。

“期转现”为企业提供了诸多便利之处，真正实惠了客户，诸如：

（1）期转现有利于降低交割成本。

（2）期转现使买卖双方可以灵活地选择交货地点、时间和品级等。期转现能够满足加工企业和生产经营企业对不同品级货物的要求，加工企业和生产经营企业可以灵活地选择交货地点，降低了交货成本，弥补了期货标准化过程中所失去的灵活性。

(3) 期转现可以提高资金的利用效率。期转现既可以使生产、经营和加工企业回避价格风险，又可以使企业提高资金利用效率。加工企业如果在合约到期集中交割，必须一次拿出几百万元甚至几千万元购进原料，增加了库存量，一次性占用了大量资金。期转现可以使企业根据加工需要，分批分期地购回原料，减轻了资金压力，减少了库存量。生产经营企业也可以提前和分批收到资金，用于生产。

(4) 期转现比“平仓后购销现货”更有优越性。期转现使买卖双方在确定现货买卖价格的同时，确定了相应的期货平仓价格，由此可以保证期现市场风险同时锁定。如果买卖双方采取平仓后再购现货的方式，双方现货价格商定后，有可能因平仓时期货价格波动而给一方带来损失。

(5) 期转现比远期合同交易和期货交易更有利。远期合同交易可以回避价格风险，但面临违约问题和流动性问题，面临被迫履约问题。期货交易虽没有上述问题，但在交割品级、交割时间和地点的选择上没有灵活性，而且成本较高。期转现吸收了上述交易的优点，同时又解决了上述交易中存在的问题。

例如，甲醇贸易商王先生 5 月在期货市场建仓备货的价位是 3100 元/吨，在 7 月下旬，甲醇期货价格已经上涨到 3600 元/吨，生产企业在此价位抛空。经过期货公司公平的核算，在当时甲醇期货的交割费用约 100 元/吨，该费用得到王先生与厂家双方的认可，于是大家商定将平仓价格定在 3500 元/吨，并报送交易所。交易所根据申请，对相应的仓位按照双方协商的交易价格予以平仓，但是该交易记录不参与当日结算价与交易量的计算，只是持仓量相应缩减，这样就不会干扰其他客户的正常交易。而与此同时，由于期转现为厂家节省了运费及交割费用，厂家也对王先生采取优惠价格进行现货交付，双方商定在 3450 元/吨的价位成交现货。

于是，厂家实际的甲醇销售价格为：3450 + (3600 - 3500) = 3550 元/吨；而如果按照标准期货交割方式，厂家的实际销售价格为：3600 - 100 = 3500 元/吨，且未计算运费，所以经过期转现，厂家的实际售价相当于提高了超过 50 元/吨。而对于王先生，他实际的采购价格为：3450 -（3500 - 3100）=3050 元/吨；如果采取标准的期货交割方式，王先生的采购价格为 3100 元/吨，而且也未包括运费，所以由于采用了期转现方式，王先生的采购成本节省了超过 50 元/吨。

这样，对于买卖双方而言，期转现可以说是互惠互利。而且期转现对于厂家的利益可能还远不止节省了运费与交割成本，期转现实际上为卖方提供了一种变相提前交割、提早回笼资金的途径，所以如果从企业整体的经营运转来看，期转现还会给卖方带来更多的间接收益，于是有时候卖方也情愿在比较高的部位了结头寸以投入期转现交割。

**延伸阅读**

### 我国甲醇现货市场定价模式如何？

我国甲醇生产厂家分散，下游加工企业众多，甲醇市场是一个竞争相对充分的市场。甲醇的价格主要通过以下两种方式形成：一种是生产厂家每天给出出厂价格，一般中小贸易商直接根据出厂价拿货，对于优质大客户生产厂家一般会在月底给出结算价；另一种是现货批发市场，主要是贸易商和中小下游消费企业交易形成。

郑州商品交易所上市甲醇期货将拓宽甲醇价格形成途径，也将使甲醇价格更具权威性和公平性。目前国际上 CME 交易所上市甲醇期货，但是成交量与活跃度远低于郑商所甲醇期货合约，由于生产企业、贸易商、加工企业以及众多投机客户积极参与，所形成的价格对现货价格具有明显的引导性和权威性，具体表现在甲醇价格相对于现货价格的领跌领涨性。据调查，目前华东地区、华南地区的贸易商已经形成了根据期货价格波动状况来报价的习惯。

## 七、甲醇的融资套现是如何进行的?

随着国内宏观调控的不断深入和货币政策的从紧，以融资为目的的大宗商品进口又悄然兴起，其中的矿产、金属、化工品已经成为贸易商青睐的融资工具。贸易商选择到国外市场进口，然后在国内市场抛售兑现，以改善资金紧缺的现状。

国内期货市场上融资商介入比较普遍的上市品种是锌、铜、PTA、塑料、甲醇等产品，这些产品的价格长期内外盘倒挂，并且随着国内利率的上升，内外价差也不断扩大。接下来主要围绕甲醇为中心进行讨论：

内外盘交割：采购国际市场的美金货物，进口到国内报关以人民币形式抛售（从采购到销售一般需要一月以内），取得信用证期（一般为60天）内的利用时间，取得货款在总价值的60%—70%不等的资金量，资金成本由内外价差决定；这种采购主要是船货，时间和现金流是他们最关心的问题。

总结：早期从事融资的大部分是通过这个渠道进行的，大部分的进口商都是超额进口，部分自用部分融资；主要资金占押在开证保证金、进口关税、增值税上，一般是30%—50%；融资商需要派专人进行产业链贸易，寻找卖家和买家，时间和成本较大。参与这种融资也有部分产业外的企业，还有部分是大贸易商联合融资商，还有后来的工贸一体化的工厂，不过随着价差的扩大，高额的资金成本，令太多的人转变方向，寻找其他更佳途径。

## 八、甲醇现货贸易商如何利用甲醇期货进行溢价抛售?

随着期现货套利及现货内外盘交割套利两种手段的空间不断缩小，或者说资金成本居高不下，不少前沿的贸易商开始利用目前红火的期货市场来进行销售。由于投机资金的不断介入，期货市场的合约价格往往被炒得远高于实际的现货价格，导致采购外盘来锁定抛售远期合约变得可行；下游工厂的介入，带来交割提货，一方面把市场的功能发挥出来，另一方面也使得交割仓库的周转开始进入良性轨道，期现之间物流顺畅。

基本操作是利用自己的甲醇美金货物，在期货市场上连续在多个月份合约上进行滚动的抛售（大部分品种都是呈现远期升水的格局，对抛售的空头比较有利），在现货市场比例不断缩小的环境下，利用期货市场的100%信用保证和现金交易的优越性，贸易商进口远期货物，进行交割套现。

在交易上面，贸易商通过期货市场免去了接触现货产业、主动寻找买家的成本和暴露自己融资商身份的麻烦；同时，可以在多个品种之间进行选择，只需要有外盘的开证额度就可以进口交割套现；在市场的抛售价格和行情把握好的情况下，不仅不会亏损，反而有融资收益。

在正向市场情况下，期货溢价抛售是现货贸易商的一个新的低成本途径。这种交易成本更低，并且隐秘性更好，对于不断艰难的贸易融资环境来说，期货不乏为一个新兴的、充满潜力的融资工具；在此过程中需要把握的事情包括现货采购节奏，合约月份的合理选择（当然目前的合约月份并不是每个月份都有充足的流动性），期现动态结合的跟踪，整个操作包括入库、制作仓单交割等流程及技巧和时间的把握，总体而言，比以前的环节更简单和低成本。

## 自测题

### 一、不定项选择题

1. 期货市场能为贸易商提供（　　）便利。

A. 保证金交易方式可以以小搏大　　B. 利用期货提前建立库存

C. 利用期货规避库存风险　　D. 利用期货提前锁定贸易利润

2. 可以利用甲醇期货建立库存的市场参与者有（　　）。

A. 甲醇生产企业　　B. 甲醇国内贸易商

C. 甲醇进口商　　D. 板材生产企业

3. 进行甲醇期现套利需要计算下列（　　）费用。

A. 仓储费　　B. 资金占用成本

C. 运费　　D. 增值税

4. 进行甲醇期现套利，下列（　　）费用因不同的交割仓库而有所差别。

A. 入库费　　B. 运费

C. 交割手续费　　D. 检验费

5. 期转现交易能带来（　　）好处。

A. 节省交割成本　　B. 节省交割库容

C. 加快客户资金流动速度　　D. 扩大期货市场参与者范围

6. 甲醇交割仓库及厂库主要分布在（　　）。

A. 河南省　　B. 江苏省

C. 浙江省　　D. 山东省

7. 在套期保值方向正确的前提下，决定套期保值效果的因素是（　　）。

A. 现货价格　　B. 期货价格

C. 基差的变化　　D. 期货持仓与成交情况

8. 甲醇产业链企业在现货经营过程可能面临的风险，下列（　　）描述是错误的。

A. 甲醇加工企业的原料已经采购或者已经确定采购价格，而产品还未销售或者还未确定销售价格，此时承受着原料价格下跌的风险

B. 甲醇生产企业的产成品库存由于甲醇价格下跌导致库存减值

C. 甲醇加工企业产品销售价格已经确定，而原料未采购或者还未确定采购价格，此时承受着原料价格上涨的风险

D. 甲醇贸易企业由于受甲醇价格上涨的影响，导致甲醇库存减值的风险

9. 某甲醇贸易商采购了1000吨甲醇，由于终端采购需求疲弱，甲醇价格出现下跌，同时，该贸易商对预计甲醇价将继续下跌，此时，该贸易商应

该采取（　　）措施。

A. 减少现货销售，保持1000吨甲醇库存

B. 在期货市场上对1000吨甲醇进行买入套期保值

C. 根据对现货市场以及自身经营情况的判断，在期货市场上进行一定比例的卖出套期保值

D. 恐慌性地抛售1000吨甲醇

10. 关于企业套期保值的操作说法有误的有（　　）。

A. 根据现货经营情况，可以进行实物交割来了结期货头寸

B. 根据现货经营情况，适时地进行平仓了结或实物交割

C. 不管现货经营情况，一直持有期货仓位直到获利

D. 根据市场趋势判断，确定入场时机

## 二、判断题

1. 贸易商可以在期货市场进行杠杆交易以获得更大的利润。（　　）

2. 贸易商利用期货市场化解库存风险是0成本的。（　　）

3. 一般贸易商在进行期现套利时，只需要缴纳大连商品交易所规定的交易手续费即可。（　　）

4. 国际化工产品贸易商进口甲醇时如果利用期货合约进行保值，能在很大程度上化解市场价格波动的风险。（　　）

5. 我国甲醇生产地与消费地相隔较近，所以市场价格传导较快。（　　）

6. 我国甲醇交割仓库均集中于华东地区，在江苏省、山东省之外的地区没有交割仓库。（　　）

7. 交易所指定的甲醇合规检验机构是中国检验认证集团江苏有限公司。（　　）

8. 某加工商为避免甲醇现货价格风险，做买入套期保值，买入10手期货合约建仓，基差为－20元/吨，卖出平仓时的基差为－50元/吨，该加工商在套期保值中的盈亏状况是盈利3000元。（　　）

9. 期转现交割方式会给交易所带来业务费用的损失，所以交易所一般不提倡以该方式进行交割。（　　）

10. 只有在加工制造企业为了防止日后购进原料时价格上涨的情况下，才利用买入套期保值。 （ ）

## 参考答案

### 一、不定项选择题

1. ABCD 2. ABCD 3. ABCD 4. AB 5. ABCD
6. ABD 7. C 8. D 9. C 10. C

### 二、判断题

1. √ 2. × 3. × 4. √ 5. ×
6. × 7. √ 8. √ 9. × 10. ×

# 第八章

# 甲醇下游企业如何参与期货市场

**本章要点**

本章主要介绍了甲醇下游加工企业如何利用期货市场以及参与期货市场的意义。通过本章的阅读有助于甲醇下游加工企业初步掌握进入甲醇期货的途径和方法，为进入甲醇期货市场做好准备。

## 一、甲醇期货对下游企业管理经营风险有什么帮助？

甲醇期货市场是传统现货采购模式的递补和续延，在扩大采购信息、采购范围、货物供应商等方面发挥了重要作用，并且在采购价格选择、采购方式、采购成本控制等方面得到很大的改善，尤其是对采购风险控制上，传统现货采购 + 期货市场新型模式越来越受到企业的重视（见表 8 - 1 和表

8－2）。期货市场作为风险控制的有效工具，对采购过程中的各类风险控制究竟能够发挥哪些作用呢？

**表 8－1　　期货市场——传统采购模式的递补和续延**

| 采购模式特点分析 | 传统现货采购 | 传统现货采购＋期货市场 |
|---|---|---|
| 采购信息 | 缺乏 | 充分 |
| 采购范围 | 小<br>（单一现货市场） | 大<br>（现货与期货两个市场） |
| 交易对手 | 少<br>（仅局限于少数现货供应商） | 多<br>（现货供应商＋众多期货供应商） |
| 价格选择 | 窄<br>（受限于现货价格） | 宽<br>（近期、中期、远期价格任选） |
| 采购成本 | 固定<br>（全额交易模式） | 灵活<br>（可采用保证金交易模式） |
| 采购方式 | 固定<br>（一手交钱一手交货） | 灵活<br>（可以通过期货对冲取消采购义务） |
| 采购风险 | 不易控制 | 某些传统现货采购风险一定程度得到控制 |

**表 8－2　　传统现货市场与期货市场采购风险对比**

| 采购模式风险类别 | 传统现货市场采购 | 期货市场采购 |
|---|---|---|
| 供应风险 | 存在 | 几乎不存在 |
| 质量风险 | 存在 | 几乎不存在 |
| 价格风险 | 存在 | 存在且波动剧烈 |
| 技术风险 | 存在 | 存在 |
| 信息风险 | 存在<br>（主要是信息缺失） | 存在<br>（主要是信息泛滥） |
| 信用风险 | 存在 | 几乎不存在 |
| 道德风险 | 存在 | 几乎不存在 |

随着经济全球一体化和金融全球化进程不断深化，国际大宗商品特别是原油等工业品价格大幅波动，给相关商品价格造成不小影响，甲醇价格即受原油价格影响较大，自 2008 年 6 月全球金融危机爆发以来，浙江地区甲醇

出厂价已从 4900 元/吨左右的价位急剧下跌至年底的 1600 元/吨；自 2008 年 11 月触底反弹后，到 2009 年 12 月再次恢复至 2800 元/吨位置。价格的巨幅快速波动已给甲醇下游加工企业经营造成很大不确定性，增加了企业经营风险，使大多企业管理层都感触到在一个如此动荡的市场中搏击，充满了赌博性，辛辛苦苦依靠主营业务所积累起来的企业价值有可能在一次较大幅度的波动中就损失殆尽。

现在随着甲醇期货商品的设立和完善，给甲醇下游加工企业带来了锁定成本，控制风险的利器。甲醇加工企业参与期货市场的必要性主要体现在以下几个方面：

第一，可规避原材料成本大幅波动的风险，如甲醛生产企业产品主要成本即为甲醇，往往原料成本占到产品总成本 80%—90%，人工等其他费用占比较小。这样就使得甲醇价格的波动会对企业生产总成本产生较大影响，使运用期货市场规避甲醇加工企业成本风险非常必要。

第二，成本风险得到有效控制，有利于企业经营计划的制订，方便企业管理层更准确地制定决策，便于节省精力去解决其他企业管理问题。同时，成本风险得以控制也使利润更趋于稳定增长。

第三，优化企业资金管理，企业在经营生产过程中，常常会遇到下游订单较为稳定且原料市场行情上升趋势明显，此时很有必要为日后订单储备原料库存；但现金流紧张使企业难以购买到足够量的原料。期货市场的保证金交易制度，使企业运用少量资金储备足够原料成为可能。

第四，拓展了下游加工企业原料来源，现货市场或许会由于商家看涨囤货而造成现货紧俏，加工企业不能以合理成本从现货市场上买到原料时，可以考虑从期货市场交割这一途径获得原料。

第五，从长远的宏观层面观察，由于全球经济一体化影响，大宗商品价格波动幅度已日趋增大，地区事件或能引起某一商品的大幅上涨或下跌，企业在一个不断变化的经济环境中要想长远发展，必须学会如何规避风险，使利润稳步增长，而能善于运用期货市场的企业无疑能提高自己的生存能力，长久生存往往能带动企业价值与日俱增。

总体而言，对于生产甲醛、二甲醚等甲醇下游加工企业来说，需要以相对较低的价格采购原料，降低成本从而扩大利润，但往往会担心甲醇价格上涨，为了防止正式采购时价格上涨遭受损失，可采用在甲醇期货市场上进行买入保值，即在甲醇期货市场建立虚拟库存，等到正式采购现货时再卖出同等数量的甲醇期货进行对冲，以达到保值目的。

## 二、甲醇加工企业如何利用甲醇期货市场规避原料价格上涨风险？

**案例 8-1**

某甲醇生产企业于6月签订一份7月的1000吨甲醇采购合同，6月甲醇现货价格为2440元/吨，但因担心需求推动甲醇价格上涨，导致采购成本增加。为避免将来价格上涨带来的风险，该甲醇生产企业决定在郑州商品交易所买入甲醇期货进行对冲（见表8-3）。

**表8-3 该企业最终的买入套期保值效果（不考虑手续费等交易成本）**

| 交易日期 | 现货市场 | 期货市场 |
| --- | --- | --- |
| 6月5日 | 价格为2440元/吨，担心未来采购价格上涨 | 买入100手2009合约，开仓价为2750元/吨 |
| 7月5日 | 价格涨至2610元/吨，按计划购入1000吨 | 卖出100手2009合约，平仓价为2860元/吨 |
| 盈亏情况 | 亏损：（2440-2610）×1000=-17万元 | 盈利：（2860-2750）×100×10=11万元 |

注：期货市场11万元的盈利部分弥补了现货市场的亏损

此例中，期货市场11万元的盈利部分弥补了现货市场的亏损，规避了较大一部分原料价格上涨带来的损失。

第一，买入套期保值能有效规避价格上涨所带来的风险。从表8-3可知，若忽略交易成本（如期货交易费、交割费等），企业通过期货市场进行买入套期保值，甲醇现货价格上涨期间需要多支付的风险较大一部分通过期货市场得到了弥补。但若不进行保值，在价格上涨趋势下，现货市场采购价格必然买在高点。

第二，参与套期保值能提高企业资金的使用效率。由于期货市场实行保证金交易，若以保证金11%计，买入100手价格为2750元/吨的期货合约仅需30.25万元保证金（100×10×2750×11%），而在现货市场购买，通常需要全额支付，资金占用较多。

第三，该企业也可以根据实际情况灵活选择保值实现方式，当所持部位在现货买卖中有浮动盈利时，可直接平仓获利，并不一定要参与实物交割。

第四，对于最后进入交割的企业来说，从期市上买入甲醇节省了仓储费、保险费和损耗费。

在实际操作中，此例也可能出现另一种情况：假如终端消费不足，甲醇现货未上涨反而下跌，那么企业现货采购成本将降低，而在期货市场的操作将出现亏损。在这种情况下，也许有人会提出，在期货市场进行套期保值交易反倒赔了钱，若不进行期货套期保值而是等到9月直接采购现货岂不更好？事实上，这种观点忽略了两个问题：第一，企业是基于成本收益核算后，对2440元/吨的现货价认可的情况下，才在期货市场上进行买入套期保值的，按照这个成本生产出来的产品还是有盈利的；第二，企业在做决策的时候无法预知后市的涨跌。所以，进行套期保值操作，无论后市价格上涨或下跌，企业都可以提前确定甲醇的采购成本，从而锁定利润、稳定生产。

总之，无论从规避价格变动风险还是从节省资金和仓储成本的角度来看，套期保值交易对甲醇加工企业现货经营来说都是经济、有效的辅助工具；对于操作熟练的企业来说，套期保值交易甚至可以成为现货经营中不可或缺的一部分。

**案例8-2**

### CCC公司甲醇下游企业规避原料价格上涨风险套期保值案例

（一）企业基本情况介绍

CCC公司是一家集甲醇贸易、下游需求及仓储为一体的多元化公司，其中包含年产量在20万吨的二甲醚（DME）生产储运加工业务。该公司月均甲醇需求和贸易总量约为4.5万吨，供给端采取国际贸易和国内采购相协调的方式，2021年在国际市场上月均采购4次甲醇，每次5000吨，不足的部分在国内采购补充。

（二）企业经营风险剖析

1. 生产需求

首先该公司是一家甲醇消费企业，年产20万吨二甲醚可消耗掉28万吨甲醇，这一部分所面临的风险是价格上涨可能导致的产品利润空间下滑。因为二甲醚上游的原料比较单一，若甲醇价格大幅度上行，企业利润被压缩，甚至没有利润时，企业多选择停车。为避免后期甲醇价格上行给公司带来的成本压力，该公司可以在期货市场上建立多单，进行买入套保，以此规避风险。

2. 贸易特点

由于该公司参与甲醇贸易，使得其套保需求复杂化。在国际采购的甲醇由于船期长、价格变化波动大，甲醇价格下跌会对公司产生一定的风险。结合公司甲醇需求的特点，若价格下跌，可以由贸易转为自用，风险相对较小，可以在二甲醚需求淡季选择性的卖出套期保值。

（三）企业买入套保方案的制订

12月份，期货价格最低至2666元/吨，分析认为，年后甲醇价格会随着下游企业需求的恢复有所上升，企业计划在期货市场上买入套期保值，该企业月需甲醇4.5万吨，生产二甲醚每个月所需甲醇约为2.3万吨，对自用部分进行完全套保。按照3个月的持仓计算成本（见表8-4），如下：

1. 交易手续费用

各期货公司公布的交易费用均在30元/手左右，但对企业客户会有适当的优惠，按照20元/手的交易费用计算，则每吨的建仓费用为0.4元/吨，平仓费用也为0.4元/吨。

2. 资金占用成本

期货保证金按照交易所8% +3% =11%计算，建仓成本按均价2700元/吨计算，每吨甲醇期货消耗的保证金成本约为2700 ×11% ×6.10% ×3/12 =4.53元。由于甲醇期货为新上市品种，建议企业将仓位控制在50%

以下，则保证金账户上的资金应是实际需求的资金2倍以上，每吨持仓成本至少翻倍至9.06元。

3. 根据该企业的地域情况，华南地区暂无甲醇期货交割库，不适合在期货市场交割，因此不涉及出入库费用、交割费用、增值税等。

**表8-4　　套期保值成本计算**

| 期货持仓成本项目（MA2005期价2700元/吨） | 每吨费用（元） |
|---|---|
| 1. 建仓手续费 | 0.4 |
| 2. 利息成本：半年贷款利息6.10% | 9.06 |
| 3. 平仓手续费：20元/手 | 0.4 |
| 总计 | 9.86 |

## 三、甲醇加工企业如何利用期货工具锁定产品价格下跌的风险？

2012年4月，受西北装置集中检修、中国船东互保协会透露将停止为载运伊朗石油的油轮提供保险的消息提振，甲醇期货价格上涨至3100元/吨左右。但是下游甲醛、二甲醚、醋酸等产品利润微薄是制约甲醇继续大幅上涨的重要因素。甲醇最主要的下游甲醇市场在房地产政策的打压之下，预期消费得不到保证，企业的接货积极性不高；另一重要下游二甲醚在3月中旬以来全国各地严查液化气掺烧的情况下，行情始终不见好转，价格徘徊在成本线附近。下游需求淡季临近，而甲醇装置检修也基本结束，5月甲醇供应将提升，市场预期甲醇将面临产品过剩的压力。因此，5月甲醇价格或将大幅回落。同时，受原材料价格影响较大的下游产品价格也将会出现相应回落。

二甲醚生产商老张是与大部分市场人士持相同观点的人，为了规避二甲醚价格可能下跌的风险，老张决定进入期货市场进行套期保值。于是在

2019年5月2日，卖出了MA2009合约20手（1000吨），建仓均价为3150元/吨，希望借助甲醇与二甲醚之间的相关性，对冲二甲醚价格下跌所带来的风险。当时二甲醚的现货市场价格为5000元/吨。到了6月20日，MA2009合约已经连续4个交易日止跌反弹，且二甲醚市场价格也出现企稳的迹象。因此，老张决定结束套期保值交易，将20手MA2009合约对冲平仓，平仓均价为2750元/吨，此时二甲醚现货市场价格为4600元/吨（见表8－5）。

**表8－5　企业利用期货市场锁定产品价格下跌风险的套期保值效果**

| 时间 | 现货市场 | 期货市场 |
|---|---|---|
| 2019年5月3日 | 二甲醚现货市场价：5000元/吨 | 卖出MA2009合约100手<br>价格：3150元/吨 |
| 2019年6月20日 | 二甲醚现货市场价：4600元/吨 | 平仓MA2009合约100手<br>价格：2750元/吨 |
| 盈亏情况 | 产品价格下跌400元/吨，<br>利润共下降40万元 | 期货市场盈利400元/吨，<br>盈利共40万元 |
| 套保效果 | 相当于二甲醚最终销售价格为：5000元/吨 | |

总结和启示：在此案例中，二甲醚生产企业对产品价格的未来走势做出了较为正确的判断，且充分利用了甲醇价格与二甲醚价格之间的相关性，因而有效地对冲了二甲醚价格下跌的风险。

## 四、甲醇加工企业如何利用期货工具解决仓储空间不足的矛盾？

企业仓储空间通常与其生产或销售能力相配套，一般情况下并不会出现仓储空间不足的问题。但当企业预期原材料价格可能大幅上涨时，生产型企业往往希望采购更多的原材料，以供未来的生产之用。在这种情况下，即使企业拥有足够的采购资金，也难以回避仓储空间不足的矛盾。

2019 年 1 月 6 日，老张所在的二甲醚生产企业与二甲醚销售商签订了一份产品销售合同，交货日期为 2019 年 2 月 16 日，销售价格为合同签订时当地的现货价格。生产该批产品所需甲醇约 1000 吨。合同签订之日，甲醇现货价格为 2840 元/吨，且按此价格计算企业盈利处于正常范围之内。但当合同签订时，企业已没有库存空间可供使用。

为了解决库存容量不足的问题，老张决定再次利用期货市场这把保护伞，于 2019 年 1 月 16 日买入期货 MA2005 合约 20 手（1000 吨），建仓均价为 2820 元/吨，相当于建立了 1000 吨虚拟库存。老张计划待企业腾出库存空间后，再购入现货，并对冲平仓期货，将虚拟库存转为实际库存。根据生产计划，2 月初企业即可腾出足够的仓储空间。

2 月 6 日，随着两批产品的出库交货，仓库紧张问题随即得到解决，并且通过分析发现，买入现货材料更加划算，因此老张决定结束期货市场的套期保值操作。此时，MA2005 合约价格为 3020 元/吨，较建仓时上涨了 200 元/吨（见表 8－6）。

**表 8－6　企业利用期货市场解决仓储空间不足的套期保值效果**

| | 现货市场 | 期货市场 | 备注 |
|---|---|---|---|
| 2019 年 1 月 16 日 | 现货市场价格：2840 元/吨 | 买 MA2005 合约 100 手<br>价格：2820 元/吨 | 基差 =20 元/吨 |
| 2019 年 2 月 6 日 | 现货市场价格：2990 元/吨<br>企业购买 1000 吨 | 卖出 MA2005 合约 100 手<br>价格：3020 元/吨 | 基差 = －30 元/吨 |
| 盈亏分析 | 亏损：1000 × 150 = －15 万元 | 盈利：1000 × 200 = 20 万元 | 盈利 5 万元 |

总结和启示：尽管到 2 月 6 日时，现货市场价格上涨了 150 元/吨，导致企业的现货采购成本增加了 15 万元（1000 吨 ×150 元/吨），但由于企业在期货市场上盈利了 20 万元（1000 吨 ×200 元/吨），因此，企业的实际采购成本不但没有增加，反而有所降低。不仅巧妙地解决了仓储空间不足的问题，还意外降低了原材料采购成本。这是企业参与期货套期保值交易所产生的贡献。

## 五、甲醇加工企业建立库存时点的选择?

在期货市场上建立虚拟库存首先需要把握建仓点，建仓时点主要受企业生产运营的实际需要决定，但必然要参考价格走势和基差状况，以便更好地套保，甚至还能获得额外收益。

企业可先行向期货公司研发部门，其他专业甲醇市场研发部门咨询，如对甲醇市场价格判断向上趋势较为明显，对于有买入套保意愿的加工企业此时入场建立期货虚拟库存时机较好。

另外，套保企业还应对基差变动状况有所了解，套期保值与基差的关系：

虽然套期保值可以大体抵消现货市场价格波动风险，但不能使风险完全消失，其主要原因是存在“基差”这个因素。基差是指在某一特定时间和地点，某种商品现货价格和该品种期货合约（一般是指参与套保的那个月份期货合约）价格的价差，即基差 = 现货价格 - 期货价格。基差总是在不断变化，基差变化是判断能否完全实现套期保值的依据。理想的套期保值在整个保值过程中，基差保持不变。但是实际上这种理想状态很少发生，因为基差总是处于不断变化中，这将会导致套期保值者利润增加或减少。套期保值者利用基差的有利变动，不仅可以取得较好的套保效果，还可以通过套期保值交易获得额外的盈余。对于买入套保者而言，一般情况下，基差数为正时参与套保更有利。

套保策略首先定位于为企业服务，套保进入时点和退出时点都是配合企业甲醇需求时点。当然买入套期保值甲醇的趋势判断非常必要，一般情况下，企业在甲醇上涨趋势或震荡趋势中可选择全额套保，在下跌趋势中，企业可选择部分套保甚至不套保。基差的走势对于套保选择点同样重要，对于买入套保企业而言在正向市场，当判断基差会扩大时，选择买入套保时点；在反向市场，当判断基差很可能缩小时，选择买入套保时点。

甲醇加工企业利用期货市场建立库存的案例：

某华东地区一个二甲醚中型生产企业年甲醇产能约 10 万吨，6 月 1 日与下游客户签订订单，合同约定 10 月该甲醇生产企业需供货约 1 万吨。企业规划 8 月 1 日开始生产这一订单，但目前来看，由于全球经济复苏迹象明显，国内政策大力刺激经济，企业管理层通过调研认为中期内甲醇上涨概率很大，需要为两个月后的生产储备原材料，但此时企业仓库已满，现金流也因为要满足其他订单生产而较为紧缺。为了能规避原材料价格上涨的风险，企业管理层决定运用甲醇期货市场建立虚拟库存（见表 8 - 7）。

**表 8 - 7　　甲醇生产企业建立库存时点的选择**

| 市场<br>日期 | 现货市场 | 期货市场 |
|---|---|---|
| 接到订单日 | 尚未采购原料 | 先在期货市场买入等量的期货合约 |
| 生产加工期 | 分批采购现货原料 | 同时对期货合约分批平仓/交割 |

## 六、甲醇期货价格如何作为现货采购的定价参考基准？

国内外贸易商将期货市场应用到现货贸易定价体系中，形成“现货价格 = 期货价格 + 升贴水”的定价模式。该定价模式更突出价格形成的市场力量，使买卖双方处于相对平等的地位，有利于现货生产和贸易建立起平等共赢的经营机制。“期货价格 + 升贴水”的定价模式，既方便企业套期保值，又促进期货市场的进一步发展。

将期货交易所形成的价格定为现货流通的基准价时，因产地、质量有别等因素，在交易现货时双方需要谈一个对期货价的升贴水。事实上，采用“期货价格 + 升贴水”定价是国际大宗商品定价的主流模式，目前国内有色行业中运用该模式定价相对成熟。国际铜贸易、豆类等谷物贸易也往往通过“期货价格 + 升贴水”的交易模式进行操作。芝加哥期货交易所、伦敦金属交易所、上海期货交易所等也因此成为大宗商品的国际和国内定价中心。

**案例 8 - 3**

2012 年 4 月 15 日，山东某甲醇加工厂向内蒙古某甲醇生产厂采购 1 万吨甲醇，双方商定 5 月的第一周通过铁路发货。但在甲醇采购价方面双方报价悬殊，经过多轮谈判沟通一直未能达成协议。如何确定让买卖双方均能接受的采购价格是交易能否成功的关键。最终由中介方建议以郑州商品交易所甲醇期货价格作为采购的基准价格，采取“期货价格 + 升贴水”的定价模式获得购销双方的一致认可，大大降低了双方的交易成本。因此，用期货市场来定价，可能是最接近于这个完全竞争的一个市场。

第一步：确定以哪一个期货合约价格为采购基准价。

由于买方要求 5 月的第一周发货，因此双方约定以 MA2005 期货合约在 5 月的第一周周五（5 月 4 日）结算价为采购基准价格，也可以第一周全周结算价的平均价为采购基准价等方式。具体定价方式可由双方商定。

选择 MA2005 合约期价为基准价的理由：一是越临近交割的期货合约价格越贴近现货市场价；二是选近月合约期价为采购基准价是因为投机成分少，价格较理性；三是选用结算价而非收盘价等其他价格是为了防止价格受到人为操纵。

第二步：确定升贴水。

（1）铁路运输费用：整车货物每吨运价 = 发到基价 + 运行基价 × 运价公里。

（2）各种税费：主要是增值税。

（3）品质：质量差异与替代品升贴水。

（4）货到买方之前的其他费用：由卖方负担。

小贴士

## 点价

点价是指以某月份的期货价格为计价基础，以期货价格加上或减去双方协商同意的升贴水来确定双方买卖现货商品价格的交易方式。点价交易从本质上看是一种为现货贸易定价的方式，交易双方并不需要参与期货交易。目前，在一些大宗商品贸易中，如大豆、铜、石油等贸易，点价交易已经得到了普遍应用（见表8-8）。

**表8-8　点价与非点价的区别**

| | 点价 | 非点价 |
|---|---|---|
| 方式 | 点价是指在签订买卖合同时，并不直接确定商品的价格，而是在约定的“点价期”内以期货交易所的期货价格作为点价的基价，加上约定的升贴水作为最终的结算价格 | 非点价是指在签订买卖合同时，直接定好标的商品的价格，商品价格的确定取决于现货商及贸易商的谈判能力和当时的市场价格 |
| 特点 | 采用期货市场确定价格，期货市场是现实中最接近完全竞争的市场，产生出的价格最接近均衡价格。对于贸易流通来说，期货价格对现货交易的双方提供了权威依据，买卖双方只需要在期货价格的基础上谈判一个品质或交割地的升贴水，这大大降低了交易成本 | 不受期货品种的限制，也不受交易平台和地域的限制；在定价的过程中人格魅力比较重要，容易和客户培养感情，老客户不容易流失 |

例如，在大豆的国际贸易中，通常以芝加哥期货交易所（CBOT）的大豆期货价格作为点价的基础；在铜精矿和阴极铜的贸易中通常利用伦敦金属交易所（LME）或纽约商品交易所（COMEX）的铜期货价格作为点价的基础。之所以使用期货市场的价格来为现货交易定价，主要是因为期货价格是通过集中、公开竞价方式形成的，价格具有公开性、连续性、预测性和权威性。使用大家公认的、合理的期货价格来定价，可以省去交易者搜寻价格信息、讨价还价的成本，提高交易的效率。

与传统的贸易不同，在点价交易中，贸易双方并非直接确定一个价格，而是以约定的某月份期货价格为基准，在此基础上加减一个升贴水来确定。升贴水的高低，与点价所选取的期货合约月份的远近、期货交割地与现货交割地之间的运费以及期货交割商品品质与现货交割商品品质的差异有关。在国际大宗商品贸易中，由于点价交易被普遍应用，升贴水的确定也是市场化的，有许多经纪商提供升贴水报价，交易商可以很容易确定升贴水的水平。

根据确定具体时点的实际交易价格的权力归属划分，点价交易可分为买方叫价交易和卖方叫价交易。如果确定交易时间的权力属于买方成为买方叫价交易，若该权力属于卖方的则为卖方叫价交易。

## 七、甲醇加工企业如何审慎决定是否运用期货市场进行采购管理？

把期货市场作为一个风险控制的有效工具来锁定原材料成本，确保加工利润这个方法是值得倡导的。当然企业如果在期货市场进行了买期保值，它的效果可能是有两种情况：一种情况是在期货市场买进后，期货价格和现货价格同时上涨。此时不管期货价格上涨幅度是大于还是小于现货价格上涨幅度，企业在期货市场做的买入保值对企业降低原材料采购成本是有帮助的，因为期货市场是盈利的。另一种情况，如果期货市场价格和现货市场价格同时下跌，不管期货价格下跌幅度是大于还是小于现货价格下跌幅度，这个时候企业可能就会后悔，觉得不该做期货，因为期货不仅没有帮助企业降低采购成本，反而还拖累企业效益。而且，如果期货价格跌的幅度要远远大于现货的下降的幅度，那么在现货市场上节约一点点成本，不但弥补不了期货市场上造成的巨大损失，并且还可能会把企业微薄的加工利润吞食掉。

做套期保值业务也是有风险的，企业一定要审慎，最关键的一点就是企业应该对将来一段时期原材料价格的走势要有一个客观正确的判断。如果判断有误，那么就很可能出现表 8－9 中第三种和第四种情况，从而导致期货亏损拖累企业的现实生产经营。

**表 8－9　　利用期货市场锁定原料成本确保加工利润效果分析**

| 价格波动方向 | 价格波幅大小 | 应用期货效果评估 |
| --- | --- | --- |
| 期货价格上涨 X 元/吨<br>现货价格上涨 Y 元/吨 | X > Y | 情况一：期货市场盈利不仅弥补现货市场上增加的成本，还可以获得额外利润 |
| | X < Y | 情况二：期货市场盈利不能完全弥补现货市场上增加的成本，企业还要承受部分现货成本增加的压力 |
| 期货价格下跌 M 元/吨<br>现货价格下跌 N 元/吨 | M > N | 情况三：企业在现货市场上少付出的采购成本仅部分弥补了期货市场上的亏损 |
| | M < N | 情况四：企业在现货市场上少付出的采购成本可以弥补期货市场上的损失 |

企业做套期保值价格的预测跟当时企业所处的经济运行环境有很大的关系。经济的运行是有周期性的，它分为四个阶段，即复苏、繁荣、衰退和萧条。对应这四个阶段的通货膨胀率有通胀初期、通胀高位运行期、通缩初期和通缩低位运行期。

通胀初期，期货市场特征比较明显。随着甲醇期货价格不断上涨，现货价格跟随上涨（见图 8－1）。企业决策层或物资采购部门应充分地认识到在现货价格上涨前就为生产经营储备充足的生产原材料，以控制成本。一旦现货价格形成上涨趋势，在短短的几个月内是很难逆转的。但是，它在上涨的过程中会有回调，每次的回调都是购进的良机。此阶段采用期货工具采购（买入）较为适宜。

甲醇期货价格上涨到一定高位后会滞涨或在高位运行一段时间，但不会很长，如果不是急用的原材料则不宜急于采购，待价格从高位回落后再进行采购。此阶段不宜采用期货工具采购（买入）（见图 8－2）。

甲醇期货价格经过一轮又一轮的上涨后，会产生泡沫，政府为了控制通胀，会采取一系列收紧银根的宏观调控措施。此时，甲醇期货价格将会作高台跳水式的调整。作为企业的采购部门要把宏观政策分析透彻，结合甲醇期货价格这一先前指标，严格控制高位采购活动，规避高价购进风险。此阶段

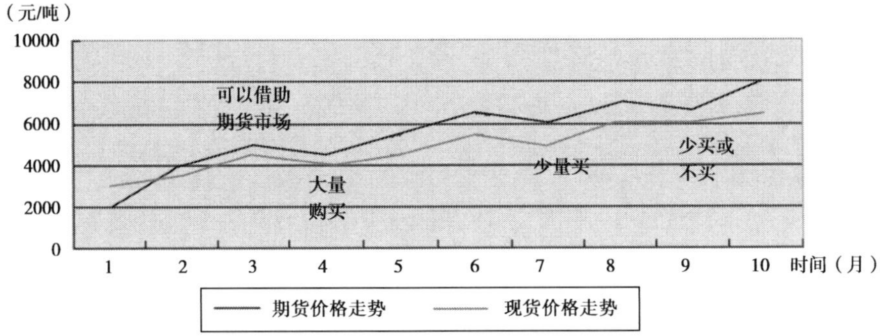


图 8-1 通胀初期原材料价格走势

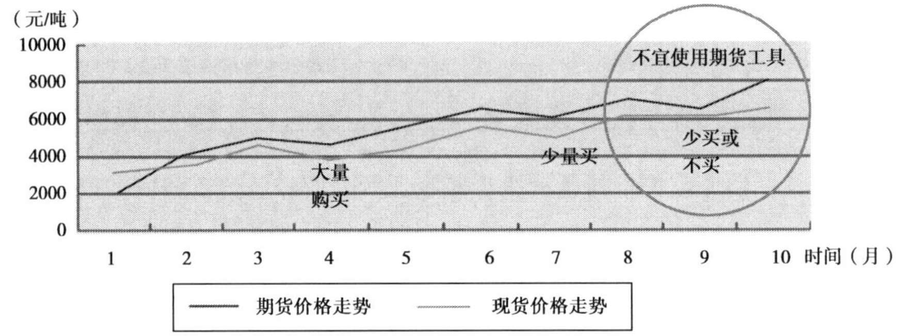


图 8-2 通胀后期原材料价格走势

非常不适宜采用期货工具采购（买入）（见图 8-3）。

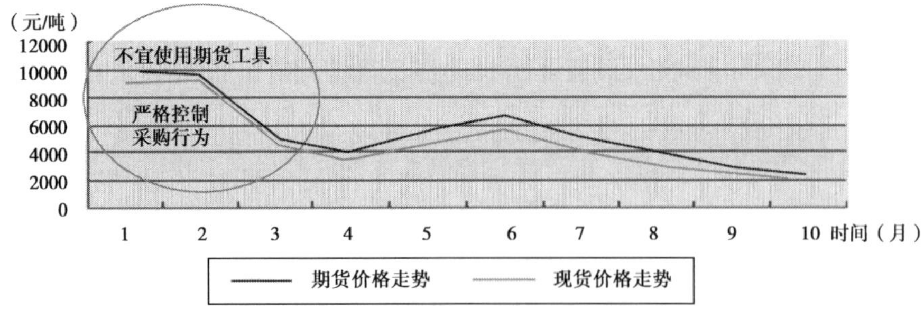


图 8-3 通缩初期原材料价格走势

甲醇期货价格从高位回落后，现货价格也会逐渐跟随调整回落，调整到位后会很长一段时间在低位区间上下波动，作为企业的采购部门可根据生产的需用量低价购入，并可以考虑运用期货工具采购（买入），为企业未来生产锁定采购成本（见图 8－4）。

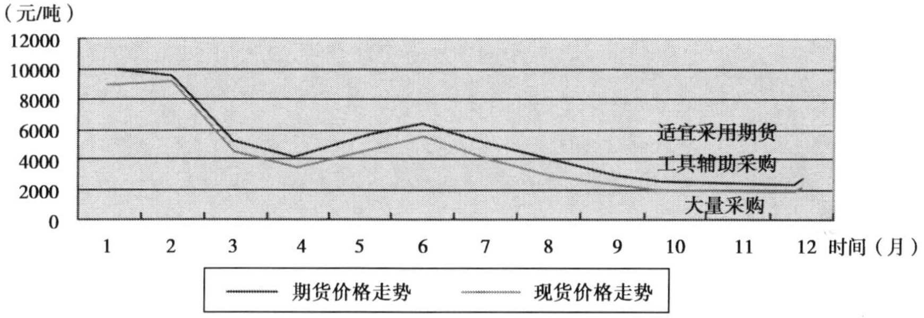


**图 8－4　通缩低位原材料价格走势**

## 八、哪些甲醇加工企业原材料采购需要运用期货市场规避价格波动风险？

是不是甲醇加工企业所采购的原材料一定要期货市场做套期保值，这也是一个值得探讨的问题。

举例来看，2010 年国内的棉花市场价格出现了大幅度上涨，价格从 2009 年下半年的 14000 元/吨到 2010 年下半年的 34000 元/吨，这个涨幅是惊人的，对于棉纺企业来讲，如果不利用期货市场进行原材料采购，那么棉纺企业的经营将会是非常的艰难，有的甚至是难以为继。但是对一家生产高档服装的服装厂来讲，它有没有必要在棉花市场上做买期保值，这就要考虑企业所用的棉花占最终产品的成本比例究竟有多大。服装厂生产的西服，它的卖点主要是式样、品牌和做工。棉花价格上涨，导致一些棉纺织品价格的上涨，可能对西服的成本会有不利的影响。但是这一部分增加的成本相对于售价几千元的西服而言微乎其微，对于西服销售价格影响不大，因此就没有必要到棉花期货市场上做买期保值。

具体到甲醇下游企业，如甲醛、二甲醚企业，甲醇占其生产成本较大，需要关注甲醇期货价格；而像农药、医药、染料等行业，甲醇占其生产成本比例较小，就没有迫切性要到甲醇期货市场做买入保值。

## 自测题

### 一、不定项选择题

1. 为了规避原材料价格上涨的风险，甲醇下游加工企业应该采取（　　）的交易策略。

A. 买入套期保值　　B. 卖出套期保值

C. 投机套保　　D. 套利套保

2. 甲醇下游加工企业可以利用甲醇期货，缓解企业（　　）的矛盾。

A. 采购资金不足　　B. 生产能力不足

C. 产品库存过高　　D. 产品供应过剩

3. 当甲醇（　　）时，甲醇加工企业可以买入甲醇期货合约，并通过交割达到买入现货的目的。

A. 生产能力不足　　B. 现货供应短缺

C. 供应过剩　　D. 社会库存过高

4. 在进口业务活动中，为了规避进口货物价格下跌的风险，甲醇加工企业应该采取（　　）的交易策略。

A. 买入套期保值　　B. 卖出套期保值

C. 投机套保　　D. 套利套保

5. 对甲醇加工企业来说，甲醇期货有（　　）作用。

A. 锁定原材料采购成本

B. 缓解资金不足的压力

C. 解决仓储空间不足的矛盾

D. 作为原材料采购的一种补充渠道

6. 某二甲醚生产企业的主要原材料是甲醇，该企业为更好地规避经验风险而参与期货市场进行套保，在进入市场之前，该企业应把握的原则包括：（　　）。

A. 选择与现货相关的品种进行套保　B. 专人专组负责

C. 以营利为主要目的　D. 估算操作成本，制定预算

7. 一个甲醇生产企业，3 月 1 日企业甲醇库存有 3 万吨，按照生产计划，3 月 15 日企业要消耗掉甲醇 2500 吨；4 月 1 日再次出库 6000 吨；5 月 1 日第三次出库 10000 吨，同时企业也从现货市场购入 8000 吨新库存。该企业自 3 月开始进入期货市场，采取买入主力合约进行套保。下列套保头寸正确的是：（　　）。

A. 3 月 15 日，应买入甲醇期货合约 550 手

B. 4 月 1 日，应平掉甲醇期货合约多单 120 手

C. 5 月 1 日，此时应剩下 390 手甲醇主力合约多单

D. 5 月 1 日，此时应剩下 210 手甲醇主力合约多单

8. 如果预计甲醇价格（　　）或已经进（　　）通道时，甲醇企业要做买入套期保值。

A. 上涨　B. 下跌

C. 上升　D. 下降

9. 运用甲醇期货，甲醇下游加工企业完全可以把期货市场作为原料采购的第三条渠道。这样可使企业在现货、合同货及期货三者中进行比较，从优选择，企业（　　）会更加有保障。

A. 原料采购　B. 产品销售

C. 生产经营　D. 产品质量

10. 预计甲醇上涨或已经进入上升通道时，下游二甲醚制造业可以利用甲醇期货为原料（库存）进行（　　）保值。

A. 上涨　B. 下跌

C. 买入　D. 卖出

## 二、判断题

1. 与上游企业相比，甲醇加工企业的规模往往较小，因而在原材料采

购和产品销售过程中，往往处于劣势。（ ）

2. 当甲醇加工企业需要采购大量原材料，而又没有足够的生产能力时，可以选择买入甲醇期货。（ ）

3. 甲醇加工企业买入期货合约能够规避产品价格下跌的风险。（ ）

4. 甲醇加工企业卖出甲醇期货合约，能够规避库存原材料价值缩水的风险。（ ）

5. 甲醇加工企业可以将期货市场作为采购甲醇现货的一种补充渠道。（ ）

6. 在卖出套期保值操作过程中，当企业完成了产品销售之后，如果期货价格有利，不需要将期货头寸进行平仓了解。（ ）

7. 利用甲醇期货，甲醇加工企业既可以将即将下线的产品进行提前销售，还可以规避价格可能下跌的风险。（ ）

8. 甲醇生产企业可以利用甲醇期货规避原材料价格波动的风险。（ ）

9. 原材料价格上涨和产品价格下跌是加工型企业面临的两大主要风险。（ ）

10. 二甲醚企业可以有效利用期货市场建立虚拟库存，也可以有效的盘活库存资金，减缩实际库存，提高资金运转效率。（ ）

## 参考答案

### 一、不定项选择题

1. A　2. A　3. B　4. B　5. ABCD
6. ABD　7. ABC　8. AC　9. C　10. C

### 二、判断题

1. √　2. √　3. ×　4. √　5. √
6. ×　7. √　8. √　9. √　10. √

# 第九章

# 甲醇期货的实物交割

**本章要点**

本章主要介绍甲醇期货交易的实物交割环节，包括实物交割的前期准备工作、交割流程、交割注意事项、仓单管理以及交割费用等相关内容，并对投资者在交割过程中可能遇到的疑问做出解答。

## 一、交割过程中有哪些规定？

无论采用何种方式进行交割，交割双方都必须是法人客户，必须具备开具增值税发票的资格。自然人不允许持仓进入交割月份并参与实物交割。

交割过程中，需通过期货公司办理交割预报、转交增值税发票等流程。客户需委托会员办理交割预报。会员可以通过郑州商品交易所网站下载并填写交割预报表（一式三份），加盖会员印章后到交易所办理交割预报。交易所收到会员提交的交割预报表后，在3个工作日内完成相应的审批工作，并将审批结果告知会员。客户需在交割预报批准日后40天内完成预报商品的入库。

此外，在交易所完成配对后，其配对结果不得变更。最后，买卖双方在办理入库出库手续时，应到库进行监收或监发。

## 二、卖方入库需要注意哪些问题？

入库前，客户需要做的是，提前将客户名称、车船号、数量、到货时间告知仓库，以保证仓库及时组织入库、安排检验。如果客户没有提前告知仓库，仓库可能无法及时安排相应的装卸人手，会影响客户的入库速度。

另外，客户在入库后要进行检验、注册两个环节，才能进行交割。如果临近交割期时有多家客户的货物集中入库，会给检验带来较大压力，上述时间也会相应延长，因此建议客户尽早完成入库。

## 三、买方出库需要注意什么？

- 客户可以凭标准仓单持有凭证到交割仓库提货吗？

不可以。客户必须凭提货通知单到交割仓库办理提货手续。

- 客户出库时应向交割仓库提供哪些证明材料？

客户提货时，必须向交割仓库提供提货通知单、提货人身份证、提货人所在单位证明等材料。

- 客户出库时应注意哪些事项？

商品出库前，客户应检查拟出库商品的质量。

商品出库时，客户应进行现场监督。客户不到库现场监督的，则认定对交割仓库所收所发的实物重量、质量没有异议。

交易所不受理已经出库的交割商品的质量和数量的争议。

• 客户与交割仓库对出库商品的质量发生争议，该如何处理？复检费用由谁支付？

客户应向交易所进行书面申请，由交易所指定检验机构进行复检，复检结果为解决争议的依据。

复检费用由客户先行垫付。如果复检结果与仓库的检验结果不相符，由此产生的费用和损失由交割仓库承担。如检验结果相符，费用和损失由客户承担。

• 客户与交割仓库发生纠纷，该如何处理？

标准仓单转让人与受让人（提货方）之间、客户与仓库或厂库及仓单质量免检承诺人之间产生交割纠纷的，双方可先行协商解决；协商无法达成一致意见的，应当在纠纷发生之日起 5 个工作日内以书面形式向交易所申请调解。调解不成的，依法向人民法院起诉或者依约向仲裁机构申请仲裁。

交易所不受理已经出库的交割商品的质量和数量争议。

• 客户要投诉交割仓库，如何与交易所负责仓库管理的人员取得联系？

交易所网站上公布了负责仓库管理人员的联系方式，客户可直接从郑州商品交易所网站中获取相关电话，向相关品种的管理人员进行咨询或投诉。

## 四、买方交割可以选择仓库吗？

买方客户经常会问可不可以自己选择提货的交割仓库？甲醇期货仓单属于非通用标准仓单，仓单持有人按照交易所的规定和程序只能到仓单载明品种所在的仓库或厂库提取所对应货物。

关于仓库库存情况，可查询郑州商品交易所网站。

## 五、仓单生成和注销需要注意什么问题?

标准仓单是交易所指定交割仓库或厂库按照交易所规定程序签发的符合合约规定质量的实物提货凭证。

标准仓单的生成包括交割预报、商品入库、检验、指定交割仓库签发及交易所注册等环节。标准仓单对应的期货商品转为现货，或标准仓单注册申请表提现后，客户如需在同一仓库再次生成标准仓单，仍需办理交割预报，但无须交付交割预报定金，按照期货合约标准重新检验。

注销仓单后无论是否提货，客户都应该按交易所规定及时与交割仓库联系，通知仓库是出库还是继续存放。

## 六、甲醇企业如何利用和管理仓单?

标准仓单本质上也是企业资产，灵活合理地利用将有助于提高资产利用率，缓解企业短期资金紧张。标准仓单是经交易所注册生效的实物提货凭证。与一般票据相比，标准仓单具有信用度高、流通性好和价值高的特征，是一种很好的信贷品种。通常，标准仓单可用于交割、转让、提货和质押，也可用于冲抵期货交易保证金。

标准仓单充抵保证金是指会员提出申请并经交易所批准，将持有的标准仓单移交交易所占有，作为其履行保证金债务的担保行为。标准仓单充抵保证金仅限于交易保证金，亏损、费用、税金等款项均须以货币资金结清。

标准仓单充抵保证金重要节点及注意事项：第一，郑州商品交易所受理仓单业务的时间为每个工作日交易时间的下午 2 时 30 分之前。最后交易日，不办理普麦及适用非通用标准仓单的品种除注册之外的其他标准仓单业务。第二，会员提交标准仓单充抵保证金申请时，需上传“郑州商品交易所有价证券充抵保证金有价证券所有人专项授权书”，授权书需有标准仓单所有人及会员签章，所有人签章须有公章，会员签章应是在交易所预留标准仓单业务章，且会员印章不能是复印的。第三，非通用标准仓单一张授权书可填写多张标准仓单编号，当分开提交申请时，各申请可使用同一张授权书。第四，授权书中会员填写的协议编号是指客户与会员之间签订与此授权书对应的充抵协议的编号。

## 七、交割违约如何处理?

具有下列行为之一的，构成交割违约：

（1）规定期限内，卖方未能如数交付标准仓单或未能如数交付实物的。

（2）规定期限内，买方未能如数解付货款的。

（3）车（船）板卖方交割的货物质量不符合交割质量规定的。

（4）交易所认定的其他违约行为。

构成交割违约的，由违约方支付违约部分合约价值（按交割结算价计算）20%的违约金给守约方。买卖双方终止交割。

计算买方交割违约合约数量时，交易所应对违约部分预扣合约价值20%的违约金。

计算卖方交割违约合约数量的公式为：

卖方交割违约合约数量（手）=［应交标准仓单数量（张）-已交标准仓单数量（张）］×交割单位÷交易单位

计算买方交割违约合约数量的公式为：

买方接到的仓单为完税标准仓单的，买方交割违约合约数量（手）=（应交货款-已交货款）÷（1-20%）÷（交割结算价+包装物单价）÷交易单位买方接到的仓单为保税标准仓单的，买方交割违约合约数量（手）=[保税应交货款（元）-已交货款（元）]÷保税交割结算价（元/吨）÷（1-20%）÷交易单位

买卖双方同时违约的，交易所按终止交割处理，并对双方分别处以违约部分合约价值5%的罚款。

会员发生部分交割违约时，违约会员所接标准仓单或者所得货款可用于违约处理。

按本细则规定出现终止交割情形时，交易所的担保责任了结。

## 八、甲醇交割的相关费用有哪些?

甲醇交割的相关费用见表9-1、表9-2。

**表9-1　　出入库费用及仓储费**

| 项目 | 汽车 | 轮船 | 火车 |
|---|---|---|---|
| 仓储费 | 2元/吨·天 | | |
| 入库费用 | 5元/吨 | 10元/吨 | 10元/吨 |
| 出库费用 | 0 | 10元/吨 | 10元/吨 |

注：1. 仓储费中包含损耗，注册仓单时仓库不再另扣损耗。2. 汽车出入库费用中包含作业费（库场管理、操作输油管线）、过磅费；轮船出入库费用中包含作业费（驳船与储罐间输送费用、库场管理）、过磅费等，不含港建费；火车出入库费用中包含铁路代垫费、作业费（库场管理、操作输油管线）、过磅费等。

**表9-2　　检验费（中国检验认证集团江苏有限公司）**

| 序号 | 项　目 | 检验费（元/样） |
|---|---|---|
| 1 | 色度/Hazen单位（铂—钴色号） | 100 |
| 2 | 密度（$\rho_{20}$）（$g/cm^3$） | 150 |
| 3 | 沸程（0℃，101.3kPa，在64.0℃～65.5℃范围内，包括64.6℃±0.1℃）/℃ | 250 |

续表

| 序号 | 项　　目 | 检验费（元/样） |
|---|---|---|
| 4 | 高锰酸钾试验/min | 300 |
| 5 | 水混溶性试验 | 150 |
| 6 | 水的质量分数/% | 150 |
| 7 | 酸的质量分数（以 HCOOH 计）/%或碱的质量分数（以 $NH_3$ 计）/% | 200 |
| 8 | 羰基化合物的质量分数（以 HCHO 计）/% | 200 |
| 9 | 蒸发残渣的质量分数/% | 300 |
| 10 | 硫酸洗涤试验/Hazen 单位（铂—钴色号） | 200 |
| 1—10 项全部检验的费用 | | 2000 |

注：1. 委托指定质检机构扦样的，扦样费用为 500 元/样。

2. 委托指定质检机构检重的，费用为 1000 元/批（罐）。

3. 委托指定质检机构扦样或检重的，交通费为 50 公里以内的 200 元/次，超过 50 公里的另计。

## 九、甲醇期货交割流程是怎样的？

期货实物交割在交割月的连续三个交易日完成，分别称为第一交割日、第二交割日、第三交割日，可以适用的流程包括滚动交割和集中交割。

滚动交割是指交割月第一个交易日至最后交易日的前一交易日，由卖方提出交割申请，并由交易所组织配对双方在规定时间内完成的交割。

集中交割是指在合约最后交易日闭市后，交易所组织所有未平仓合约持有者进行的交割。

### （一）滚动交割流程

1. 第一交割日（配对日）

（1）自进入交割月第一个交易日起至最后交易日的前一交易日，持有交割月合约且持有标准仓单或车（船）板交割货物或厂库非标准仓单棉纱 1

的卖方会员可在每个交易日下午 2 时 30 分之前，通过会员服务系统按照下列情形提出交割申请：

①卖方提出标准仓单交割申请时，应同时提交相应的标准仓单信息；

②卖方提出车（船）板交割申请时，应同时提交相应的拟交割货物信息。

（2）买方会员在会员服务系统响应卖方会员的交割申请。买方会员响应的，即视为确认，买卖双方均不得撤销。未得到买方会员响应的，卖方会员可于申请当日下午 2 时 30 分之前撤销交割申请；没有撤销的，由计算机系统判为作废。

（3）当日闭市后，交易所按以下原则进行配对：

对于得到买方会员响应的交割申请，交易所依据买卖双方相对应的持仓量、买卖双方确认申请量和卖方持有标准仓单量，取最小数进行配对。

2. 第二交割日

买卖双方通过交易所会员服务系统收取“交割通知单”。

3. 第三交割日

交易所对买卖双方进行交割结算。具体流程见本章关于交割结算流程的有关规定。

最后交易日闭市前，对于同一会员同一交易编码客户所持有的该交割月买卖持仓，若客户未提出不自动平仓申请，最后交易日闭市后，其相对应部分买卖持仓由计算机自动平仓，平仓价按当日结算价计算。其他未平仓合约，一律视为交割合约。

最后交易日闭市前，卖方将拟进行集中交割的仓单数量提交至交易所，交易所按照卖方提交的拟集中交割的仓单数量释放卖方保证金。卖方未在规定时间内提交仓单数量的，不释放卖方保证金。

### （二）集中交割流程

1. 第一交割日

最后交易日后的第一个交易日，卖方公布交割信息。未主动公布的，交易所于当日闭市时公布卖方相应品种所有可流通标准仓单信息供买方挑选。卖方未公布车（船）板交割货物信息的，交易所按标准仓单交割对待。

2. 第二交割日（配对日）

买方挑选卖方公布的交割信息。当日闭市前，非通用标准仓单或车（船）板品种交割的买方，根据卖方公布的仓单信息或者车（船）板交割的货物信息，自主选择并确认。买方挑选卖方标准仓单及车（船）板交割的总数量不超过卖方该合约的持仓量。卖方公布的、但未被买方选中的车（船）板交割，仍按照车（船）板交割方式进行配对。

当日结算后，买卖双方通过交易所会员服务系统收取交割通知单。

3. 第三交割日

交易所对买卖双方进行交割结算。具体流程见本章关于交割结算流程的有关规定。配对后，标准仓单交割的，卖方相应的标准仓单予以冻结，相应的保证金予以释放。交割关系一经确定，买卖双方不得擅自调整或者变更。会员对交割通知单有异议的，应在第三交割日上午 9 时之前以书面形式通知交易所；规定时间内没有提出异议的，视为对交割通知单认可。

### （三）交割结算流程

1. 标准仓单交割结算流程

（1）第三交割日上午 9 时之前，买方会员应当将尚欠货款划入交易所账户，卖方会员应当持有可流通的标准仓单。交易所结算部门为买卖双方办理交割结算手续，买卖双方在交割通知单注明的时间通过交易所会员服务系统查收交割结算结果；同时，买方会员把客户名称和税务登记证号等事项提供给卖方会员。

（2）交易所收取买方会员全额货款后，于第三交割日将全额货款的 80% 划转给卖方会员，同时将卖方会员的仓单交付买方会员。余款在买方会员确认收到卖方会员转交的增值税专用发票时结清。

2. 车（船）板交割结算流程

（1）第三交割日上午 9 时之前，买方会员应当将 100% 货款（不含买方保证金）划入交易所账户。

（2）买卖双方自第三交割日后规定时间，对车（船）板交割货物的交收事宜进行协商，办理交收。车（船）板交割具体事宜见本细则“车（船）板交割”有关规定。

（3）配对后至最后交货日次日，交易所按双方确认情况进行结算。

委托交易所结算的，全部货物交收完毕后，买方或者卖方一次性提交此次交割货物数量、质量、增值税发票流转及应划转货款等信息，对方应在当日内进行确认，若有异议，应在提交信息之日起（含该日）3个交易日内提供有效证明。逾期未提交有效证明的，系统将按照发起方提交的信息自动确认。交易所按双方确认结果进行资金划转、释放买卖双方的剩余资金。增值税发票流转参照本细则“增值税专用（普通）发票的流转”有关规定执行。

不委托交易所结算的，交易所退还买卖双方交易保证金和买方货款。买卖双方终止交割。

滚动交割的交割结算价为期货合约配对日（含该日）前10个交易日交易结算价的算术平均价。

集中交割的交割结算价为期货合约最后交易日（含该日）前10个交易日交易结算价的算术平均价。

## 十、怎样注册仓单及入库？

### （一）仓库仓单的交割预报

客户或者非期货公司会员向仓库发货前，应当由会员填写交割预报单，并以书面形式或者交易所认可的其他形式向仓库预报。预报数量较大的，交易所可以要求货主提供拥有商品的相关证明。特殊情况下，交易所可以要求仓库优先批准有近期月份持仓的交割预报。

自接到会员交割预报单之日起2个工作日内，仓库应当以书面形式或者交易所认可的其他形式回复会员能够接收的商品数量。自接到仓库同意入库的回复之日起2个工作日内，会员应当向仓库缴纳30元/吨的交割预报定金。仓库在收到交割预报定金的当日（工作日），开具入库通知单。对已存放在仓库的商品申请期货交割的，仍应提交《交割预报单》，无须交付交割预报定金。入库通知单自开具之日起生效。

入库通知单有效期（公历日）分别为40天。交易所可视情况，调整入库通知单的有效期。

入库通知单有效期内相对应数量的商品全部到库的，自商品入库完毕之日起2个工作日内，交割预报定金予以返还；部分到库的，按实际到货量返还；未到库部分，交割预报定金不予返还。

交易所公告暂停仓库入库业务的，自公告之日（含该日）下午闭市起，该仓库发生的交割预报视为无效预报，交易所不再受理相关商品的仓库仓单注册申请。

货主应当按交易所有关规定向仓库缴纳各项费用。

办理完交割预报的货主发货前，须将运输方式、车（船）号、数量、到货时间等通知仓库。

### （二）仓库入库流程要点说明

甲醇运输必须符合国家关于危险化学品运输的规定。

入库货物单证及货主危险化学品经营资质由仓库负责审验。境内生产的甲醇申请入库的，应当向仓库提交本批甲醇生产厂家出具的符合交割标准的产品质量证明书。产品质量证明书须载有生产厂家、生产日期、适用的质量标准和该批产品的质量检验结果等信息。境外生产的甲醇申请入库的，应当向仓库提交本批商品的船运证明、进口货物报关单、生产厂家出具的产品质量证明书等材料的复印件、海关放行单原件。商品所有人应当对所提供的单证签署“进口甲醇单证合法、真实、有效保证书”。

重量验收：采用汽车运输的，以地磅计量为准，由仓库负责验重；采用火车、船舶运输的，以仓库储罐打尺计量为准。货主可以委托质检机构或者仓库验重，由质检机构验重时，仓库应予以配合，由此产生的费用由货主承担。经交易所批准，甲醇重量验收可以使用国家质量技术监督部门认可的其他先进衡器计量。

质量验收：入库甲醇的采样、质检由质检机构负责，仓库应予协助，由此产生的费用（不含仓库配合费用）由货主承担。已经入库的甲醇，货主能够提供质检机构出具的该货物符合期货交割标准的检验报告，经仓库认可，可以申请注册仓单。对期货、现货混罐存储的甲醇，仓库必须确保整罐货物符合期货交割标准的规定，不符合规定的，不允许混罐存储或申请注册仓单。

自完成采样之日起 3 个工作日内，质检机构应当出具检验结果，并及时通知仓库。

### （三）标准仓单注册

1. 仓库仓单注册

自出具或者接到质检机构的检验结果之日起 1 个工作日内，仓库对检验结果进行确认并通知货主。对于质量符合交割规定的货物，货主无异议的，自通知货主之日起 2 个工作日内，仓库应当向交易所申请注册仓库仓单。

交易所可在自仓库提出仓单注册申请之日起 7 个工作日内予以注册。

自交割月最后交易日下午 3 时起，交易所不再受理仓库提出的用于当月交割的仓库仓单注册申请。该日下午 3 时以后的注册申请所形成的标准仓单可以参与后续月份交割。交易所规定的可予质量免检的商品用于期货交割的，最迟应当在合约最后交易日前一日申请注册。

2. 厂库仓单注册

非期货公司会员或客户与厂库结清货款等费用后，厂库通过交易所仓单注册注销系统提交仓单注册申请。动力煤厂库仓单注册时，厂家应提交收到基低位发热量等货物信息，交易所以此信息作为仓单注册标准的依据和货款计算的参考。

厂库申请仓单注册时，必须提供交易所认可的银行履约保函、银行承兑汇票、现金或交易所认可的其他担保方式。厂库提交的保证金数额按照最近交割月合约前一交易日结算价计算。

厂库最迟应当在合约交割月最后交易日前三个交易日下午 3 时前提交仓单注册申请。厂库提交的担保方式符合规定的，交易所可在自厂库提出仓单注册申请之日起 3 个工作日予以注册。

单个厂库允许注册仓单的最大数量，由交易所确定和调整。

当商品市值发生较大波动时，交易所可根据市场变化情况要求厂库调整银行履约保函、银行承兑汇票、现金或交易所认可的其他担保方式的数额。

## 十一、怎样注销仓单及提货？

### （一）标准仓单的注销

标准仓单的注销是指仓单持有人直接或者委托会员到交易所办理仓单提货手续的过程。客户注销仓单应当通过会员向交易所提交仓单注销申请。保税标准仓单的注销，按照本办法与《郑州商品交易所保税交割实施细则》相关规定执行。

适用通用标准仓单的商品需要提货的，交易所根据会员申请及仓库或厂库的具体情况，确定提货通知单对应的商品。自交易所开出提货通知单之日起10个工作日内，提货通知单持有人应当凭提货通知单验证密码、提货人身份证、提货人所在单位证明到仓库或厂库办理提货手续、确认商品质量、确定运输方式、预交各项费用。提货通知单持有人在提货期内向交易所提出商品质量复检申请的，自交易所收到申请之日起，提货通知单持有人的提货期间停止计算，待复检结果通知提货通知单持有人之日起重新计算。逾期未办理相关手续的，按现货提货单处理，仓库不再保证全部商品质量符合规定标准；厂库不再保证按期货规定承担日发货速度等责任，具体提货事宜由货主与厂库自行协商。

### （二）仓库交割商品出库

期货交割商品出库的重量检验由货主与仓库共同实施，具体办法参照入库规定。

货主提供运输工具的，自货主凭提货通知单与仓库联系出库事宜、运输工具到达仓库之日起，仓库开始发货，并停止收取已装运货物的仓储费；货主委托仓库代办运输的，自客户凭提货通知单与仓库联系出库事宜、指定运达地点并预交各种费用（包括铁路代办费、港杂费等）之日起，仓库不能在规定时间内（汽车、船舶10日，火车20日）发出商品的，不得再收取其后的仓储费。由于货主变更发货方式、提货手续不全、费用未按时交纳、特殊要求等原因，致使商品装运推迟的，不受前款限制。

出库时甲醇不符合交割质量标准的，仓库承担赔偿责任。

出库数量发生损耗造成短少的，仓库应及时补足。不能及时补足的，仓库按提货通知单开具日（含当日）之前甲醇期货最近交割月最高交割结算价核算短少商品价款，赔偿货主。

## 十二、期转现是怎样操作的？

### （一）期货转现货流程

期货转现货是指持有同一交割月份合约的交易双方通过协商达成现货买卖协议后，变期货部位为现货部位的交易。在期货合约到期配对交割前，客户可以期货转现货交割。其好处是：卖方可以提前把货物交出去，得到货款，也节省了仓储费；买方可以提前拿到货物进行加工、销售。

达成期转现协议的双方共同向交易所提出申请，获得交易所批准后，分别将各自持仓按双方达成的平仓价格由交易所代为平仓（现货的买方在期货市场应当持有多头部位，现货的卖方在期货市场应当持有空头部位）（见图9-1）。同时，双方按达成的现货买卖协议进行与期货合约标的物种类相同、数量相当的现货交易。

期货合约自上市之日起到该合约最后交易日期间，均可进行期转现。

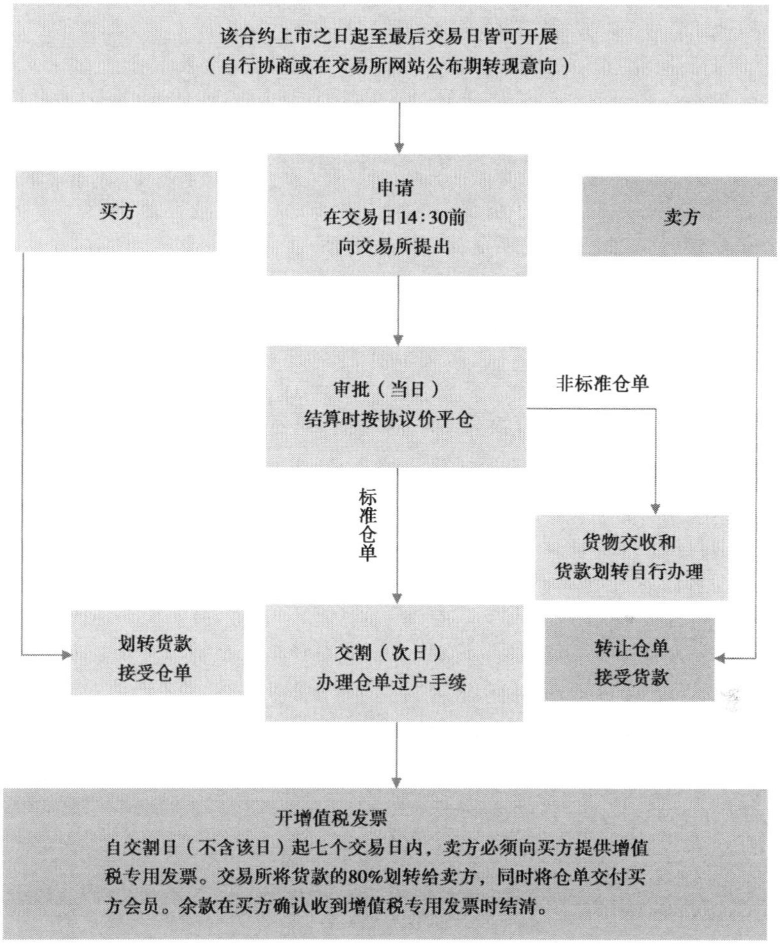


**图 9－1　期货转现货流程**

## （二）期货转现货要点说明

（1）买卖双方可以自行协商；也可以通过交易所会员服务系统发布期转现意向。

（2）买卖双方协商，就平仓价、交货价（二者可以不相同）达成现货买卖协议。

（3）持有同一交割月份合约的买卖双方达成协议后，在每一个交易日的下午 2 点 30 分之前向交易所提交期转现申请。

（4）交易所批准后，期转现的买卖双方持有的期货持仓，由交易所在审批日的下午闭市之后，按照买卖双方达成的平仓价格平仓。买卖双方达成的平仓价格应当在审批日合约价格限制的范围内。

（5）甲醇期货仓单是标准仓单。用标准仓单进行期转现的，可由交易所进行货款划转。买方提交期转现申请前应当有 20% 以上的货款，货款不足的不予批准或不予办理；在期转现申请批准后的下一个交易日，交易所为成功的期转现买卖双方办理仓单过户；增值税专用发票由卖方客户向买方客户按照双方商定的交货价格开具；买卖双方的相应持仓平仓后，办理标准仓单过户手续时，卖方未能如数交付标准仓单或者买方未能如数解付货款的，由交易所按照买卖双方达成的交货价格代扣违约方违约部分 20% 的违约金支付给守约方。

（6）买卖双方各自负担标准仓单期转现中的仓单转让环节的手续费。

### （三）期转现的好处

（1）不受交割月的限制，灵活掌握经营节奏。

（2）可以选择物流便捷、运距最近、服务更优的仓库，节约物流成本。

（3）可以选择适合自己生产、经营的等级。

（4）灵活确定价格，进行合理避税。

（5）降低交割成本，实现利润最大化。

（6）减小资金压力，提高资金利用效率。

（7）有效避免时间所带来的行情风险。

（8）交割效率明显提高，提货更加便捷、快速。

（9）让不可能实现的生意轻松完成。

（10）期转现适合大、中、小企业的参与。

## 十三、有价证券（仓单）充抵保证金业务如何操作?

经交易所批准，以下资产可以作为保证金：

（1）标准仓单。

（2）中华人民共和国财政部在境内发行的记账式国债。

（3）外汇资金（币种类别、折算方式和适用范围由交易所另行公布）。

（4）交易所认定的其他资产。

作为保证金的有价证券具体由交易所确定并向市场公布。

有价证券作为保证金按以下手续办理：

1. 申请

客户、境外经纪机构应当通过会员办理有价证券作为保证金业务。会员办理有价证券作为保证金业务时，应当向交易所提出申请。

会员以客户、境外经纪机构的标准仓单办理作为保证金业务时，应同时提交经客户签章的“郑州商品交易所资产所有人专项授权书”，并与交易所签订相关协议。

2. 验证交存

（1）会员将标准仓单通过电子仓单系统提交交易所办理交存手续，获交易所批准后，完成标准仓单作为保证金交存业务。

（2）以国债作为保证金的，客户、境外经纪机构、非期货公司会员应当确保托管账户中存有数量足够的、无其他权利瑕疵的国债。交易所按照会员的申请委托托管机构进行国债划转或者质押登记，托管机构对国债进行划转或者质押登记后视为办理完成。

（3）其他有价证券的验证交存应当符合交易所的规定。

以标准仓单作为保证金的，作为保证金的金额单笔不得低于 10 万元人民币。以国债作为保证金的，每次提交的国债面值不得低于 100 万元人民币。

为保证金的资产市值按以下方法计算：

（1）标准仓单作为保证金的，每日结算时，交易所以该标准仓单对应品种最近交割月份期货合约的当日结算价为基准价计算其市值。当日闭市前，先以前一交易日该标准仓单对应品种最近交割月份期货合约的结算价为基准价计算其市值。

（2）国债作为保证金的，国债的基准价取托管机构估值数据的较小值，交易所每日结算时以前一交易日该国债基准价的净价确定其市值。交易所有权对国债的基准价进行调整。

（3）其他资产作为保证金的，其市值计算的基准价由交易所核定。

作为保证金的资产的市值按照折扣比率计算后的金额称为折后金额。具体的折扣比率由交易所确定、调整并公布，其中标准仓单、国债等有价证券的折后金额不高于其市值的80%。交易所每日结算时，按规定的基准价调整作为保证金的资产市值和折后金额。

交易所按照会员在期货交易所专用结算账户中的实有货币资金的4倍（配比乘数）确定会员有价证券作为保证金的最大配比金额。交易所按照有价证券的折后金额和最大配比金额中的较低金额作为会员有价证券作为保证金的实际可用金额。会员办妥作为保证金使用的有价证券交存手续后，交易所将该笔有价证券的实际可用金额计入会员结算准备金。交易所在每日结算时，根据以上原则自动调整会员有价证券作为保证金的实际可用金额。

资产作为保证金业务生效当日，交易所结算部门按照资产作为保证金的金额进行账务核算，同时按照资产作为保证金的实际可用金额增加会员保证金。

交易所有权根据市场状况调整资产作为保证金的基准价、折扣比率、配比乘数，并由交易所另行通知。

资产作为保证金期限内，会员用于配比的货币资金不足时，交易所按照资产作为保证金配比规定及时对该会员的实际可用资产作为保证金的金额作相应调减；会员增加货币资金时，交易所按照资产作为保证金配比规定及时调增其实际可用资产作为保证金的金额。

国债作为保证金期间发生兑息的，利息归国债所有人所有，并按照托管机构有关规定办理。

有价证券作为保证金的，期限不得超过该有价证券的有效期。国债作为保证金的，国债到期日前一个月的第一个交易日结算时起，交易所不再将该国债计入实际可用金额计算。会员应当在国债到期日之前办理提取或者解除质押手续。

出现下列情况之一的，交易所可以取消有关会员资产作为保证金的额度：

（1）使用资产作为保证金的会员、境外经纪机构运用资金出现较大风险并有可能危及交易所合法权益的。

（2）作为保证金的资产出现瑕疵或者发生重大风险的。

（3）交易所认为必要的其他情形。

交易所取消会员资产作为保证金的额度后，会员保证金不足的，会员应当补足。

当会员不履行或不能完全履行交易保证金债务时，交易所有权处置作为保证金的资产，从所得的款项中优先受偿交易保证金债务和相关债务。会员应当承担处置作为保证金的资产时产生的损失及费用。

会员办理资产提取或者解除质押的，应当弥补相应的保证金。会员办理资产作为保证金业务的，办理时间为每个工作日的 14 点 30 分之前。

资产作为保证金不能全额及时清偿时，交易所有权将作为保证金的资产按市场价兑现或者变现，用于清偿其作为保证金的金额和相关债务。清偿后有余额的，将余额部分退还会员；兑现或者变现金额不足以清偿其作为保证金的金额和相关债务的，交易所有权向会员追索。兑现或者变现时，资产可以分割的，按其不能清偿的保证金数额、资产作为保证金的费用、兑现或者变现费用以及相关费用等的合计数额进行分割兑现或者变现；资产不能分割的，全部兑现或者变现。

办理资产作为保证金的会员应当向交易所缴纳手续费。手续费由交易所按不高于中国人民银行公布的同期贷款利率计算收取。具体计费金额和收费标准由交易所确定、调整并公布。资产在作为保证金期内发生的仓储费等其他费用按有关规定缴纳。有价证券作为保证金业务中托管机构收取的有关费用，按照托管机构的有关规定执行。

交易所应当建立资产作为保证金业务相关资料的保管制度，完善相关手续。资产作为保证金业务的相关资料保管期限与会计档案相同。

## 十四、仓单折抵业务如何操作?

### (一) 仓单折抵业务流程图 (见图9-2)

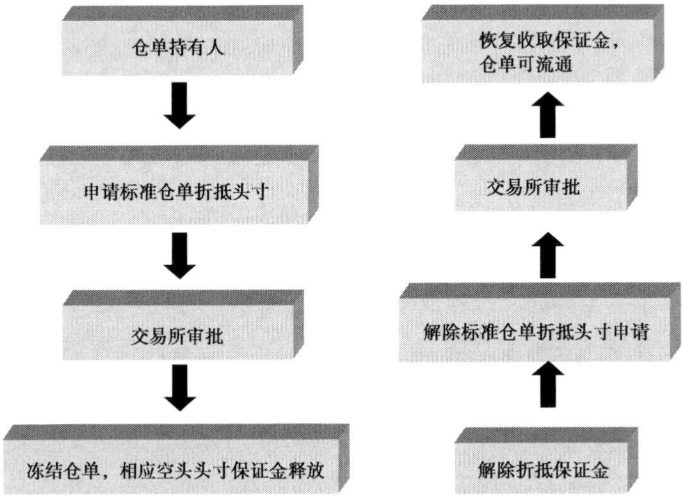


图9-2 仓单折抵业务流程

### (二) 仓单折抵业务流程要点

(1) 仓单折抵业务在每个交易日交易时间下午2点30分之前向交易所提交申请。

(2) 仓单折抵头寸只能用于折抵空头头寸的保证金。

(3) 折抵资金会随着仓单持有人最近月空头合约所收取的保证金变动而变动，即相应空头头寸保证金不再收取。

（4）解除标准仓单折抵头寸时，将恢复收取相应空头头寸保证金，同时仓单从冻结状态转为流通状态。

（5）仓单折抵期间仓储费照常收取。

## 十五、仓单银行质押授信业务如何操作？

为促进期货市场发展，方便会员和客户与商业银行之间开展标准仓单融资业务，郑州商品交易所提供了两种基本的协助方式：一种是根据部分商业银行申请，为其开通了标准仓单质权登记及质权行使通道，为出质人和质权人提供质押登记服务；另一种是配合没有取得质权登记及质权行使通道的商业银行依据银行、期货公司、客户等三方申请将客户仓单予以冻结。由于各家商业银行的内部管理不尽相同，所以对标准仓单质押授信的具体操作流程和要求也不完全一致。

### （一）通过质权登记及质权行使通道办理标准仓单质押授信的模式之一（见图9－3）

**标准仓单质押授信操作流程1说明**

1. 提交申请材料。

借款人须向当地银行（贷款行）提供以下资料：

（1）借款人营业执照（正副本）、企业法人代码证、税务登记证、公司章程、贷款（证）卡；

（2）借款人、保证人上年度财务报表（包括资产负债表、损益表和现金流量表）和最近一期财务报表原件；

（3）拟质押标准仓单清单与权属凭证（复印件）；

（4）借款人有权机构关于借款及同意质押的决议原件；

（5）拟质押人担保意向书；

（6）借款人法人代表身份证复印件，有权签字人的签字样本。

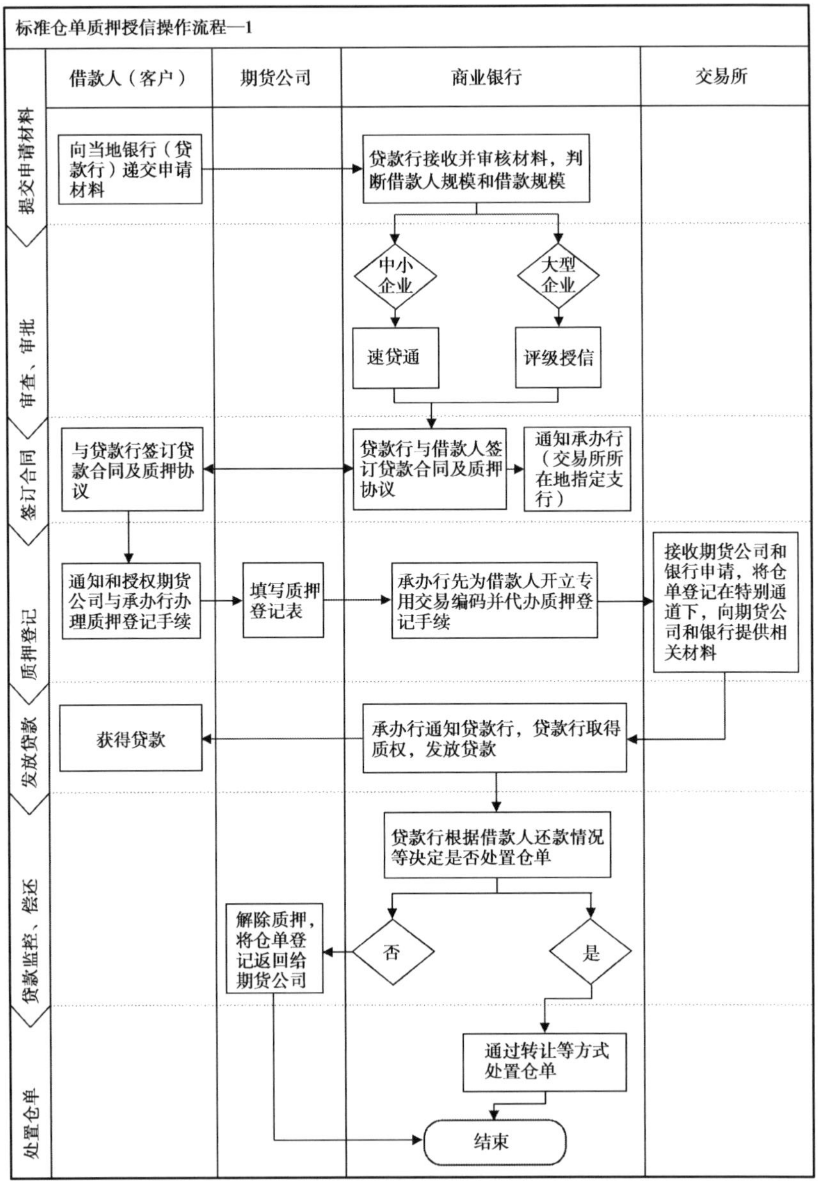


**图 9 – 3　标准仓单质押授信流程 1**

注：中国建设银行等采用上述办理模式。

2. 审查、审批

贷款行受理借款人的申请资料，并根据借款人财务状况和经营规模进行客户规模的划分、认定；对认定为中小型企业的借款人，直接根据“速贷通”业务有关规定给予借款人一定的贷款额度；对中小型规模以外的客户要先进行评级和授信，然后在核定的额度内受理单笔仓单质押贷款业务。

贷款行信贷审批部门根据经营部门上报的借款人的贷款额度、期限、金额以及借款人提供的拟质押仓单数量等证明文件进行审批。

3. 签订合同

对审批同意的贷款项目，银行通知借款人签订“标准仓单质押贷款合同”和“标准仓单质押合同”，同时为防止资金直接流入期市、股市进行投机交易，还要与借款人签订“资金使用监管协议”。

贷款行通知承办行（交易所所在地指定银行）关于仓单质押贷款情况，并将借款人的营业执照复印件交承办行，承办行为借款人在质权登记及质权行使通道下开立专用交易编码。

4. 质押登记

质押登记承办行与借款人、借款人所在期货经纪公司填写“郑州商品交易所标准仓单质押登记表”，承办行填写“标准仓单质押登记业务申请表”，期货公司被授权人与承办行指定专人共同到交易所办理质押登记手续。交易所将标准仓单登记到质权登记及质权行使通道。交易所办理完质押登记手续后，打印“郑州商品交易所标准仓单冻结单”和“仓单持有凭证”给承办银行。

5. 发放贷款

承办行办理完毕质押登记手续后，填写“质押登记确认书”，贷款行凭该确认书确定仓单质押登记已成功，为借款人办理贷款发放手续。

6. 贷款监控、偿还

为防止质押仓单价值下降造成的信贷风险，贷款行要对质押仓单品种的价值变动情况给予关注，当实际质押率超过 70% 或总行核定的警戒线时，要及时通知借款人采取归还部分借款或追加部分仓单等措施降低信贷风险。

借款人按时归还借款的，承办行与借款人、所在期货公司填写“解除标准仓单质押协议书”“郑州商品交易所标准仓单质押解除登记表”，共同到交易所将质押的标准仓单解除质押，并根据借款人的要求将仓单登记到原期货经纪公司。

7. 处置仓单

借款人确认要采取仓单转让、交易等方式归还银行借款的，承办行负责协助借款人进行仓单过户。

## （二）通过质权登记及质权行使通道办理标准仓单质押授信的模式之二（见图9－4）

**标准仓单质押授信操作流程2说明**

1. 提交申请材料

借款人须向交易所所在地银行或当地银行提供以下资料：

（1）营业执照（正副本）、组织机构代码证、税务登记证、公司章程、贷款卡原件和复印件；

（2）借款人近三年度审计报告和最近月份财务报表；

（3）拟质押标准仓单清单与权属凭证（复印件）及仓单所有人同意质押的决议原件；

（4）借款人有权机构关于借款及同意质押的决议原件；

（5）借款人法人代表身份证复印件，董事会成员及授权人签字样本。

2. 审查、审批

贷款行受理借款人的申请资料，根据借款人财务状况和经营规模进行授信（不参与授信评级），然后在核定的期限和额度内受理单笔仓单质押授信业务。

贷款行信贷审批部门根据经营部门上报的借款人的授信额度、期限、金额以及借款人提的拟质押仓单数量等证明文件进行审批。

3. 签订合同

对审批同意的授信项目，贷款行通知借款人签订“标准仓单质押授信合同”和“标准仓单质押协议”。

承办行（交易所所在地指定银行）为借款人在质权登记及质权行使通道下开立专用交易编码。

4. 质押登记

同标准仓单质押授信操作流程 1。

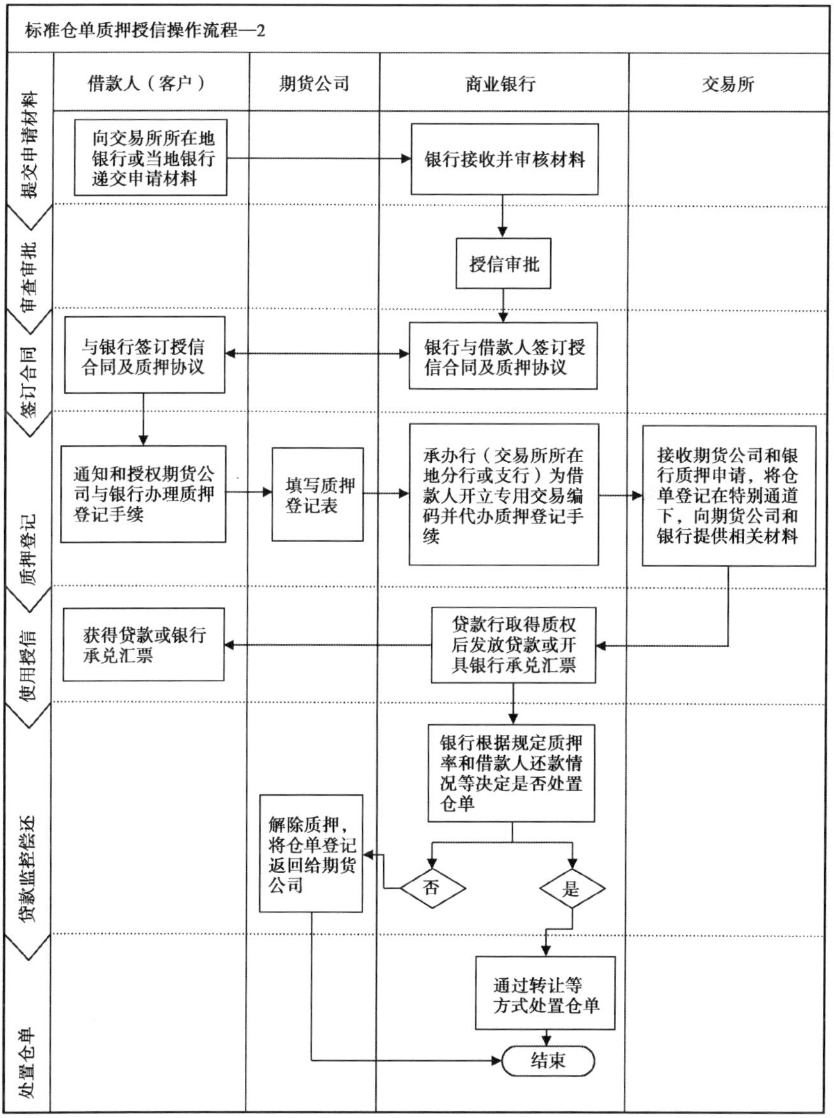


**图 9－4　标准仓单质押授信流程 2**

5. 使用授信

承办行办理完毕质押登记手续后，贷款行为借款人发放贷款或开具银行承兑汇票。

6. 贷款监控、偿还

同标准仓单质押授信操作流程 1。

7. 处置仓单

同标准仓单质押授信操作流程 1。

### （三）不通过质权登记及质权行使通道办理标准仓单质押授信的模式之三（见图 9－5）

**标准仓单质押授信操作流程 3 说明**

1. 提交申请材料

借款人须向当地银行提供资料同标准仓单质押授信操作流程 2。

2. 审查、审批

银行信贷审批部门根据经营部门上报的借款人的贷款额度、期限、金额以及借款人提供的拟质押仓单数量等证明文件进行审批。

3. 签署质押合同（协议）

同标准仓单质押授信操作流程 2。

4. 办理仓单冻结

借款人通过期货公司向交易所递交冻结仓单的声明书，期货公司向交易所递交冻结仓单的专项授权书，同时贷款行向交易所递交冻结仓单的通知书。

交易所同意后，协助银行将质押部分的仓单予以冻结，并向银行出具仓单冻结确认书。

5. 发放贷款

贷款行凭该确认书确定仓单质押登记已成功，为借款人办理贷款发放手续。

6. 贷款监控、偿还

为防止质押仓单价值下降造成的信贷风险，贷款行要对质押仓单品种的价值变动情况给予关注，当实际质押率超过协议约定的质押率或总行核定的

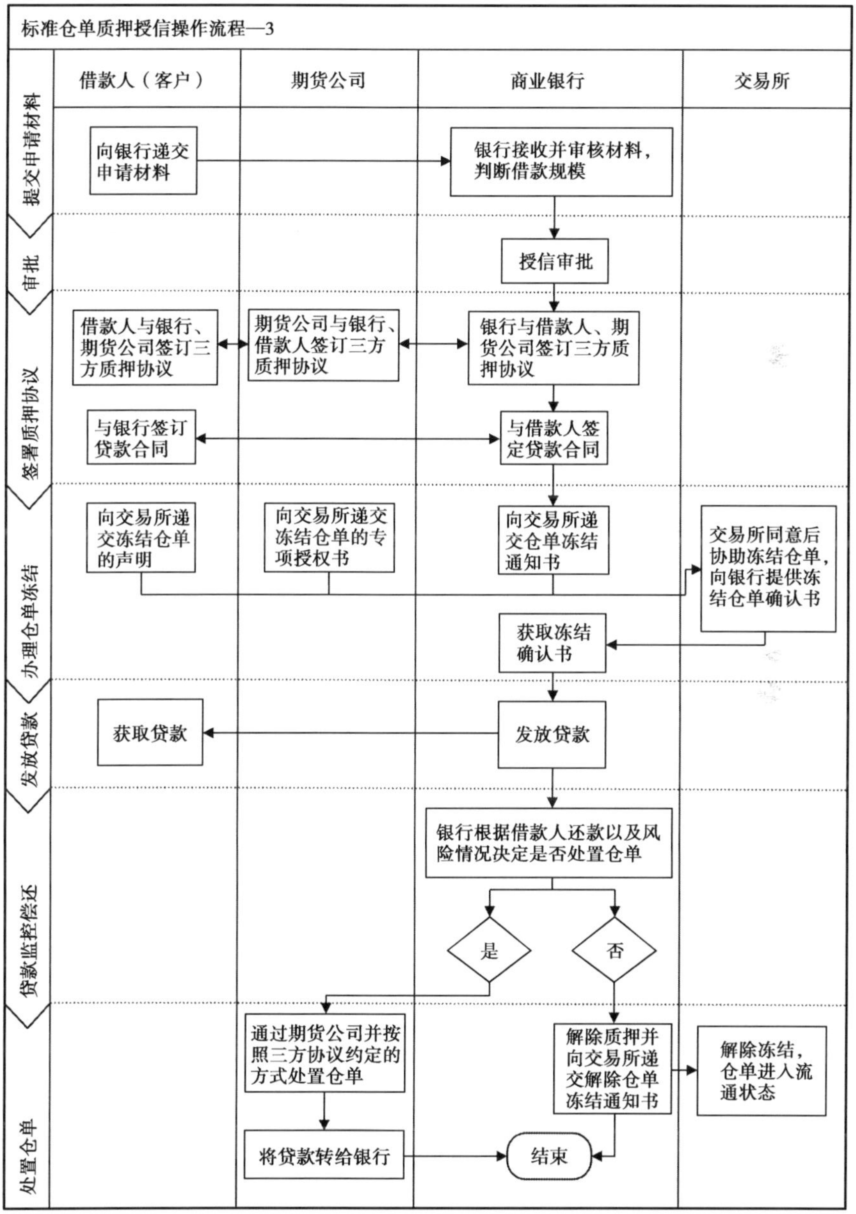


**图 9－5　标准仓单质押授信流程 3**

注：商业银行在交易所没有申请质权登记及质权行使通道，银行与借款人、借款人所在期货公司之间签署三方质押协议，期货公司配合贷款银行实现对仓单的处置。

警戒线时，要及时通知借款人采取归还部分借款或追加部分仓单等措施降低信贷风险。

借款人按时归还借款的，贷款行应及时向交易所递交解除仓单冻结通知书，交易所解除仓单冻结，仓单恢复可流通状态。

7. 处置仓单

借款人不能偿还银行贷款的，银行根据三方协议约定，委托期货公司处置仓单，货款划付银行。

## 自测题

### 一、不定项选择题

1. 交易所分配标准仓单遵循的原则是（　　）。

A. 时间优先　　B. 数量取整

C. 就近配对　　D. 统筹安排

2. 买方在第一交割日内，向交易所提交的申报意向应包括（　　）。

A. 交割品种　　B. 交割品牌号

C. 交割数量　　D. 指定的交割仓库名

3. 交割过程中会发生（　　）费用。

A. 交割费　　B. 仓储费

C. 期货公司佣金　　D. 装卸费

4. 甲醇期货标准仓单质押的方式有（　　）。

A. 可以将仓单在交易所质押

B. 可以将仓单做 1:1 的头寸冲抵

C. 可以将仓单拿到银行质押

D. 可以将仓单拿到期货经纪公司质押

5. 期转现的期限为该合约上市之日（　　）起至交割月份倒数第三个交易日（含当日）。

A. 前两个月　　B. 前一周

C. 前两周　　D. 前一个月

6. 每年（　　）月、（　　）月第 12 个交易日（不含该日）之前注册的甲醇标准仓单，应在当月的第 15 个交易日（含该日）之前全部注销。

A. 5　　B. 6

C. 11　　D. 12

7. 期转现分为（　　）。

A. 标准仓单期转现　　B. 会员内部期转现

C. 非标准仓单期转现　　D. 会员间期转现

8. 指定交割仓库分为（　　）。

A. 基准交割仓库　　B. 非基准交割仓库

C. 升水交割仓库　　D. 贴水交割仓库

9. 标准仓单可用于（　　）。

A. 交割　　B. 转让

C. 提货　　D. 质押

E. 冲抵期货交易保证金

10. 仓库标准仓单的生成包括（　　）及交易所办理注册等环节。

A. 交割预报　　B. 入库验收

C. 质量检验　　D. 仓库申请注册

## 二、判断题

1. 交割过程中，标准仓单卖方与买方必须为单位法人。（　　）

2. 标准仓单转让人应将已付清仓储费用的标准仓单及增值税专用发票交给期货公司。（　　）

3. 实物交割就是用实物交收的方式来履行期货交易的责任。（　　）

4. 客户的实物交割必须由客户自己办理，并且以会员名义在交易所进行。（　　）

5. 期货转现货（以下简称“期转现”）是指持有同一交割月份合约的交易双方通过协商达成现货买卖协议，同时进行数量相当的货款和实物转现。（　　）

6. 非标准仓单期转现的货物交收和货款支付由交易双方自行协商确定，

交易所对此不承担保证责任，只收取交易手续费。（　　）

7. 一次性交割是指在最后交割日，由买卖双方一次性集中完成期货合约所载商品所有权的转移，了结买卖双方到期未平仓合约的交割形式。

（　　）

8. 采用一次性交割方式的企业，必须具备开具增值税发票的资格。

（　　）

9. 采用一次性交割的买卖双方，在交易所配对后，配对结果不得变更。

（　　）

10. 仓单质押充抵保证金的金额，只能用作期货交易所需保证金。

（　　）

## 参考答案

### 一、不定项选择题

1. ABCD　2. ABCD　3. ABD　4. ABC　5. B
6. AC　7. AC　8. AB　9. ABCDE　10. ABCD

### 二、判断题

1. √　2. ×　3. √　4. ×　5. √
6. √　7. ×　8. √　9. √　10. √

# 第十章

# 甲醇期货的投资策略

**本章要点**

本章主要介绍了一般投资者参与甲醇期货市场的投资策略，包括投机的操作策略，套利的方法，帮助投资者形成适合自己的投资方式。

## 一、什么是甲醇的期货投机？甲醇期货投机的作用有哪些？

期货投机交易是指在期货市场上以获取价差收益为目的的期货交易行为。在甲醇的期货市场上，除了套期保值者之外，还存在投机者（包括套利者）。甲醇的投机者根据自己对期货价格走势的判断，做出买进或卖出的决定，如果这种判断与市场价格走势相同，则投机者平仓出局后可获取投机利润；如果判断与价格走势相反，则投机者平仓出局后承担投机损失。由于投机的目的是赚取差价收益，所以甲醇的投机者一般只是平仓了结持有的期货合约，而不进行实物交割。

甲醇的期货投机交易不同于一般意义上的投资行为，也不同于套期保值行为，投机与套期保值的差异见表 10－1。

**表 10－1　　期货投机与套期保值的差异**

| 项目 | 甲醇期货套期保值交易 | 甲醇期货投机交易 |
|---|---|---|
| 交易场所 | 在甲醇现货和甲醇期货两个市场同时操作 | 只在甲醇期货市场操作，一般不做现货交易，几乎不进行实物交割 |
| 交易目的 | 利用甲醇期货市场为现货市场规避风险 | 以较少资金获取较大利润 |
| 交易方式 | 期现两个市场对冲 | 利用市场中价格波动进行买空卖空，获得价差收益 |
| 交易风险 | 转移或规避市场价格风险 | 自愿承担价格波动风险 |

有人还将甲醇期货投机交易与赌博相提并论，这当然是不对的。期货投机交易规避或转移的风险在商品生产和经营活动中是客观存在的，赌博的风险来自设局的人，是认为制造风险；期货投机交易可以分析、判断、预测，赌博则是随机的，根本无法预测。

投机是一个很敏感的词，尤其是处于我国特殊的历史环境中，它一直被列为贬义词。在西方，“投机”的英语词汇是“Speculation”，原意是指“预测”，是一个中性词。在我国，投机一直与投机倒把相联系，在“人勤百业兴”的传统观念中，投机有不务正业之嫌，但是从期货市场发展以及市场经济体系完善的角度来说，投机恰恰是市场经济发展的一种自然选择。

在甲醇的期货市场上，投机交易是交易中不可缺少的组成部分。它起到了增加市场流动性和承担套期保值者转嫁风险的作用；它还有利于期货交易的顺利进行和期货市场的正常运转；它是期货市场套期保值功能和发现价格功能得以发挥的重要条件之一。主要表现在：

**（一）甲醇期货投机者是期货市场风险的承担者，是甲醇现货商的交易对手**

期货市场的套期保值交易能够为现货商的生产经营者规避风险，但它只是转移了风险，并不能把风险消灭。转移出去的风险需要有相应的承担者，甲醇期货投机者在期货市场上正起着承担风险的作用。期货交易运作的实践证明，一个期货市场中只有套期保值交易根本无法达到转移风险的目的。

如果只有甲醇的现货商进行套期保值，那么，必须在买入套期保值者和卖出套期保值者交易数量完全相等时，交易才能成立。实际上，多头保值者与空头保值者的不平衡是经常的。因此，仅有现货商的市场，套期保值是很难实现的。甲醇期货的投机者的参加正好能弥补这种不平衡，促使期货交易的实现，在利益动机的驱使下，甲醇期货的投机者根据自己对价格的判断，不断在期货市场上买卖甲醇期货合约，以期在价格波动中获利。在这一过程中，投机者必须承担很大的风险，一旦市场价格与投机者预测的方向相反时，就会造成亏损，这种亏损正是套期保值者所力求回避的那部分风险。如果期货市场上没有投机者或没有足够的投机者参与期货市场，套期保值者就没有交易对手，甲醇现货企业的风险也就无从转嫁，甲醇期货市场为现货商服务、套期保值回避风险的功能就难以发挥。

**（二）甲醇的投机交易促进市场流动性，保障了期货市场发现价格功能的实现**

发现价格功能是在市场流动性较强的条件下实现的。一般说来，甲醇期货合约的市场流动性的强弱取决于投机成分的多少。如果甲醇期货市场只有套期保值者，即使集中了大量的供求信息，市场参与者也难以找到交易对手，少量的成交就可对价格产生巨大的影响。当然，如果投机过度，投机行为不仅不能减缓价格的波动，而且会人为地加剧价格波动，加大市场风险，使市场丧失正常功能。因此，遏制过度投机，打击操纵市场行为是各国证券监管机构的主要工作之一。

**（三）甲醇的跨期套利和跨品种套利是一种适度的期货投机，能够缓减价格波动**

甲醇期货市场的投机者不仅利用价格短期波动进行投机，而且还利用同一种商品或同类商品在不同时间、不同交易所之间的差价变动来进行套利交易。这种投机，使不同品种之间和不同市场之间的价格，形成一个较为合理的价格结构。

## 二、甲醇期货投机交易的主要参与者有哪些？

投机者类型的划分，根据不同的标准而定。

**（一）按照交易量的大小，可划分为大投机者与中小投机者**

对大、中、小投机者的界定，一般是根据其交易量的大小和拥有资金的多少，这又和其所参与交易的市场规模有关。目前，对于甲醇的期货，尚未有绝对的量化标准。

**（二）按照交易头寸区分，可划分为多头投机者和空头投机者**

在交易中，投机者一般依据其对未来价格变动的预测来确定其交易头寸。买入甲醇期货合约者，即拥有多头头寸，被称为多头投机者；反之，卖出甲醇期货合约者，即拥有空头头寸，被称为空头投机者。

**（三）按照投机者持仓时间长短，可划分为长线交易者、短线交易者、当日交易者和抢帽子者**

长线交易者通常将甲醇的合约持有几天、几周甚至几个月，待价格变至对其有利时再将合约对冲。短线交易者一般是当天下单，在一日或几日内了结。当日交易者，一般只进行当日的买卖，很少将持有的头寸拖到第二天。

抢帽子者又称逐小利者，是利用微小的价格波动来赚取微小利润，他们频繁进出，但交易量很大，希望以大量微利头寸来赚取利润。

## 三、如何进行甲醇的期货投机？投机策略有哪些？

### （一）投机前要做的准备工作

1. 充分了解期货合约

在买入或卖出期货合约之前，应对甲醇期货合约的种类、数量和价格作全面、准确和谨慎的研究。从生产到加工再到下游消费，甲醇的产业链有其独特的地方。通过对甲醇期货合约足够认识的基础上，才能决定下一步准备购买的合约数量和方向。

2. 制订交易计划

一个漫不经心毫无计划的期货投机者，最明显的特征就是缺少交易的策略计划。在充分了解甲醇期货的基础上，交易计划就是获取成功的蓝图。制定交易计划可以使交易者被迫考虑一些可能被遗漏或考虑不周或没有给予足够重视的问题；可以使交易者明确自己正处于何种市场环境，将要采取什么样的交易方向，明确自己应该在什么时候改变交易计划，以应付多变的市场环境；可以使交易者选取适合自身特点的交易方法，只有方法正确方有利可图。

3. 确定获利和亏损限度

一般情况下，个人倾向是决定可接受的最低获利水平和最大亏损限度的重要因素。通过预测甲醇期货价格可能的走势，把现实的和潜在的各种可获得的交易策略结合起来，获利的潜在可能性应大于所冒的风险。在交易前，应为自己确定一个最低获利目标和所能承受的最大亏损限度，作好交易前的心理准备。

4. 确定投入的风险资本

为了增加获利机会，要做到以下三点：

（1）分散资金投入方向，而不是集中用于某一笔交易；

（2）持仓应限定在自己可以完全控制的数量之内；

（3）有可能出现的新的交易机会留出一定数额的资金。

### （二）甲醇期货的投机建仓和平仓策略

当开始进行甲醇的期货投机交易时，需要在投机交易的不同阶段，如减仓与平仓阶段，制订切实可行的交易策略，并掌握一些交易技巧。

1. 投机者的建仓策略

（1）谨慎选择入市时机。

首先，判断甲醇期货的市场目前是处于牛市还是熊市，一般采用基本面分析法，分析目前甲醇行业的供求情况。

其次，在入市前，还需充分考虑投机者自身承担风险的能力，风险和获利机会通常是对等的，因此需要仔细权衡风险和获利前景，只有在获利概率较大时，才能入市。

最后，采用技术分析法决定入市的具体时间。基本分析法侧重行情的长期走势，而技术分析法侧重研判相对短期的走势，因此更适合发现入市的恰当时点。

对于甲醇期货投机的建仓，投机者应该在市场趋势已经明确上涨时，买入期货合约；在市场趋势已经明确下跌时，卖出期货合约。如果趋势不明朗或不能判定市场发展趋势，匆忙建仓的风险会非常大。

（2）平均买低和平均卖高策略。如果建仓后甲醇期货的市场行情与预料相反，可以采取平均买低或平均卖高的策略，待行情按照自己预料的方向上涨或下跌时，及时卖出或买进甲醇期货合约平仓。具体而言，在买入甲醇期货合约后，如果价格下降则进一步买入合约，以求降低平均买入价，一旦价格反弹可在较高价格上卖出，这称为平均买低。在卖出合约后，如果价格上升则进一步卖出合约，以提高平均卖出价格，一旦价格回落可以在较低价格上买入止亏盈利，这就是平均卖高。

但是在采取平均买低或平均卖高策略时，必须以对市场大势的看法不变为前提。在预计价格即将上升时，价格可以下跌，但最终仍会上升；在预测价格即将下跌时，价格可以上升，但必须是短期的，最终仍要下跌。否则，这种做法只会增加亏损。

（3）金字塔式买入卖出策略。如果建仓后甲醇期货市场行情与预料相同并已经使投机者获利，可以增加持仓。增仓应遵循两个原则：第一，只有在现有持仓已经盈利的情况下，才能增仓；第二，持仓的增加应渐次递减。

例如，某投资者预计未来 3 个月甲醇价将会持续上涨，买入 25 手甲醇期货合约，成交价为 2600 元/吨。价格如预期上涨，在一周后上涨至 2700 元/吨，该投资者再买入 20 手甲醇期货合约，成交价为 2700 元/吨。随着价格的进一步上升，这位投资者又分别在 2750 元/吨的价位买入 15 手合约，在 2780 元/吨的价位买入 10 手合约，在 3000 元/吨买入 5 手合约。这时，他一共持有 75 手合约，平均买入价格为 2707.33 元/吨。具体操作过程如下：

| 价格（元/吨） | 持仓数（手） | 平均价（元/吨） |
|---|---|---|
| 3000 | ×（5） | 2707.33 |
| 2780 | × ×（10） | 2686.43 |
| 2750 | × × ×（15） | 2670.83 |
| 2700 | × × × ×（20） | 2644.44 |
| 2600 | × × × × ×（25） | 2600 |

采取金字塔式买入合约时持仓的平均价虽然有所上升，但升幅小于合约市场价格的升幅，市场价格回落时，投机者可以有充足的时间卖出合约并取得预期利润。金字塔卖出策略的做法与此类似。

此外，建仓后虽然市况变动有利，但如果投机者在增加仓位时，每次买入或卖出的合约份数总是大于前次买入或卖出的合约份数，买入或卖出合约的平均价就会和最近的成交价相差无几，只要价格稍有下跌或上升，便会吞噬所有利润，甚至蚀本，因此倒金字塔式买入不应提倡。

为了尽可能利用市场的有利变动，可以采取一种金字塔式的变形。最初建仓时买卖少量合约，如果市况有利，分次买入或卖出甲醇期货合约，每次买入或卖出的合约份数均大于前次买卖的数量。在所持有的持仓达到一定数量后，分次逐步递减买卖合约。持仓的增加情况如下：

最后一次买/卖 → ×

× ×

× × ×

× × × ×

× × ×

× ×

建仓 → ×

2. 投机者的平仓策略

建仓之后，投机者应随时关注市场行情变动，适时平仓，以获取投机利润或者及时止损。

（1）掌握限制损失、滚动利润的原则。在甲醇期货的投机中，投机者在交易中出现损失，并且损失已经达到事先确定数额时，应立即对冲了结，认输离场，过分的赌博心理只会造成更大损失。如果市场按照预测的趋势，朝有利的方向发展，投机者就可以继续持有自己买入或卖出的仓位，直到市场趋势出现逆转为止。投资经验再丰富的投机者，也不可能每次投资都会获利，出现损失并不可怕，怕的是不能及时止损，酿成大祸。

（2）灵活运用止损指令。止损指令是实现限制损失、滚动利润原则的有力工具，不过需要注意的一点是，止损单中的价格不能太接近于当时的期货甲醇价格，以免价格稍有波动就不得不平仓。但也不能离市场价格太远，否则，容易遭受不必要的损失。止损单中价格的选择可以利用技术分析法确定。

## 四、什么是套利交易？

套利是指利用相关市场或相关合约之间的价差变化，在相关市场或相关合约上进行交易方向相反的交易，以期价差发生有利变化而获利的交易行为。套利交易的特点是：低风险、低收益、低成本。

在期货市场上，除了熟知的套期保值之外，还存在大量的套利交易。参与套利交易的投资者并不非常关心价格的涨跌，而是对期货市场上不同合约之间、或者不同市场、不同品种之间的价差变化特别关注，他们通过寻找价差偏离正常区间的机会，利用套利交易，等待价差回归正常区间，从而获取收益。

**延伸阅读**

### 什么是统计套利？

无风险套利机会可以说是很多投资者梦寐以求的，但只要这个市场是自由的市场，那么可行的无风险套利机会就难以长期存在。而且即使存在无风险套利机会，其套利收益率也会非常微薄，并不足以能使从事无风险套利成为一个值得长期持续的工作，当然，并不能否认市场有时候的确会出现一些长期存在、并且利润丰厚的套利机会，市场出现错误的时候。既然严格的无风险套利机会少、收益率微薄，实际的执行过程中也不能完全消除风险，那么如果有一种选择，能够稍微放松100%无风险的要求，如允许有5%的风险，但同时却能够让套利机会增加100%以上，那岂不是一个更好的选择？

统计套利是将套利建立在对历史数据进行统计分析的基础之上，估计相关变量的概率分布，并结合基本面数据进行分析用以指导套利交易。相比无风险套利，统计套利少量增加了一些风险，但是由此可获得的套利机会将数倍于无风险套利。

统计套利的基本思路是运用统计分析工具对一组相关联的价格之间的关系的历史数据进行研究分析，研究该关系在历史上的稳定性，并估计其概率分布，确定该分布中的极端区域，即否定域，当真实市场上的价格关系进入否定域时，则认为该种价格关系不可长久维持，套利者有较高成功概率进场套利。

统计套利是只针对有稳定性的价格关系进行的，那些没有稳定性的价格关系的套利风险是很大的。价格关系是否稳定直接决定着统计套利能否成立，因此在对价格关系的历史数据进行统计分析的时候，首先要检验价格关系在历史数据中是否稳定。一组价格关系如果是稳定的，那么必定是存在着某一种均衡关系维持机制，一旦价格关系偏离均衡水平，维持机制就会起作用，将价格关系或快或慢地拉回到均衡水平。所以，要分析一组价格关系是否稳定，需要先定性分析是否存在着这样的均衡关系维持机制，然后再对历史数据进行统计分析进行验证，以证实该通过定性分析得到的关系维持机制在历史上确实是在发挥作用。

优点一：统计套利是对无风险套利条件的放松，以增加少量的风险来换取更多的套利机会，最大损失远小于预期收益。毕竟对于财富的增长，风险只是起着阻碍作用，但是没有风险，财富绝不会自动增长。如果稍微多承担一点风险能换来更多的盈利机会，那么这种交换将是值得的（主要看风险收益比）。

优点二：对于相关联品种各自的价格走势受共同外因的影响，而往往品种本身的因素决定了相对价格（价差或比价）的走势，对于来自外界的突发性因素对价差影响不大，因此相对价格的走势的分析往往可以忽略外围的不确定性因素，则只需要把握品种本身的供求因素即可，其价差走势相对单品种走势较容易把握。这也是套利风险相对较小的原因。

局限一：统计套利完全依据对历史数据的统计分析来判断套利机会，会存在着一个根本性的局限，即历史数据只能反映过去，过去所发生的，在未来并不一定会发生。历史是不能代表未来，但是如果不依靠历史，则可能对未来将一无所知。漫长的历史，是套利者可以用来分析未来的唯一依据。所以，对待历史数据的正确态度，不是因为看到历史数据的局限性而弃之不用，而是在运用历史数据的同时能采取措施应对它的局限性。在分析历史的基础上，充分结合品种的基本面数据进行估计未来相对价格的走势，从而评估套利的可行性。

局限二：回归均衡关系所需要的时间跨度难以准确预知。这个跨度只能根据历史统计或季节规律性做以大致估计。如果预期的目标价差提前到来，则可以提前了结套利离场或反向进行新的套利。但如果超过估计时间段一周、两周或者更长，这将会提高套利者的资金使用成本，如果时间太长才回归，那么有可能套利者等不到预期利润的实现就平仓了。这样将可能导致套利失败。

因为在未来的相当长的一段时间里它们之间还会继续延续这种偏离又回归的关系也可能出现，可以利用历史数据来进行统计分析，估计出价差的均衡范围，以及偏离均衡范围的时间长度的概率分布与偏离幅度的概率分布，然后再根据品种基本面信息与投资者的财务状况，做出是否执行套利。事实上，只要10次套利中有8—9次成功，则所积累的套利收益将足以抵补剩余的1—2次套利失败所遭受的亏损，况且每次止损带来的最大损失还远小于单次预期的收益。所以，该种套利相对于单向投机来讲，风险很小，而且收益相对稳定，适应于资金量大，而且追求稳健性投资的机构投资者。

## 五、为什么要进行甲醇期货的套利交易？套利交易何以吸引众多投资者？

甲醇期货的套利交易是投资者参与甲醇期货市场的重要方式之一，其在服务甲醇期货市场健康发展的同时，也满足了众多投资者追求稳定收益的要求。

套利交易对甲醇期货市场的健康发展起着重要的作用，主要体现在两个方面：

第一，套利有助于甲醇期现货价格或者不同甲醇合约价格之间的合理价差关系的形成。套利交易的获利来自对不合理价差的发现和利用，相应的套利行为会促使不合理的价差趋于合理。如在甲醇的期现套利中，如果甲醇期货合约价格远高于现货价格，那么投资者就会做出买入甲醇现货、卖出甲醇期货的套利行为，期现货价差越大，套利的积极性越高，套利者也越多，从而促使甲醇现货市场的价格被抬高，甲醇期货价格被压低，最终使两者的价差回归合理。

第二，套利有助于甲醇期货市场流动性的提高。套利交易在流动性上的作用有点类似做市，它的存在减弱了市场的垄断力量，增大了期货市场的交易量，提高了期货交易的活跃程度，促进了交易的流畅化和价格的理性化，总而言之，套利起到了市场润滑剂和减震剂的作用。

甲醇期货的套利交易之所以能够吸引众多投资者的参与，主要原因在于，对于甲醇期货市场上不拥有甲醇现货商背景的众多投资者而言，套期保值的交易方式并不适用，投机的风险又相对较大，而套利的风险承担则相对较小。具体而言，甲醇期货的套利交易主要有以下几大优点：

第一，套利交易的风险水平较低。对于风险承受能力较小的投资者而言，套利是一个较理想的投资工具。套利本身是涉及方向相反的配对交易，对于单个分支品种的价格波动风险可以通过另外一个分支品种进行对冲，而投资者所要承担的只是两个分支相对价格变化的风险。一般而言，价差的波动比单个分支价格波动要小得多。此外，由于套利行为的存在以及套利者之间的竞争选择，甲醇相关投资对象之间的价格偏差会得到纠正，考虑到套利的交易成本，价差会维持在一个合理的范围内，所以价差超过该范围的情况是不多的。这意味着投资者可以根据价差的历史统计，在历史的高位或低位区域建立套利头寸，同时也可以估算出所要承担的有限的风险水平。

第二，收益较稳定。相较单边头寸，套利头寸可以提供一个更有吸引力的收益与风险比率。尽管套利交易的收益相对不是很高，但其拥有低风险的优点，从而使投资者获利的概率更大，也更适宜大资金的运作。例如，套利者就像一个渔翁，在茫茫期海中，“鹬蚌相争，渔翁得利”，持有单边头寸的多空双方在激烈争夺过程中，套利者往往可以择机介入，轻松获利。

## 六、甲醇期货的套利交易与套期保值、投机交易的区别在哪里？

甲醇期货的套利交易既区别于甲醇期货的套期保值，也区别于投机交易。

### （一）套利交易与套期保值的区别

1. 两者的目的不同

套利交易的主要目的是在承担较小风险的同时，获得较为稳定的利润。而套期保值的目的是转移市场风险，并不以营利为目的。在很多套期保值的成功案例中，期货部位往往是亏损的，但只要期货与现货两个市场的盈亏基本相抵，就达到了套期保值锁定风险的目的。

2. 两者的基础不同

套期保值者一般是在现货市场上持有头寸或者预期将持有现货头寸，因而在期货市场上建立反向的期货头寸以管理现货风险，也就是说，如果没有现货市场的交易需求，就不会持有期货部位。而套利则不同，其所持有的多头部位、空头部位以及现货部位都是套利交易的一部分，套利者从这些头寸的相对价格差异中获得利润。

3. 两者涉及的市场范围不同

套期保值只涉及现货和期货两个市场。而在套利交易中，交易者既可在期货和现货市场同时操作进行期现套利，也可以只在期货市场进行套利：或在同一品种不同交割月之间进行跨期套利，或在不同品种同一交割月之间进行跨品种套利，或在不同的期货市场之间进行跨市场套利。

4. 两者的依据不同

套期保值依据的是期货市场和现货市场价格变动的一致性，并且变动的趋势、幅度越一致，套期保值的效果越好；而套利交易者利用的期货与现货之间，或者期货合约之间的价格出现的不合理偏差来获取套利利润的，并且这种不合理的价差越大，套利交易的利润就越大。

### （二）套利交易与投机交易的区别

第一，甲醇期货投机交易侧重关注单一期货合约价格的涨跌，形式上类似于股票交易；而套利交易则强调甲醇相关市场或甲醇相关投资对象之间价差的变化情况。

第二，甲醇期货投机交易者在一段时间内自愿承担做多或者做空的风险，他们一般在建仓的时候只涉及单向的买或卖；而套利交易则是在同一时间在甲醇相关市场或投资对象上进行反向交易，既买又卖，同时扮演多头和空头的双重角色。

第三，甲醇期货套利交易从价差变动中赚取收益，由于甲醇相关市场或相关投资对象的价格趋势大体一致（实际上这也是套利的前提条件），价差的变动幅度有限，因而承担的风险也小。而甲醇投机交易赚取的是单一期货合约价格发生有利变动时的收益，与价差的变化相比，单一价格变化幅度要大，因而承担的风险也较大。

第四，甲醇套利交易的成本要低于投机交易。在国外，交易所为了鼓励套利交易，一般规定套利交易的佣金支出比一个单盘交易的佣金费用要高，但要低于一个回合单盘交易的两倍的规定。同时，由于套利的风险较小，在保证金的收取上也小于投机交易，这大大节省了资金的占用。

## 七、甲醇期货套利交易的类型有哪些？

一般而言，甲醇期货套利交易的类型包括期现套利、跨期套利、跨市套利和跨品种套利四类。

期现套利是指利用甲醇期货与甲醇现货之间的价差进行的套利行为。理论上，期货价格是未来的甲醇价格，现货价格是当前的甲醇价格，两者的价差，即“基差”（基差 = 现货价格 - 期货价格）应该等于该商品的持有成本。一旦基差与持有成本偏离较大，就出现了期现套利的机会。

跨期套利是指在同一市场（即同一交易所）同时买入、卖出不同月份的甲醇期货合约，以期在合约间的正常价格差距出现异常变化时进行对冲获利。该套利类型是甲醇套利交易中最普遍的一种，又可分为牛市套利、熊市套利和蝶式套利三种形式。在正向市场中，甲醇套利交易往往被用来寻找甲醇期货合约间价差高于持仓成本的市场机会；在反向市场中，则被用来捕捉价差低于持仓成本的机会，但此时需注意的是，反向市场套利收益可能有限，但风险无限。

跨市套利是指在某个交易所买入（或卖出）某一月份甲醇期货合约的同时，在另一个交易所卖出（或买入）同一月份的甲醇期货合约，以期在有利时机分别在两个交易所同时对冲在手的合约获利。目前，郑州商品交易所甲醇期货和张家港电子盘，当两个市场间价差超出正常范围时，就为投资者的跨市套利提供了机会。如当甲醇期货价格低于电子盘甲醇价格时，套利者可以在买入甲醇期货合约的同时，卖出甲醇电子盘合约，待两个市场价格关系恢复正常时再将买卖合约对冲平仓并从中获利，反之亦然。在做跨市套利时，应关注导致市场间价差产生的影响因素，如运费、仓储费等。

跨品种套利是指利用甲醇与其他和甲醇相关的期货品种之间的价差进行套利，其他品种与甲醇应具有相互替代性或受同一供求因素制约，一般是原材料和产成品的套利，或者是替代性较强的品种间套利。在甲醇市场成熟后，甲醇与焦炭之间、甲醇与原油之间都可以进行套利交易。此外，也出现了较为新型的跨品种交易方式，如甲醇制造商的股票与甲醇期货进行套利交易。

## 八、如何利用合约之间的不合理差价盈利?

在商品期货市场中，合约价格之间的关系变化往往会为投资者提供一些操作依据。针对不同月份合约之间不合理价差的交易称作跨期套利。按所买卖的合约月份以及买卖方向的不同，跨期套利可以分为牛市套利、熊市套利和蝶式套利。无论采取哪种操作模式，其本质都是针对不同月份合约同时进行买低卖高，即买入价值被低估月份的合约而卖出价值被高估月份的合约。正向套利的原理是：当前远月合约和近月合约的价差大于持仓成本时，就可进行套利。到期交割时，超过持仓成本的差价部分即是套利交易的收益。接下来重点介绍如何捕捉正向套利机会。

一般来说，近月合约价格高于远月合约，代表现货供应相对紧张或供应趋于紧张。因为在供应紧张的情况下，投资者往往更加愿意持有现货，其结果会进一步推高现货和近月合约价格，形成近高远低的排列态势。在这种情况下，持有多头头寸除了可以获得价格上涨的收益外，在合约到期前移仓（平仓近月合约，买入远月合约）还能获得一定的移仓收益。因为在牛市环境下，随着时间的推移，期货价格有向现货价格靠拢的倾向。

尽管牛市环境下，近月合约与远月合约的价差将会拉大，但价差不会一直朝一个方向运行，达到一定程度必然会有峰回路转之时。套利就是把握价差的转折。

**小贴士**

### 如何确定跨期套利的合理区间

确定跨期套利的合理区间通常存在两种模式：一种是传统的持有成本理论模式，另一种是统计套利模式。持有成本理论模式是在考虑了时间价值等因素的基础上，用持有成本模型测算出两个合约之间的理论价差，然后再加上（或减去）期货交易成本，从而确定两个合约之间的无套利区间。一旦价差超出边界一定数量时则认为存在套利机会。

统计套利模式是基于对合约价差的观测，进而确定价差合理区间的一种方法，也是目前国外投资机构普遍采用的一种方法。其优点在于，可根据投资者的风险偏好，设置相应的套利区间，且交易机会较持有成本理论模式多，也是各国专业资产管理机构或投行广泛采用的方法。

**延伸阅读**

## 正向套利有风险吗?

正向套利由于具有不仅可以通过对冲平仓获利，而且也可以最终交割获利的套利特点，常常被称为低风险甚至无风险套利。但事实上，这种买近卖远的套利交易同样是有风险的。当远近月价差出现套利机会，投资者在进行了买近卖远的套利操作后，如果价差缩小，当然可以实现双向对冲，获利出局。但如果二者价格差继续扩大，不得不通过交割完成套利操作时，就会有风险了。如果进行交割，远近月合约间的费用包括：资金利息、交易手续费用、仓储费用、交割费用、增值税等。上述几项费用中，不确定的主要是交易保证金占用资金利息和增值税。特别是增值税，在近月完成交割后，如果远月继续大幅上涨，则增值税的支出将可能持续增加，将很快使不多的预期利润消失，甚至出现亏损。

但是在实际交易中，正向套利的“无风险”套利机会很少见，预期利润也比较低，很容易随着交易保证金的资金利息占用和增值税的增加而消失。如果投资者发现并抓住了不多的正向套利机会，在近月合约交割后，就应该时刻关注远月的牛市是不是在继续深化。如果远期价格暴涨，增值税等费用支出可能会远大于预期获利，在盘面上平掉远月合约空单，并将近月所接仓单流向现货市场是较好的选择。

在跨期套利中，不论是依据价差的历史水平，还是依据资金青睐远月的经验，或是依据个人对行情的牛熊判断，跨期套利决定往往是在认为“市场不合理”的情况下做出的。所以，止损往往难以设定。因为如果价差继续向不利方向发展，则主观上会认为“更加不合理”，而拒绝采取行动。其实，历史不一定重演、经验不一定可靠、判断不一定准确，随时依据市场新的变化，与“市”俱进才是正确的操作思路。

## 九、甲醇的跨期套利有哪几种类型?

根据所买卖的交割月份及买卖方向的差异，甲醇的跨期套利可以分为牛市套利、熊市套利和蝶式套利三种。

### (一) 牛市套利

当甲醇市场出现预期供给不足或者需求相对旺盛的时候，较近月份的甲醇期货合约价格上涨幅度会大于较远期合约的上涨幅度，或者较近月份的合约价格下降幅度低于较远期交割月的合约下跌幅度。无论是正向市场还是反向市场，在这种情况下，买入较近月份的甲醇期货合约同时卖出远期月份的合约进行套利盈利的可能性比较大。简而言之，因预期近强远弱，而做牛市套利。

**案例 10－1**

假设某年6月20日，当年9月甲醇期货合约价格为2940元/吨，当年12月合约价格为3035元/吨，两者价差为95元/吨。交易者预计甲醇价格将上涨，9月与12月期货合约的价差将有可能缩小。于是，交易者买入10手9月甲醇合约的同时卖出50手12月甲醇合约。7月20日，9月和12月合约的价格分别上涨为3300元/吨和3280元/吨，两者价差缩小为20元/吨。交易者同时将两种期货合约平仓，从而完成套利交易，交易结果见表10－2。

**表10－2　甲醇期货牛市套利实例**

| | | | |
|---|---|---|---|
| 6月20日 | 买入10手9月甲醇期货合约，价格为2940元/吨 | 卖出50手12月甲醇期货合约，价格为3035元/吨 | 价差－95元/吨 |
| 7月20日 | 卖出10手9月甲醇期货合约，价格为3300元/吨 | 买入50手12月甲醇期货合约，价格为3280元/吨 | 价差20元/吨 |
| 双边盈亏状况 | 盈利360元/吨 | 亏损245元/吨 | 价差缩小115元/吨 |
| 最终结果 | 盈利115元/吨，总盈利为115元/吨×50手×10吨/手＝57500元 | | |

但是如果一个月后价格并没有出现预计的上涨行情，而是出现了一定程度的下跌，交易者的情况见表10－3。

表10－3　　甲醇期货牛市套利实例

| | | | |
|---|---|---|---|
| 6月20日 | 买入10手9月甲醇期货合约，价格为2940元/吨 | 卖出50手12月甲醇期货合约，价格为3035元/吨 | 价差95元/吨 |
| 7月20日 | 卖出10手9月甲醇期货合约，价格为2840元/吨 | 买入50手12月甲醇期货合约，价格为2900元/吨 | 价差60元/吨 |
| 双边盈亏状况 | 亏损100元/吨 | 盈利135元/吨 | 价差缩小35元/吨 |
| 最终结果 | 盈利35元/吨，总盈利为35元/吨×50手×10吨/手＝17500元 | | |

该例中，虽然价格不涨反跌，与预期方向相反，但是最终交易结果仍获得了17500元的收益。

在上例中可以发现，只要两月合约的价差趋于缩小，交易者就可以实现盈利，而与甲醇的价格涨跌无关。

在进行牛市套利的时候，在正向市场的情况下，套利性质为卖出套利，是价差收敛性交易。在反向市场的情况下，套利性质则为买进套利，是价差发散性交易。在正向市场上价差不能随便变大，因为会受到持仓成本的制约。如果牛市牛气冲天，则有可能正向市场变化为反向市场，那时候会使牛市套利者获利巨大。

### （二）熊市套利

当甲醇期货价格到达顶部了，市场预期甲醇现货供给充足，需求不旺，则会导致近期月份甲醇合约价格的下跌幅度大于远期月份合约，或者近期月份合约价格的上升幅度小于远期月份合约。简而言之，因预期近弱远强，而做熊市套利。在进行熊市套利的时候，在正向市场的情况下，套利性质为买进套利，是价差发散性交易。在反向市场的情况下，套利性质为卖出套利，是价差收敛性交易。

**案例 10－2**

假设某年6月20日，当年9月甲醇期货合约价格为3035元/吨，当年12月合约价格为3050元/吨，两者价差为15元/吨。交易者预计甲醇价格将下跌，9月与12月期货合约的价差将有可能扩大。于是，交易者卖出10手9月甲醇合约的同时买入50手12月甲醇合约。7月20日，9月和12月合约的价格分别下跌为2900元/吨和3000元/吨，两者价差扩大为100元/吨。交易者同时将两种期货合约平仓，从而完成套利交易，交易结果见表10－4。

**表 10－4　　甲醇期货熊市套利实例**

| | | | |
|---|---|---|---|
| 6月20日 | 卖出10手9月甲醇期货合约，价格为3035元/吨 | 买入50手12月甲醇期货合约，价格为3050元/吨 | 价差15元/吨 |
| 7月20日 | 买入10手9月甲醇期货合约，价格为2900元/吨 | 卖出50手12月甲醇期货合约，价格为3000元/吨 | 价差100元/吨 |
| 双边盈亏状况 | 盈利135元/吨 | 亏损50元/吨 | 价差扩大85元/吨 |
| 最终结果 | 盈利85元/吨，总盈利为85元/吨×50手×10吨/手＝42500元 | | |

但是如果一个月后价格并没有出现预计的下跌行情，而是出现了一定程度的上涨，交易者的情况见表10－5。

**表 10－5　　甲醇期货熊市套利实例**

| | | | |
|---|---|---|---|
| 6月20日 | 卖出10手9月甲醇期货合约，价格为3035元/吨 | 买入50手12月甲醇期货合约，价格为3050元/吨 | 价差15元/吨 |
| 7月20日 | 买入10手9月甲醇期货合约，价格为3135元/吨 | 卖出50手12月甲醇期货合约，价格为3185元/吨 | 价差50元/吨 |
| 双边盈亏状况 | 亏损100元/吨 | 盈利135元/吨 | 价差扩大35元/吨 |
| 最终结果 | 盈利35元/吨，总盈利为35元/吨×50手×10吨/手＝17500元 | | |

该例中，虽然价格不跌反涨，与预期方向相反，但是最终交易结果仍获得了17500元的收益。

在以上例子中，可以发现只要两月合约的价差趋于扩大，交易者就可以实现盈利，而与甲醇的价格涨跌无关。

### （三）蝶式套利

蝶式套利是由两个方向相反、共享居中交割月份合约的跨期套利组成的。套利者认为，当中间交割月份的甲醇期货合约价格与两旁交割月份的合约价格之间出现异变，则可以入场进行相关套利。

蝶式套利的具体操作方式是：买入（或卖出）一份近期交割月甲醇合约，同时卖出（或买入）双份居中交割月甲醇合约，并买入（或卖出）一份远期交割月甲醇合约。

**案例 10－3**

假设某年6月20日，8月、10月、12月的甲醇期货合约价格分别为3020元/吨、3150元/吨、3160元/吨，交易者认为8月与10月合约价差过大，而10月和12月价差又过小，预计8月与10月合约价差会缩小，而10月和12月价差会扩大，于是该交易者以该价格同时买入200手8月合约、卖出500手10月合约、买入60手12月份合约。到了7月8日，三个合约均出现不同程度下跌，8月、10月、12月合约价格分别为2950元/吨、3000元/吨、3080元/吨，于是该交易者同时将三个合约平仓。该跌势套利的盈亏状况见表10－6。

表10－6 甲醇期货蝶式套利盈亏分析

| 合约 | 8月合约 | 10月合约 | 12月合约 |
|---|---|---|---|
| 6月20日 | 买入200手，3020元/吨 | 卖出500手，3150元/吨 | 买入300手，3160元/吨 |
| 7月8日 | 卖出200手，2950元/吨 | 买入500手，3000元/吨 | 卖出300手，3080元/吨 |
| 各合约盈亏状况 | 亏损70元/吨，总亏损为70×200×10＝140000元 | 盈利150元/吨，总盈利为150×500×10＝750000元 | 亏损80元/吨，总亏损为80×300×10＝240000元 |
| 净盈亏 | 净盈利＝750000－140000－240000＝370000元 | | |

可以看出，蝶式套利基本是牛市熊市两个跨期套利的互补平衡的组合，可以说是“套利的套利”。蝶式套利与普通的跨期套利相比，从理论上看风险和利润都较小。

## 十、什么是期货合约之间的反向跨期套利?

反向套利是指在买入远月合约的同时卖出近月合约的一种交易方式。其中，买卖的合约月份不同，但数量相等。一般来说，当现货市场供应充足，且未来供应可能减少时，投资者可以进行反向套利。反向套利的结果是：在正向市场（近月合约价格低于远月合约）上，远月合约与近月合约之间的价差就会扩大；在反向市场（近月合约价格高于远月合约）上，近月合约与远月合约之间的价差就会缩小。反向套利具有一定的风险，因为当现货市场价格的涨幅超过远期价格的涨幅或现货市场价格的跌幅小于远期合约价格的跌幅时，投资者无法转嫁风险（即没有现货可供交割）。

**延伸阅读**

### 反向套利的风险和困惑

同正向跨期套利不同，由于反向跨期套利无法向现货渠道转嫁风险，也很难通过移仓等策略寻找后路，所以反向套利具有一定的风险。而且由于行情变化，对反向套利机会的判断容易产生失误。

通常，反向套利在同一个生产消费周期内，某种商品近月与远月的正常价差应该是持有近月合约到远月期间的所有费用，即近月合约价格+期间持仓费用=远月合约价格。所以，反向套利交易者认为，当远月合约价格小于近月合约价格+持仓费用时，则可能就是远月价格被低估，而近月合约被高估。但事实上，这种想法并不总是正确的。不论是期货市场还是现货市场，都有牛市和熊市之分。在牛市里，市场价格是持续上涨的；而在熊市里，市场价格是持续下跌的。远月价格由于牛市的延续而获得了额外的升水。由于有额外的利润存在，现货企业才愿意囤货，并待价而沽。而在熊市，商品价格是逐期下跌的，商品远月价格相对近月贴水。因此，在不同的市场环境中，远月价格高于或低于近月商品价格+持仓费用都有可能是正常的。

因此，分析反向套利不能生搬硬套“近月合约价格+期间持仓费用=远月合约价格”公式，要结合大势，事实重于理论。

## 十一、商品期货间的跨品种套利是如何进行的?

跨品种套利是指通过买卖两种不同但相互关联的商品进行套利的一种交易方式。即在买入（卖出）某一商品的某一月份的期货合约的同时，卖出（买入）另一种与之关联商品的相同月份的期货合约，当两者的差价收缩或扩大至一定程度时，平仓了结的交易方式。一般来说，跨品种套利所选择的商品大都是具有某种替代性或受同一供求因素制约的商品。跨品种套利可分为两种情况：一是相关商品间的套利，二是原料与成品间的套利。在目前的国内商品期货市场上，接下来重点介绍相关商品间的跨品种套利。

跨品种套利需要具备两个基本条件：一是两种商品之间具有关联性或相互替代性，二是交易受相同因素制约。

根据跨品种套利含义，跨品种套利操作步骤为：

第一步，根据两种商品期货合约价差是否偏离理论价差或者统计价差，判断是否存在套利机会，而采取相应跨品种套利策略。

若实际价差低于理论价差或者统计价差，则采取买入跨品种套利交易；若实际价差高于理论价差或者统计价差，则采取卖出跨品种套利交易。

第二步，如果两种商品期货合约价差合理回归至理论价差或者统计价差，那么采取反向策略获利平仓，了结跨品种套利交易。

### （一）买入跨品种套利案例（LLDPE 与 PVC）

蔬菜出口订单增多，菜农对塑料薄膜需求增加。某套利交易化工企业在5月预计，大连商品交易所 LLDPE11 月合约期货价格上涨幅度可能超过 PVC11 月合约期货价格上涨幅度；即大连商品交易所 LLDPE11 月合约和 PVC11 月合约之间价差将会放大。

在5月31日，LLDPE11 月合约期货价格为 9000 元/吨，PVC11 月合约期货价格为 7000 元/吨，LLDPE11 月合约和 PVC11 月合约之间 2000 元/吨价差低于理论价差（统计价差）。于是，该套利交易化工企业使用大连商品交易所 LLDPE11 月合约和 PVC11 月合约买开仓跨品种套利交易指令，以 2000 元/吨价差建立了1手买跨品种套利持仓，即以 9000 元/吨价格在 LLDPE11 月合约上买开仓1手，同时以 7000 元/吨价格在 PVC11 月合约上卖出开仓1手。

在10月31日，LLDPE11 月合约期货价格上涨至 11900 元/吨，PVC11 月合约期货价格上涨至 8900 元/吨，LLDPE11 月合约和 PVC11 月合约之间价差放大至 3000 元/吨，回归至理论价差（或者统计价差）附近。于是，该套利交易化工企业使用大连商品交易所 LLDPE11 月合约和 PVC11 月合约卖平仓跨品种套利交易指令，以 3000 元/吨价差将1手跨品种套利持仓卖出平仓，即以 11900 元/吨价格将 LLDPE11 月合约1手买持仓卖平仓，同时以 8900 元/吨价格将 PVC11 月份合约1手卖持仓买平仓。

该套利交易化工企业在 LLDPE11 月合约和 PVC11 月合约上，买入跨品种套利交易盈利为卖出平仓价差 3000 元/吨 - 买入开仓价差 2000 元/吨 = 1000 元/吨（见表 10-7）。

表 10-7　　买入跨品种套利交易盈亏

| 分析 | 价差 | LLDPE | PVC |
| --- | --- | --- | --- |
| 5月31日（第一步） | 以 2000 元/吨建立1手买跨品种套利持仓 | 以 9000 元/吨买入1手 LLDPE11 月合约 | 以 7000 元/吨卖出1手 PVC11 月合约 |

续表

| 分析 | 价差 | LLDPE | PVC |
| --- | --- | --- | --- |
| 10月31日（第二步） | 以3000元/吨将1手买跨品种套利持仓卖出平仓 | 以11900元/吨将LLDPE11月合约1手买持仓卖出平仓 | 以8900元/吨将PVC11月合约1手卖持仓买入平仓 |
| 盈亏 | 卖出平仓价3000元/吨－买入开仓价2000元/吨＝1000元/吨 | 卖出平仓价11900元/吨－买入开仓价9000元/吨＝2900元/吨 | 卖出开仓价7000元/吨－买入开仓价8900元/吨＝－1900元/吨 |

### （二）卖出跨品种套利案例（豆油与菜籽油）

春节后市场对食用油需求减少，但油菜籽产量将比往年大幅增加。某套利交易粮油贸易商在3月预计，郑州商品交易所菜籽油9月合约期货价格下跌幅度可能超过大连商品交易所豆油9月合约期货价格下跌幅度，即郑州商品交易所菜籽油9月合约和大连商品交易所豆油9月合约之间价差将会缩小。

在3月31日，菜籽油9月合约期货价格为13900元/吨，豆油9月合约期货价格为12900元/吨，菜籽油9月合约和豆油9月合约之间1000元/吨价差高于理论价差（或者统计价差）。于是，该套利交易粮油贸易商以13900元/吨价格在菜籽油9月合约上卖开仓1手，同时以12900元/吨价格在豆油9月合约上买开仓1手。

在8月31日，菜籽油9月合约期货价格下跌至10000元/吨，豆油9月合约期货价格下跌至9800元/吨，菜籽油9月合约和豆油9月合约之间价差缩小至200元/吨，回归至理论价差（或者统计价差）附近。于是，该套利交易粮油贸易商以10000元/吨价格将菜籽油9月合约1手卖持仓买平仓，同时以9800元/吨价格将豆油9月份合约1手买持仓卖平仓。

该套利交易粮油贸易商在菜籽油9月合约和豆油9月合约上，卖出跨品种套利交易盈利为卖出开仓价差1000元/吨－买入平仓价差200元/吨＝800元/吨（见表10－8）。

**表 10-8 卖出跨品种套利交易盈亏**

| 分析 | 菜籽油 | 豆油 | 价差 |
| --- | --- | --- | --- |
| 3 月 31 日（第一步） | 以 13900 元/吨卖出 1 手菜籽油 9 月合约 | 以 12900 元/吨买入 1 手豆油 9 月合约 | 以 1000 元/吨建立 1 手卖跨品种套利持仓 |
| 8 月 31 日（第二步） | 以 10000 元/吨将菜籽油 9 月合约 1 手卖持仓买入平仓 | 以 9800 元/吨将豆油 9 月合约 1 手买持仓卖出平仓 | 以 200 元/吨将 1 手卖跨品种套利持仓买入平仓 |
| 盈亏 | 卖出开仓价 13900 元/吨 - 买入平仓价 10000 元/吨 = 3900 元/吨 | 卖出平仓价 9800 元/吨 - 买入开仓价 12900 元/吨 = -3100 元/吨 | 卖出开仓价差 1000 元/吨 - 买入平仓价差 200 元/吨 = 800 元/吨 |

从跨品种套利操作策略来讲，若第一个品种合约期货价格下跌幅度小于第二个品种合约期货价格下跌幅度，也可采用买入跨品种套利；若第一个品种合约期货价格上涨幅度小于第二个品种合约期货价格上涨幅度，也可采用卖出跨品种套利。

跨品种套利交易的品种期货价格关联性很大，但影响品种期货价格的因素却存在个体差异性，跨品种套利交易的风险通常比跨期套利交易、蝶式套利交易和鹰式套利交易的风险要高，跨品种套利交易更应注意风险防范。

回到甲醇期货品种上来，由于焦炭本身可以成为甲醇生产的原材料之一。一般焦化厂都配套建立甲醇生产厂，这既可以回收利用焦炭生产过程中产生的焦炉煤气，也符合国家环保要求。作为两种重要的煤化工产品，从产业链角度讲，甲醇与焦炭之间存在着较强的关联性，两者价格的影响因子也有一定的重合。因此，通过分析甲醇期货与焦炭期货的交易数据，可以发现 2011 年 11 月 28 日至 2012 年 8 月 16 日，两者走势的相关系数约为 0.515，其相关性并不算高。其原因除了两个品种间的产供销等影响因素有所差异外，还有一个可能的因素即两个品种成为期货品种的时间都还比较短，走向成熟还需一定时间。但从长期来看，原油、动力煤、聚丙烯、塑料、乙二醇等已上市或拟上市的期货品种都有可能与甲醇期货搭配，形成跨品种套利组合。

## 十二、如何在期货市场与现货市场之间盈利？

甲醇期货上市后，经过了近一年的市场培育，期货价格的权威性逐渐为现货企业所接受，开始成为贸易商判断价格的重要依据。许多企业开始根据期货价格拟订经营计划，决定库存水平，指导现货交易。越来越多的生产经营企业意识到将期货与现货两市结合起来的重要性。所以，甲醇期货越来越受到投资者的青睐。

所谓期现套利，是指当期货市场和现货市场出现不合理价差时，投资者进行买低卖高的一种交易方式。理论上说，只要期货合约价格与现货价格之间的价差超过持有成本时，买入现货并卖出期货的套利交易，就能获取稳健的无风险收益。持有成本＝仓储费＋保险费＋资金占用利息＋增值税＋人工成本＋包装费＋其他费用（包括交易手续费、交割手续费、入库费用、检验费等）。期现套利已被证明是行之有效的获取稳定收益的投资方法，尤其适合拥有现货购销渠道的投资者。在投机资金的推动下，期货与现货价差异常偏离、出现套利机会的情况时有发生。需要注意的是，甲醇的期现套利需要关注季节性波动，在消费旺季来临前期货价格往往会领先于现货价格启动行情，并且涨幅往往更猛烈。11 月通常是季节性消费高峰的开始，所以在无外部利空因素下，从成本和市场操作心理上，甲醇期货受到双重推涨，拉大了期现价差。同时，期现套利也需要密切关注经济走向带来的影响，尤其是大宗商品价格走势。如在 2008 年下半年的大熊市中，期现价差往往随着价格的下跌逐渐拉大，又随着悲观经济形势的缓和及商品价格的企稳而逐步缩小。

另外，对期现套利的主体也有要求。首先，个人投资者由于没有现货资源，即使看着收益可观，但实施难度大。其次，对于甲醇加工企业，做空现货是逆向操作，如果行情向不利方面发展，将对其生产经营造成影响。所以，期现反套一定要慎重。

## 十三、套利交易有哪些需要注意的地方?

相对于单边交易来说，套利交易显然属于一种低风险交易方式，但这并不意味着毫无风险。例如，流动性不足就是投资者必须关注的一种潜在风险，可能会影响套利“同进同出”原则的贯彻。在我国目前的甲醇期货市场上，通常只有一个月份的合约比较活跃。当投资者试图进行跨期套利时，如果近月和远月合约的流动性不对称，则可能导致交易量较小、流动性较差的合约难以按计划价格成交。

事实上，流动性不足不仅影响能否成功建仓，还对能否成功离场产生严重影响。特别是在套利数量较大的情况下，其建仓和平仓成本都将有所增加，并导致利润下降。在极端情况下，甚至可能出现亏损。

另外，跨期套利多以差值或比值作判断标准，较少涉及交割因素，但是却不得不考虑时间因素，因为只要所持合约临近交割月份，套利风险通常都较难把握。而在我国的期货市场上，交割月份合约有时会受到挤压，导致价差关系严重失衡。此外，临近交割期，持仓保证金也会相应提高，进而影响套利效果。

## 自测题

### 一、不定项选择题

1. 期货市场的建立和期货交易的进行，其根本目的是要在市场经济条件下为商品的生产者、经营者和加工者创造一个规避价格波动风险的机制，这就是期货市场上的（　　）。

A. 期货投机　　　　B. 套期保值

C. 套利交易　　D. 期权期货

2. 当远期月份合约的价格（　　）近期月份合约的价格时，市场处于正向市场。

A. 等于　　B. 大于

C. 低于　　D. 接近于

3. 某投机者决定做甲醇期货合约的投机交易，3200 元/吨买入 5 手合约。成交后立即下达一份止损单，价格定于 3180 元/吨，此后价格上升到 3220 元/吨，投机者决定下达一份新的到价止损指令，价格定于 3210 元/吨，若市价回落可以保证该投机者（　　）。

A. 获得 10 元/吨的利润　　B. 损失 10 元/吨

C. 获得 15 元/吨的利润　　D. 损失 15 元/吨

4. 在买入合约后，如果价格下降则进一步买入合约，以求降低平均买入价，一旦价格反弹可在较低价格上卖出止亏盈利，这称为（　　）。

A. 平均卖高　　B. 买低卖高

C. 平均买低　　D. 卖高买低

5. 期现套利风险的是（　　）。

A. 时间风险　　B. 利率风险

C. 天气风险　　D. 增值税风险

6. 卖出套利的潜在风险（　　），潜在收益（　　）。

A. 无穷小　无穷大　　B. 固定　无穷大

C. 固定　固定　　D. 无穷大　固定

7. 根据交易者在市场中所建立的交易部位不同，跨期套利一般分为（　　）。

A. 近月套利　　B. 牛市套利

C. 熊市套利　　D. 远月套利

8. 正向市场牛市套利的市场特征有（　　）。

A. 供给过旺，需求不足

B. 近期合约价格高于远期合约价格

C. 近期月份合约价格上升幅度大于远期月份和约

D. 近期月份合约价格下降幅度小于远期月份和约

9. 以下对蝶式套利原理和主要特征的描述正确的是（　　）。

A. 实质上是同种商品跨交割月份的套利活动

B. 由两个方向相反共享居中交割月份合约的跨期套利组成

C. 蝶式套利必须同时下达三个买空、卖空、买空的指令

D. 风险和利润都很大

10. 某年7月10日，在正向市场中，某交易者采取熊市套利策略，在不考虑其他因素影响的情况下，下列选项中使其获利的有（　　）。

A. 近期月份合约的价格下降，远期月份合约的价格上涨

B. 近期月份合约的价格下降，远期月份合约的价格上涨，但后者涨幅低于前者降幅

C. 近期月份合约的价格上涨，远期月份合约的价格下降

D. 近期月份合约的价格上涨，远期月份合约的价格下降，但后者降幅低于前者涨幅

## 二、判断题

1. 期货市场的价格发现机制正是投机者对未来市场价格走向预测的反映。（　　）

2. 买进期货合约投机者，拥有多头头寸，被称为多头投机者。（　　）

3. 期货交易是否成功，在很大程度上取决于市场流动性的大小，这一点主要取决于投机者。（　　）

4. 投机者所冒的风险是人为制造的风险。（　　）

5. 如果建仓后市场行情与预料的相反，可以采取买低卖高或卖高买低的政策。（　　）

6. 当远期月份合约的价格大于近期月份合约的价格时，市场处于反向市场。（　　）

7. 投机者一般不做现货交易，几乎不进行实物交割。（　　）

8. 期货市场具有一种把价格风险从保值者转移给投机者的机制。（　　）

9. 在卖出合约后，如果价格上升则进一步卖出合约，以提高平均卖出

价格，一旦价格回落可以在较高价格上买入止亏盈利，这就是平均买低。
( )

10. 在任何单个市场上的最大总亏损金额必须限制在总资本的 10% 以内。 ( )

## 参考答案

### 一、不定项选择题

1. B 2. B 3. A 4. C 5. ABD
6. D 7. BC 8. CD 9. ABC 10. AB

### 二、判断题

1. × 2. √ 3. √ 4. × 5. ×
6. × 7. √ 8. √ 9. × 10. ×

# 第十一章

# 甲醇期货交易的风险管理

**本章要点**

本章主要介绍了参与甲醇期货交易存在的风险，并对如何管理这些风险进行了阐述。

## 一、甲醇期货交易的主要风险有哪些?

就甲醇期货交易而言，从风险来源来看，可将甲醇期货交易的主要风险分为市场风险、操作风险、流动性风险、法律风险和信用风险。

### （一）市场风险

市场风险是甲醇价格波动导致的所持甲醇期货合约价值发生变化的风险。这是甲醇期货交易中最常见也最需注意的一种风险。导致这一风险的因素一般可分为自然环境因素、社会环境因素、政治法律因素、技术因素、心理因素等。甲醇期货市场的市场风险又可分为利率风险、汇率风险、权益风险、商品风险等。

### （二）操作风险

操作风险是指在甲醇期货交易过程中，期货公司或投资者因为内部控制缺陷或信息系统故障等而导致意外损失的可能性。操作风险包括：一是期货公司或投资者在交易过程中没能按规定流程操作造成的风险；二是交易操作人员指令处理错误所造成的风险，不完善的内部制度与处理步骤等因负责风险管理的计算机系统出现差错，导致不能正确地把握甲醇期货的市场风险；三是因计算机的操作错误而破坏数据的风险；四是因工作责任不明确或工作程序不恰当，不能进行准确结算或发生作弊行为的风险；五是存储交易数据的计算机因灾害或操作错误而引起损失的风险等。

### （三）流动性风险

甲醇期货交易中的流动性风险可分为流通量风险和资金量风险两种。流通量风险是指无法及时以合理价格建立或了结头寸的风险，即在交易时缺乏交易对手方而使交易无法达成。资金量风险是因投资者的资金不能达到保证金要求而面临的强制平仓的风险。

### （四）法律风险

法律风险是指在甲醇期货交易中，由于交易对象、签订合同、税收处理等相关行为与相应的法律法规发生冲突致使无法获得预期收益甚至蒙受损失的风险。如投资者与不具有期货代理资格的机构签订紧急代理合同不受法律保护，如果投资者通过这些机构进行甲醇期货交易就会有法律风险。

### （五）信用风险

信用风险是指在甲醇期货交易过程中，交易对手不履行履约责任而给自己带来损失的风险。现代期货交易的风险分担机制使得信用风险发生的概率很小，但在发生重大风险事件或相关风险控制制度不完善时也会产生信用风险。

## 二、个人投资者如何进行风险管理？

个人投资者在参与甲醇期货交易的过程中，为维护自身权益，保障自身财务安全，可采取以下一些防范措施：

第一，学习甲醇期货市场知识，充分了解甲醇期货交易特点。个人投资者在参与甲醇期货交易之前，必须事先对甲醇期货市场有足够的了解和认识，包括学习期货市场的基本理论和结构、了解甲醇期货合约、掌握交易流程和交易方法以及学习基本的分析技巧。这些知识是个人投资者进行甲醇期货投资的基础条件，投资者可以通过书籍、网络、参加研讨会等不断积累。同时，对初入期市的投资者建议先进行甲醇期货的模拟交易。

第二，慎重选择期货公司，避免代理风险。投资者在开户前要认真了解期货公司的相关情况，包括资信情况，交易业绩、代理业务的范围和资格以及有关的规则和制度等。通过选择安全可靠的经纪公司可以降低其代理风险，减少不必要的法律纠纷和经济损失。

第三，制订正确的投资战略，将风险降至可以承受的范围。投资者入市前要对甲醇期货交易风险有充分的认识，正确估量自身财力，分析甲醇期货价格变动规律，制定正确而又符合自己风险承受能力的交易策略，以降低交易风险。一般来说，投资者应避免将自己的非闲置资金投入期市，因为投资者现时生活中资金支取需求很可能会要求投资者在亏损的状态下平仓，造成资金的损失。

第四，规范交易行为，增强风险意识和心理承受能力。投资者进入甲醇期货市场进行交易必须严格遵守有关法规，严禁违法交易。违法交易所得获利不受法律保护，同时也将受到监管部门严厉处罚。另外，良好的心理承受能力也是进行甲醇期货交易的必要保障。面对风云变幻的市场行情，投资者必须保持清醒头脑，否则很容易因价格的波动而改变原本正确而理性的判断。可先进行模拟交易，待对期货市场及甲醇品种有一定了解和把握后再入场实战操作。

**延伸阅读**

## 期货专家交易失手，风险管理是取胜的先决条件

故事的主人翁是史惠加（Jack D. Schwager），写过多本金融畅销书的作者。从他的亲身经历可以体会到风险管理的重要意义。史惠加是出名的期货资料研究专家，大学毕业后就加盟期货公司，担任资料研究员，致力从事基本因素分析。入行初年，受到期货买卖的吸引，断断续续的参与期货交易。为什么说他是断断续续从事期货买卖呢？一是公司规定，职员不准炒作期货，要偷偷摸摸的在其他公司开户。二是资金不足，得向亲属借贷，方能得尝"黄金梦"。三是学艺不精，每次均全军覆没终场。经过多次失败经验，史惠加终于大彻大悟，找出失败的原因所在。

首先，基本分析不足以克敌制胜，图表分析可以提高入市时间的准确性，二者应该相辅相成。其次，风险管理尤其重要，可以说是取胜的先决条件。决不可再犯孤注一掷的错误。修正买卖的态度之后，史惠加开始尝到成功的滋味，几年之内，账户资金不断增长，一度超过10万美元。不过随着资金的增加，他在做投资决定的时候又犯了轻率的毛病，盈利水平随之下降，几日之内，一个不小心的错误令资金缩水25%。痛定思痛下，史惠加四处访问知名投资者，誓将制胜秘诀公布于众。基于这种知耻近乎勇的精神，史惠加访问了多个成功人士，希望自己能够取得"真经"，也可以帮助普通投资大众，一举两得。史惠加提问的问题包括：一是投资制胜的重要条件；二是入市的方法及态度；三是买卖的戒条；四是初入行时的经验；五是对投资买卖的忠告。从表面看，这些问题平平无奇，但的确是决定入市是否成功的关键所在。成功与失败之间关键往往在于投资者入市时的态度和纪律。史惠加的访问，轻描淡写透露玄机，值得体会。他以成功人士的经验教训写出的《投资智慧》和《华尔街点金人》两本书（MarketWizards，New Market Wizards），都成了市场畅销书，影响了整整一代投资人，对强化投资者风险意识，杜绝盲目交易起到了很好的效果。

简评：作为资深研究人士，史惠加在投资的道路上也经历过重大损失，最终悟出了风险管理尤其重要，是取胜的先决条件。从他早年多次输去所有，到后来经验成熟后还在几日之内资金急跌25%，这些都揭示了风险防范的重要性。对资深研究专家都是如此，对于初次参与甲醇期货的投资者而言，更是应将风险管理放在首位。

## 三、机构投资者如何进行风险管理?

对机构投资者而言，其主要是通过加强内部风险控制来管理甲醇期货交易中的风险。

### （一）建立完善的风险管理体系

机构投资者应建立由董事会、高层管理部门以及风险管理部门组成的风险管理体系。高层管理部门制定风险管理的控制程序，并报董事会同意；董事会要定期考核机构风险暴露状况，并对风险控制程序进行评估与改进；风险管理部门是联系董事会、高层管理部门和业务部门的纽带，它必须独立于业务部门。

### （二）制定合理的风险管理程序

风险管理程序包括风险衡量系统、风险限制系统、管理资讯系统。风险衡量是风险管理的基础，风险衡量系统要对机构在交易中面临的风险进行全面、准确和及时的衡量；风险限制系统要为各类风险设置界限，保证风险暴露超过设定界限时及时向管理层报告；管理资讯系统是风险管理部门将所衡量的风险及时向管理部门和董事会报告的流程。

### （三）建立前、中、后台相互制约的内部监控机制

前台负责具体的交易操作。在这一过程中，前台必须严格遵守各项操作规定。同时，还要按规定和权限调拨、管理交易资金，且详细记载每天的交易活动，并向中台和后台报告交易情况。

后台主要负责以下流程的控制：对每笔甲醇期货交易进行复核、对账，并确认买卖委托；进行各类财务处理；跟踪近期甲醇期货的交易情况；按规定独立监管前台交易和完成后续结算；协助前台交易人员准备盈亏报告，评估交易风险和分析市场信用。

中台负责监控前台与后台的一切操作。为保证会计记录的准确性，中台要核对持有头寸限额是否正确，要比较前后台计算出的损益是否一致等；同时，中台还要监督交易质量、财务信息管理和回报率的质量，分析交易情况并对交易误差作出正确解释和内部稽核，最终负责公布监控结果。

### （四）加强高层管理人员对内部风险的监控力度

高层管理人员对内部风险控制的高度重视是风险控制的重要保障，高层管理人员在协同有关部门进行内部风险监控时，应采用总量控制和交易程序化的方式，以实现在甲醇期货交易中降低风险获取利润的目的。

**延伸阅读**

#### 套期保值交易要注意资金风险

德国金属原油套期保值交易失利

1993年下半年，德国金属公司在原油套期保值交易过程中失利一度给市场带来巨大的影响，财务风险是这一套期保值失败的原因所在。在企业进行套期保值时，要根据采购数量或产品销售数量计算最优套期保值头寸，当生产经营规模较大时，期货保值头寸数量也较大，而且由于生产经营的连续性，头寸持有的时间也相对较长，即使套期保值方向正确，也容易产生财务风险。在某些情况下需要追加保证金或者套期保值

头寸出现较大亏损，面临股东的压力，企业往往被迫对期货头寸平仓。

1993 年德国金属公司的原油买入套期保值，是对其与客户长达 5—10 年的合同进行保值。但在价格下跌的过程中相应期货头寸出现亏损，需要追加保证金。然而在德国的会计惯例中，采取的是保守稳健的会计和信息披露制度，对按逐日盯市规则计算出来的浮动盈利不能计作公司的利润，但对潜在亏损却要披露出来，在股东们反对追加保证金的情况下德国金属美国子公司被迫砍仓，当清仓结束后原油期价就涨过了原来的套期保值多单的建仓价位，如果资金能够追加到位，套期保值交易不一定会出现亏损。结果是虽然美国子公司做对了套期保值方向，却出现 13 亿美元的巨额亏损。在德国金属公司的原油套期保值中，其买入保值头寸庞大，保值时间要长达数年，而当期活跃的合约月份也就一两个月，使大量保值头寸必须在不同月份间频繁移仓，增大了交易成本和移仓损失。这也是导致其股东反对后续追加资金的重要原因所在。

简评：套期保值交易中一定要重视资金风险，考虑到期货市场价格出现不利变动时，可能对短期资金流动带来的持续性影响，提前要做好相应的计划及应对策略，并且一定要从自己的实际财务情况出发确定套期保值的总体规模。这也说明在从事甲醇期货套期保值的过程中，也一定要量力而行，结合自己的资金实力，建立合理套期保值头寸。要高度重视期货市场部位不利时可能带来的现实资金压力。

## 四、长假休市期间是否具有某种风险?

还有一种风险源于国内外期货市场交易时间上的不同步。每遇国内长假，国内期货市场休市，但国际期货市场往往照常交易。这种交易时间上的不同步，很容易给投资者带来风险。当国内期货市场恢复交易时，国际期货市场上相同或相关品种的价格已经大幅上扬或回落。国内期货市场一开盘便可能遭遇大幅跳空高开或低开的局面，甚至直接封在涨跌停板价位上。在极端的情况下，还有可能出现连续数日封在涨跌停板价位上的情况，甚至造成某些投资者穿仓的严重后果。这种内外盘交易时间上的不同步，无疑会使国内投资者处于较为尴尬的境地。这就是所谓的“休市风险”或称“长假风险”。

正是由于这种特殊风险的存在，交易所通常会在长假之前相应地提高保证金收取标准，以降低风险倍数。投资者应该学会，根据各个品种的风险特点和假期的时间长短，相应降低持仓水平，将风险控制在自己能够承受的范围之内。

## 五、涨跌停板限制可能带来的风险？

另外一种风险类型源于期货市场的涨跌停板限制。涨跌停板限制的初衷是将风险控制在投资者可以承受的范围之内。通常，期货公司的保证金都会在交易所的标准金基础上提高3—5个百分点。这就意味着，即使出现一个涨跌停板，投资者不会穿仓。从这个角度上看，涨停板限制属于风险控制的范畴。然而，市场情况错综复杂，连续涨跌停板的情况屡见不鲜。在极端情况下，投资者的平仓（止损）指令往往无法成交（没有对手单）。此时，如果不能及时追加保证金，则必然导致穿仓，后果极为严重。

## 六、如何通过资金管理降低期货投资风险？

做好资金管理，可以说是在期货市场上已成功了一半。正如美国的一位成功的期货投资者所说：期货投资的困难之处并非期货投资的市场策略方案，因为确定入市、出市的方式并无大的不同，真正的变化在于对资金管理的重要性体验。

### （一）资金账户的总体风险测算

投资者在从事期货投资时，要先根据自己的资金实力和心理承受能力确定在期货投资中能动用的资金和能承受的最大亏损额度，对散户来说，每次的交易现金都不要过半，对中户和大户而言，多次交易动用的现金不应超过总资金量的10%—15%。

### （二）测算报偿与风险的比例

在期货市场上，交易者希望：确保获利交易的盈利大于亏损交易的损失额。为达到这个目的，报偿与风险比例的测算是必要的。在实际操作中，对每笔计划中的交易都应确定其盈利目标（报偿），以及在操作失败的情况下可能损失的金额（风险）。通过将利润目标与潜在风险加以权衡，得出报偿与风险的比例，这一比例的通用标准是3:1，根据这一比例可知，在考虑是否参与交易时，其获利潜力至少需要3倍于可能的亏损，才可以付诸实施。

### （三）合理搭配投资组合

在期货交易中，进行投资组合搭配的目的是为了分散风险，投资组合的搭配是一门学问，不能孤注一掷，那样风险太大；但也不能平均用力，将投资平均分散到多个项目上，因为平均使用兵力往往会劳民伤财。所谓“打得准才能打得狠”的交易者往往都有几个重点的投资目标，作为自己盈利的最大可能点——中坚力量，然后再设几个点分散投资——辅助力量，以防范风险。此外，还可以采取复合头寸交易的方法，复合头寸分为跟势头寸和交易头寸，跟势头寸用于谋划长期的目标，也就需要对其设置较远的止损指令，为交易的巩固，调整留有充分的余地。

### （四）保护性止损指令的设置

止损指令可用来开立新头寸，也可用来限制已有的亏损，或保护已有头寸的账面利润。止损指令指明了有关交易指令的执行价格，交易者必须为自己的持仓头寸设置保护性止损指令，通过反向的限价（平仓）指令来完成。

**延伸阅读**

## 预测准确却未能获利，操作策略和资金管理相当重要

投资者在开发出良好的技术交易系统之后，需要采取哪些行动？投资家克罗的看法是：你需要可行的市场操作策略和战术，加上良好的资金管理。克罗是畅销书《期货交易策略》和《克罗谈投资策略》的作者，也是一位优秀的投资人。接下来详细看看克罗谈到的关于可可交易的一个故事，从中亦能得到新的启发。

克罗曾经有一次和几位专业操作者交流投资策略，希望在未来几个月中从市场获得较好的利润。为此他们认真研究当时的各个市场的情况，选择了可可市场，当时可可的价格在12.00美元，大家分析后认为价格有上涨至20.00美元的潜力。于是，大家开始了可可的操作，行情预测正确，几个月内，可可果真涨到22.00美元。这次操作，克罗本人赚了一些钱，但就所做分析的准确性来说，应该可以多赚一些的。但是其他的专业操作者，结局就不同了。在前后近6个月的交易过程中，他们一共赔了约20万美元。怎会有这种事？他们是在12.00美元开始买进，而且价格果如所料地涨到20.00美元出头，他们都在这个价位出清最后一笔合约，那又是什么地方出了差错？原来他们一开始显得很是谨慎，价格从12.00美元涨到15.00美元途中，再慢慢提高加码的金额。但是很不幸，他们的头寸像是个倒金字塔，价格越高反而买得越多，谨慎的风险管理让位于对盈利的过分渴求。结果遇到第一次价格回调，他们的账户就出现很大的亏损。

追加保证金的局面也出现了，这引发了他们恐慌情绪，赶紧一股脑儿地把整个多头头寸都完全清掉。如果这还不算糊涂，接下来他们更犯了典型的大忌。多头头寸清掉之后，他们推断，可以利用眼前的一波下跌走势，把刚发生的庞大亏损捞一些回来，于是反而放起空来。就这样，一批认为可可价格要大涨的专业投资者就因为操作节奏把握不当，反而

选择了违背自己预测及交易计划的做空交易。结果当然不理想，价格恢复上涨后，他们又慌忙跑出空单，然后再又开始追多。这样连续几次反复，等到尘埃落定，大家全都在22.00美元出清最后一笔多头合约时，克罗获得了一些收益，他们却发生了约20万美元的操作损失。这笔资金拱手让给不见得比他们聪明，但更能严守纪律，入市策略上也更为谨慎的其他投资者。

显然他们的策略和战术，是进出市场不正确的绝佳反面教材。在他们仍该谨慎买进的时候却选择过量买进，让自己的贪婪主导自己，过度做起倒金字塔交易。其后个人情绪就完全被市场的短期波动和账户的盈亏所主导了。价格调整中账户亏损增加又使恐惧心理占据上风，慌忙平出多头部位，甚至反手放空，这都是没有遵守规则，没有严格执行交易计划的结果。

这件可可事件，只是许多不幸例子中的一个，这是市场中经常发生的故事。其实这反映的是忽视良好市场策略和资金管理、盲目冲动交易、让情绪主导可能会带来的危害。

简评：读过上述的故事，大家体会到了什么？对于参与期货市场交易而言，行情预测只是第一步的工作，后期还要做好市场策略和资金管理工作。可可投资交易过程中，那些失败者的教训就是在交易策略不清晰、资金管理不当，可见这两个工作的重要性不容忽视。未来参与甲醇期货交易过程中，不但要做好分析及预测工作，也要落实到具体的交易策略，制订好交易计划，并结合相应的资金管理，达到理性投资的目的。

## 七、如何通过制定应对策略降低交易风险？

“应对策略”是指当价格变动与预期的方向相反时，投资者应该采取的“应急对策”。一般来说，投资者在投资决策的过程中应该完成以下工作：

对未来走势作出判断（包括趋势方向、持续时间和价格高度）、确定入场时机、制订应对策略（包括止损和止盈），并将应对策略纳入交易方案中。

事实上，制订应对策略的主要目的是避免当行情向不利于投资者的方向变化时投资者出现较大亏损。因此，应对策略的主要内容就是止损或确定止损条件。一般来说，止损的方法有两类：一类是根据投资者能够或愿意承担的亏损额进行止损；另一类则需根据对行情走势的判断，决定是否止损。前者属于有限亏损止损法，亏损金额与每次动用的资金比例有关（如3%或5%），是普通投资者常用的方法。而后者则需判断行情是否已经逆转，进而决定是否止损。一般来说，除非基本面发生变化，或此前做出判断的依据基础消失，或重要技术指标已经发出了止损信号，否则不做任何反应。这种方法通常适用于企业客户，特别是套期保值客户。

**延伸阅读**

### 下跌趋势中学会做空，避免局限于买进思维而带来损失

作为拥有数十年交易经历的优秀投资者，克罗对投资者常见的一些行为有较多认识。克罗举出的下一个案例就是介绍投资者偏向做多，而忽视了空头市场交易机会的故事。

“从电话听筒中听到的事情，几乎令人不敢相信。”听筒彼端是南达科他州一位仁兄，此处所谈的是长期操作系统的事情。那位老兄抱怨，1985年，他老是在芝加哥谷物市场一而再、再而三惨遭“上下洗盘”。“我当然希望1986年谷物市场有一些好的趋势出现，”他滔滔不绝地说，“因为我已经受够了这个要命、没趋势的市场。”要命，没有趋势”，我口中喃喃念着，他怎么好意思说这种话？

1985年几乎一整年，谷物市场一路跌个不停——玉米从4月的2.85美元跌到9月的2.20美元。小麦从3月的3.60美元跌到7月的2.75美元——那相当于每手4250美元。最后是黄豆，让芝加哥注意黄豆动向的人大跌眼镜，因为它几乎是从1984年6月就开始节节下滑，没有停过。事实上，有些精明的系统操作者，在1984年6月11日下午就注意到十分

清晰的卖出讯号，因为放空黄豆，可坐收12000美元的未平仓利润（每手)。到了1985年12月16日终于平仓出场时，利润是10500美元。

1984年年中黄豆在9.00美元时反弹失败后，就一直处于大空头市场。你能想象竟然有位操作员说1985年的市场根本没有趋势？它就跟你看过的所有典型的下跌走势完全一样。精明的操作者，在明显的空头市场中，一定会放空，而赚到很多的利润。

南达科他州那位老兄真正的意思——也许他根本不知道——是希望谷物市场上扬，同时引导他的信心上升，好让他做多，赚些钱。你是不是注意过，一般操作者说某市场“不错”时，其实他的意思是说市场上涨，而他也正好做了多？当他说市场“很糟”时，其实他的意思是说市场下跌，而他正好不幸做多。似乎不管市场走势如何，反正他就是做多，可是在明眼人都知道的空头市场里，他却套牢在赔钱的部位里，欲哭无泪。克罗认为，可能人的天性总是希望见到价格节节高攀，而不是一路下滑。第二次世界大战结束以后，全球经济通货膨胀一直顽固且稳步上扬，即使在20世纪80年代末明显减慢步伐，但物价还是在上涨。大家可能以为不论对整个经济还是对个人来说，通货膨胀都是件健康而且很好的事情。毕竟，谁愿意今年赚的钱比去年少呢？谁愿意自己的房子、财产、事业今年的价值不如去年呢？如果有人想从价格或经济价值下跌的情势中大捞一笔，可能会被人骂为大逆不道，甚至说他根本不是美国人。

可是姑且不论政治或经济，千古不易的一个真理是：市场确实有一定的时间是在下跌，而且“滑得比飞得还快”，有经验和成功的操作者知道，下跌走势的市场要比上涨的市场来得更猛。一般投资者要抓住显著的下跌走势，一个重大的障碍，就是他对任何市场天生就有一种看多的心理——他的营业员可能也是这样。即使趋势是很明显地下跌，好些投资者还是固执地寄望价格终会反弹，或者说，他们以为自己能够抓住反弹机会，大赚一笔。

这种投资方式，以前是很昂贵的做法，将来依然一样昂贵。想要有所成就的投资者，不应该有这种主观和一厢情愿的想法，而应该运用客观和可行的方式去操作，不要让自己个人的偏见影响了对市场的冷静分析。记忆所及，最长的空头“秀”当属1978—1985年的外币跌势（美元的多头市场）：瑞士法郎从69.00美元跌到35.00美元，德国马克从58.00美元跌到29.00美元，英镑从2.40跌到1.05。虽然有为期这么长的空头市场，大家却见到不断有人抓底部，固执的投资客一直在追逐一个“大奖”——强势美元走势反转。这7年时间内，全世界密切注意和等候外币见底的操作者人数，可能比其他任何种类期货都要多。

以上面所有外币长达7年的空头市场来说，只要市场继续在一个宽广、连续的区间内下滑，也就是说，这个区间内一个高点比一个高点低、一个低点比一个低点低。那大家就应小心谨慎，避免去试探底部。大家找不到合乎逻辑的方式，提出强有力的论点，去预测市场的反弹点。一些过分急切的操作者，一直想这么做，多年下来都徒劳无功。

1978年年底瑞士法郎在69.00左右做多头反转，1985年上半年以前，一直处在大空头趋势里面。大部分投资大众不管市场趋势，执意做多，这7年的空头市场几乎是一场浩劫。1985年年中，趋势反转向上，大多数的投资者错过了列车。不管是在感情上，还是在财力上，他们都已经筋疲力尽：过去几年，他们死抱赔钱的多头仓，已经无力跟市场战斗。可是在这期间内，许多公共商品基金因放空外币，得到了可观的利润。

简评：在甲醇期货投资市场上，有上涨趋势的阶段，也会有下跌趋势的阶段。甲醇期货交易的一个优势就在于可以在下跌趋势中做空。投资者也要充分了解甲醇期货的功效，在典型的下跌趋势中，也学会利用甲醇期货市场上做空来回避系统性风险。

**小贴士**

### 止损的常见种类

1. 资金额度止损

其操作要点是，设立进场部位资金或总资金最大亏损额度。一般为所占用资金的5%—20%（或总资金的1%—10%等）；也可以是所占用资金的绝对数额，如每手100元。一旦达到亏损额度，无论是何价位立即止损离场。

2. 时间止损

时间止损是根据交易周期而设计的止损技术，如对某个合约的交易周期预计为5天，买入后价格在买价一线徘徊超过5天；或者5天后上涨幅度没达到一定幅度，那么其后第二天应坚决出仓。当然在真正出现亏损时更要立即出局。

3. 跟踪止损

跟踪止损，在某种意义上讲就是止赢，就是当价格朝着对自己有利的方向行进，从而根据已经变化了的价格，逐渐调整止损位，也即逐步调整出局位置，为了防止利润回吐。

4. 心态止损

当操作连续多次亏损或心态不稳时，立即停止操作；或进行反思或休息。不要强迫自己进行交易，更不要和市场赌气。

5. 技术止损

技术止损是经常用到的技巧，常见的有趋势止损、指标止损、K线止损、关键价位止损、密集成交止损等。

（1）趋势止损：是指在趋势运行过程中出现了趋势停顿或趋势转折时的出局行为，其依据一是移动均线，二是趋势线。趋势线止损主要是支撑压力止损。

（2）指标止损：是根据技术指标所发出的买卖信号进出，当你所利用的指标发出出局信号时即便资金亏损也要离场。

（3）K线止损：包括K线组合止损和K线形态止损。如在上涨做多操作的趋势中，出现两阴夹一阳、一阴断三线的断头铡刀、黄昏之星、穿头破脚、射击之星、双飞乌鸦等典型见顶K线组合时，就需要交易者考虑做减仓或出局动作。

（4）关键价位：止损就是注意一些关键价位的支撑或阻力，如回调或反弹的斐波那契位置、黄金分割位置、重要的整数关口以及历史最高最低价等重要位置。

（5）密集成交止损：其依据是在横盘区域或近期巨量大单的位置会

对价格的升降起到较强的支撑或压力作用。

（6）形态止损法：包括期价击破头肩顶、M头、圆弧顶等头部形态的颈线位，期价出现向下跳空突破缺口，等等。

## 自测题

### 一、不定项选择题

1. 期货交易的风险有（ ）。

A. 市场风险　　B. 操作风险

C. 流动性风险　　D. 法律风险

2.（ ）是因价格变化使期货合约的价值发生变化的风险，是期货交易中最常见、最需要重视的一种风险。

A. 市场风险　　B. 信用风险

C. 流动性控风险　　D. 法律风险

3.（ ）是指当投资者的资金无法满足保证金要求时，其持有的头寸面临强制平仓的风险。

A. 流通量风险　　B. 成交量风险

C. 资金量风险　　D. 持仓量风险

4.（ ）是指期货公司或投资者在交易过程中因操作不当或内部控制制度的缺陷或信息系统故障而导致意外损失的可能性。

A. 法律风险　　B. 信用风险

C. 流动性风险　　D. 操作风险

5. 在期货交易中，由于相关行为与相应法律法规发生冲突致使无法获得当初所期待的经济效果甚至蒙受损失的风险属于（ ）风险。

A. 法律　　B. 信用

C. 市场　　D. 操作

6. 为了控制风险水平，甲醇期货交易实行相关的交易制度，其中

（　　）是对交易制度杠杆作用的体现。

A. 交易保证金制度　　B. 对冲机制

C. 双向交易机制　　D. 每日结算制度

7. 机构投资者需要（　　）来管理期货交易的风险。

A. 建立完善的风险管理体系

B. 制定合理的风险管理程序

C. 建立前、中、后台相互制约的内部监控机制

D. 加强高层管理人员对内部风险的监控力度

8.（　　）意味着"新的多头换出旧的多头"。

A. 多开　　B. 多换

C. 双开　　D. 空换

9. 在目前的甲醇期货交易中，交易单位为（　　）吨/手。

A. 5　　B. 10

C. 50　　D. 100

10. 大户报告制度是指当会员或客户某品种持仓合约的投机头寸达到交易所对其规定的头寸持仓限量（　　）以上（含本数）时，会员或客户应向交易所报告其资金情况、头寸情况等，客户须通过经纪会员报告。

A. 60%　　B. 70%

C. 80%　　D. 85%

## 二、判断题

1. 风险存在具有客观性。（　　）

2. 对参与期货交易的双方来说，期货风险可能带来的损失都是客观的、均等的。（　　）

3. 期货市场的风险是客观存在的，它有不确定性，所以是无法防范的。（　　）

4. 法律风险是由于交易对手不履行履约责任而给自己带来损失的风险。（　　）

5. 客户投资期货市场必须事先对甲醇期货交易有足够的了解和认识。（　　）

6. 一般来说，除非基本面发生变化，或此前做出判断的依据基础消失，或重要技术指标已经发出了止损信号，否则不做任何反应。这种方法通常适用于企业客户，特别是套期保值客户。（　）

7. 利用计算机软件程序制定交易策略并实行自动下单的交易行为属于程序化交易。（　）

8. 机构投资者主要通过加强内部风险控制的方法来管理风险。（　）

9. 风险衡量系统要为各类风险设置界限，保证风险暴露超过界限时及时报告给管理层。（　）

10. 期货交易所实行每日无负债结算制度。（　）

## 参考答案

### 一、不定项选择题

| | | | | |
|---|---|---|---|---|
| 1. ABCD | 2. A | 3. C | 4. D | 5. A |
| 6. A | 7. ABCD | 8. B | 9. C | 10. C |

### 二、判断题

| | | | | |
|---|---|---|---|---|
| 1. √ | 2. √ | 3. × | 4. × | 5. √ |
| 6. √ | 7. √ | 8. √ | 9. × | 10. √ |

# 后 记

本书是专为期货投资者编写的一本普及性读物，适合于甲醇产业链企业和普通投资者阅读。

本书注重实用性、趣味性，以通俗易懂的语言、鲜明生动的案例将理论知识简单化，避免了理论知识阐述过程中的呆板僵硬。对甲醇产业链企业而言，本书具有指导实务操作的作用，书中包含了大量套期保值、套利、风险管理的应用型案例，对企业应用甲醇期货、甲醇期权有一定借鉴意义。对于普通投资者而言，本书通过一问一答的形式，由浅入深地剖析甲醇产业的基本面和技术面，有助于投资者快速了解甲醇市场。

与证券、债券等金融工具相比，期货作为风险管理工具，专业性强，杠杆率高，风险大，这在客观上要求投资者具备一定的专业投资知识、经济实力以及风险承受能力。“期市有风险，入市需谨慎!”

本书由于篇幅限制，无法尽述相关实体企业及投资者在期货市场上可能面临的所有具体情况，不管是实体企业还是普通投资者，参与期货市场交易，都务必结合自身需求，制定科学合理的交易策略。企业参与套期保值要避免变成投机，普通投资者要严格评估自身能力，尽可能熟悉并掌握交易品种的市场特点及操作技巧，并严格控制交易规模，避免遭受不必要的损失。

作为《期货投资者教育系列丛书》之一，本书由中国期货业协会组织编写，宏源期货有限公司王化栋、田震昊、杨首樟、詹建平同志承担具体编写任务。郑州商品交易所对本书书稿进行了审阅并提出了宝贵建议。

本书在第一版的基础上修订而来，在此感谢袁超、李哲、吴守祥、张龙同志在第一版编写过程中做出的杰出贡献。本书在编写过程中还得到了中国证监会投资者保护局、期货部、郑州商品交易所和宏源期货有限公司领导的指导和帮助，在此表示衷心的感谢！书中的错误之处，敬请批评指正。

**中国期货业协会**

**《期货投资者教育系列丛书》编委会**

2022 年 6 月

中国期货业协会
China Futures Association

中国财经出版传媒集团
中国财政经济出版社

# 书单
FUTURES

## 一、系列

| 序号 | 系列 |
|---|---|
| （一） | 期货投资者教育系列丛书 |
| （二） | 金融衍生品系列丛书 |
| （三） | 中国期货业发展创新与风险管理研究 |
| （四） | 中国期货市场年鉴 |
| （五） | “讲故事 学期货”金融国民教育丛书 |
| （六） | 全国期货从业人员资格考试参考用书 |
| （七） | 服务实体经济系列 |
| （八） | 期货投资者保护丛书 |
| …… | …… |

## 二、明细

### （一）期货投资者教育系列丛书

| 序号 | 书名 | 书号 |
|---|---|---|
| 1 | 铜期货 | 978-7-5223-0293-5 |
| 2 | 精对苯二甲酸（PTA） | 978-7-5095-3189-1 |
| 3 | 玉米 | 978-7-5095-3193-8 |
| 4 | 铝 | 978-7-5095-3181-5 |
| 5 | 小麦 | 978-7-5095-3183-9 |
| 6 | 锌 | 978-7-5095-3190-7 |
| 7 | 线型低密度聚乙烯（LLDPE） | 978-7-5095-3184-6 |

续表

| 序号 | 书名 | 书号 |
|---|---|---|
| 8 | 早籼稻 | 978-7-5095-3076-4 |
| 9 | 棉花 | 978-7-5095-3033-7 |
| 10 | 燃料油 | 978-7-5095-3034-4 |
| 11 | 菜籽油 | 978-7-5095-2025-3 |
| 12 | 聚氯乙烯 | 978-7-5095-2592-0 |
| 13 | 棕榈油 | 978-7-5095-2589-0 |
| 14 | 黄金 | 978-7-5095-2532-6 |
| 15 | 白糖期货 | 978-7-5095-8814-7 |
| 16 | 豆类期货 | 978-7-5095-8815-4 |
| 17 | 焦炭 | 978-7-5095-4080-0 |
| 18 | 甲醇 | 978-7-5095-4093-0 |
| 19 | 铅 | 978-7-5095-4086-2 |
| 20 | 鸡蛋期货 | 978-7-5095-5803-4 |
| 21 | 铁矿石期货 | 978-7-5095-5809-6 |
| 22 | 纤维板、胶合板期货 | 978-7-5095-5810-2 |
| 23 | 石油沥青期货 | 978-7-5095-5816-4 |
| 24 | 菜籽系期货 | 978-7-5095-5743-3 |
| 25 | 白银期货 | 978-7-5095-5955-0 |
| 26 | 玻璃期货 | 978-7-5095-5697-9 |
| 27 | 动力煤期货 | 978-7-5095-5802-7 |
| 28 | 稻谷期货 | 978-7-5095-5826-3 |
| 29 | 原油期货 | 978-7-5095-7708-0 |
| 30 | 苹果期货 | 978-7-5223-0455-7 |
| 31 | 花生期货 | 978-7-5223-0967-5 |
| 32 | 生猪期货 | 978-7-5223-0851-7 |
| 33 | 天然橡胶期货 | 978-7-5223-1184-5 |
| 34 | 钢材期货 | 978-7-5223-1175-3 |
| 35 | 甲醇期货 | 978-7-5223-1295-8 |
| 36 | 纸浆期货 | 978-7-5223-1277-4 |
| …… | …… | …… |

**（二）金融衍生品系列丛书**

| 序号 | 书名 | 书号 |
| --- | --- | --- |
| 1 | 股指期货（第二版） | 978-7-5095-9432-2 |
| 2 | 场外衍生品（第二版） | 978-7-5095-9596-1 |
| 3 | 国债期货（第二版） | 978-7-5095-9601-2 |
| 4 | 金融期权（第二版） | 978-7-5095-9598-5 |
| 5 | 外汇期货（第二版） | 978-7-5095-9597-8 |
| 6 | 结构化产品（第二版） | 978-7-5095-9600-5 |
| 7 | 金融衍生品习题集（第二版） | 978-7-5095-9599-2 |

**（三）中国期货业发展创新与风险管理研究**

| 序号 | 书名 | 书号 |
| --- | --- | --- |
| 1 | 中国期货业发展创新与风险管理研究（8） | 978-7-5095-6907-8 |
| 2 | 中国期货业发展创新与风险管理研究（9） | 978-7-5095-7523-9 |
| 3 | 中国期货业发展创新与风险管理研究（10） | 978-7-5095-8144-5 |
| 4 | 中国期货业发展创新与风险管理研究（11） | 978-7-5223-0213-3 |
| …… | …… | …… |

**（四）中国期货市场年鉴**

| 序号 | 书名 | 书号 |
| --- | --- | --- |
| 1 | 中国期货市场年鉴（2015年） | 978-7-5095-6924-5 |
| 2 | 中国期货市场年鉴（2016年） | 978-7-5095-7503-1 |
| 3 | 中国期货市场年鉴（2017年） | 978-7-5095-8331-9 |
| 4 | 中国期货市场年鉴（2018年） | 978-7-5095-9079-9 |
| 5 | 中国期货市场年鉴（2019年） | 978-7-5095-9869-6 |
| …… | …… | …… |

**（五）“讲故事 学期货”金融国民教育丛书**

| 序号 | 书名 | 书号 |
| --- | --- | --- |
| 1 | 走进期货 | 978-7-5095-7095-1 |
| 2 | 如何进行期货交易 | 978-7-5095-7092-0 |
| 3 | 期货的套保和套利 | 978-7-5095-7093-7 |

续表

| 序号 | 书名 | 书号 |
|---|---|---|
| 4 | 期货交易中的“规矩” | 978-7-5095-4355-9 |
| 5 | 金属期货 | 978-7-5095-7087-6 |
| 6 | 农产品期货 | 978-7-5095-7104-0 |
| 7 | 能化期货 | 978-7-5095-7088-3 |
| 8 | 金融期货 | 978-7-5095-7094-4 |
| 9 | 期权 | 978-7-5095-7217-7 |
| 10 | 场外衍生品 | 978-7-5095-7091-3 |

**（六）全国期货从业人员资格考试参考用书**

| 序号 | 书名 | 书号 |
|---|---|---|
| 1 | 期货及衍生品基础（第三版） | 978-7-5223-1005-3 |
| 2 | 期货法律法规与职业道德 | 978-7-5223-0997-2 |
| 3 | 期货及衍生品分析与应用（第四版） | 978-7-5223-0998-9 |

**（七）服务实体经济系列**

| 序号 | 书名 | 书号 |
|---|---|---|
| 1 | 期货行业主力复工复产案例集 | 978-7-5223-0168-6 |
| 2 | 期货服务实体经济案例集 | 978-7-5095-8029-5 |
| …… | …… | …… |

**（八）期货投资者保护丛书**

| 序号 | 书名 | 书号 |
|---|---|---|
| 1 | 期海导航——期货投资常识与基础知识 | 978-7-5223-1045-9 |
| …… | …… | …… |

咨询电话：010-88190912

咨询邮箱：jiayanping@cfemg.cn